生死·愛欲

從希臘神話到基督宗教

（2023 年增訂版）

張燦輝 —— 著

Existential Questions:
Life, Death, Love and Desire

【圖 0-1】米蘭墓園之陵園雕像，張燦輝　攝

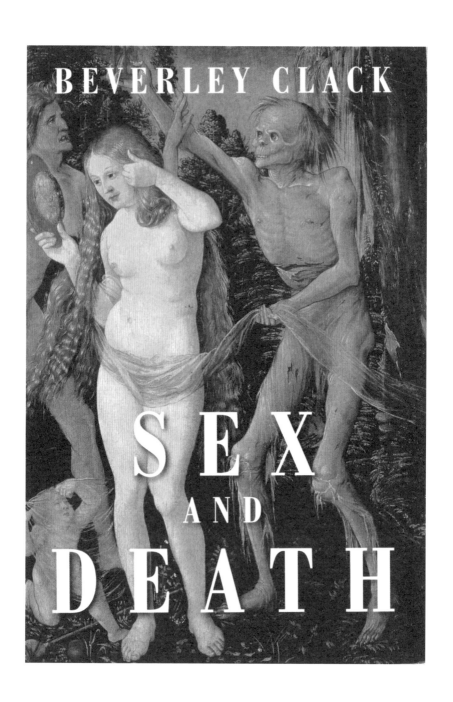

【圖 0-2】原 *Sex and Death* 之封面，
張燦輝　翻拍

【圖 1-1】天神烏拉洛斯與地母蓋亞之子克洛諾斯的形象，陵園雕像

【圖 1-2】羅浮宮的維納斯雕像，
張燦輝　攝

【圖 2-1】拉斐爾的壁畫，《雅典學院》，梵諦岡，from wikipedia, in public domain

（左圖）【圖 2-2】拉斐爾的壁畫，《雅典學院》(局部)，梵諦岡，from wikipedia, in public domain

（右圖）【圖 2-3】拉斐爾的壁畫，《雅典學院》(局部)，梵諦岡，from wikipedia, in public domain

【圖 2-4】雅克 - 路易・大衛畫作，《蘇格拉底之死》， from wikipedia,
in public domain

【圖 2-5】安瑟爾・費爾巴哈畫作，《柏拉圖的會飲》， from wikipedia,
in public domain

【圖 2-6】提香（Titian），《神聖與世俗的愛》（*Sacred and Profane Love*），from wikipedia, in public domain

【圖 2-7】羅馬大理石雕像，《酒
醉的西勒諾斯》(*Drunken Silenus*)，
西元 2 世紀作品，from wikipedia,
in public domain

【圖 3-1】哈底斯（Hades）綁架珀耳塞福涅（Persephone）的故事，
from wikipedia, in public domain

【圖 3-2】吉爾伽美什泥板
（Gilgamesh plate），
大英博物館館藏 (authorized
by British Museum)

【圖 3-3】荷蘭畫家阿里‧謝佛 (Ary Scheffer) 畫作，《奧菲士哀慟歐利蒂斯之死》(*Orpheus Mourning the Death of Eurydice*, 1814)，from wikipedia, in public domain

【圖 5-1】歌德與席勒雕像，張燦輝　攝於德國威瑪

【圖 8-1】荷蘭畫家希羅尼穆斯·波希（Hieronymus Bosch, 1450-1516）
畫作，《七宗罪》（*The Seven Deadly Sins*），from wikipedia, in public
domain

【圖 8-2】米開蘭基羅 (Michelangelo, 1508-1512)，《創造亞當》（*The
Creation of Adam*），西斯廷教堂壁畫 (Sistine Chapel Ceiling)，from
wikipedia, in public domain

【圖 8-3】米開蘭基羅 (Michelangelo, 1508-1512)，《夏娃的誕生》
（*The Creation of Eve*），西斯廷教堂壁畫 (Sistine Chapel Ceiling)，from
wikipedia, in public domain

【圖 8-4】米開蘭基羅 (Michelangelo, 1508-1512)，《誘惑與墮落》
（*Temptation and Fall*），西斯廷教堂壁畫 (Sistine Chapel Ceiling)，from
wikipedia, in public domain

【圖 8-5】達文西 (Leonardo da Vinci) 畫作，《聖母領報》(*Annunciation*)，
from wikipedia, in public domain

【圖 8-6】米開蘭基羅，《大衛雕
像》，張燦輝　攝於佛羅倫斯

目　次

《生死愛欲》①

《生死愛欲》II

第三部分　中國傳統

第四部分　近代到現代西方

代序

劉保禧

I.

　　傳聞29歲是釋迦牟尼一生的轉捩點。那年，俗名「悉達多」、尚為太子的他外出王宮遊觀。在此之前，悉達多一直長於深宮，起居行止被父親限於王城之內。第一次出遊，在路途上，他遇上了一個老人，滿頭白髮，牙齒掉落，皺紋滿臉，身體傴僂，手持拐杖，步履蹣跚，氣喘不已。悉達多深感震驚，首次體驗到「老」是怎樣的一回事。他問隨行的侍者：衰老是否無人可以倖免？侍者答曰：「然。生必有老，無有豪賤。」太子聽後感到惆悵，無心遊觀，遂駕車回宮。心中默默想著：「念此老苦，吾亦當有。」[1]

　　同年，悉達多第二次出遊，遇上了一個病人。聽到侍者解答：「生必有病，無有貴賤。」他感到惆悵，無心遊觀，遂駕車回宮。心中默默想著：「念此病苦，吾亦當爾。」[2]

　　同年，悉達多第三次出遊，遇上了一個死人。聽到侍者解答：「生必有死，無有貴賤。」他感到惆悵，無心遊觀，遂駕車回宮。心中默默想著：「念此死苦，吾亦當然。」[3]

　　這段佛陀的出遊經歷，道出了人的存在（human existence）問題。

---

1. 陳永革釋譯：《長阿含經》，臺北：佛光文化事業，1997 年，頁 27。
2. 《長阿含經》，頁 27。
3. 《長阿含經》，頁 28。

生而為人，無論種族、階級、性別，同樣無可避免老病死苦。無論生於二千多年前的印度，抑或活於今時今日的香港，亦復如是。換言之，這種「苦」內在於人的存在結構，超越了華夷、貧富、男女的限制，甚至是時間與地域的限制。就算我們不是佛門中人，也普遍地落入「苦」的網羅之中。佛教之所以偉大，首先在其原初的洞見，揭示「苦」之於人的存在，必不可免，「吾亦當然」。至於佛教如何回應人生之苦，有諸種教義與修行，此是後話。

自言在香港中文大學度過大半生的張燦輝，也是機緣巧合，著眼於人的存在問題。他在訪問[4]中說過，父親在他讀大學第一年遇上意外喪生，令他頓感困惑：為何我們出生？出生了又要面對死亡？人生在世又有何意義？體驗他人的死亡，悉達多選擇了出家修道，張燦輝則毅然從香港大學建築系轉到中大哲學系，自此踏上哲學之路。

基於生命感觸而進入哲學領域的人，往往有一種浪漫的情懷，不按常理出牌。張燦輝入讀中大哲學系後，大學一年級的GPA（總成績）只有1.45（滿分是4），「因為那時我任性，鍾意就拿A，唔鍾意就拿F，因為看不起一些老師，考試時寫了名字不答問題就離開，睇唔起佢，就肥咗佢，哈哈哈哈。」[5]學生時代如是，教授時代亦如是。縱然當過中大哲學系的系主任、中大通識教育部的主任，但是他對學院哲學乃至現時的大學制度深惡痛絕，經常大肆抨擊。在大學任職教授，本來最聰明的做法，就是關門研究，潛心寫作，發表期刊論文。偏偏張燦輝選擇一條「愚蠢」的道路，重視教學多於研究，在學生身上花費心力多於自己的著述。上他的課，課時總是超過原來時間最少半個小時，每週閱讀材料總是有過百頁，每年總是躍躍欲試開新課程拓展新的領域。至今七十有餘，講學

---

4. 袁源隆：〈愛真理也愛自由：張燦輝談死論生〉，《明周文化》，2020 年 4 月 3 日。

5. 曾曉玲：〈【哲學教育達人】張燦輝　失去與傳承　延續未完的課〉，《明報》，2022 年 5 月 29 日。編按：「睇唔起佢，就肥咗佢」，意為：瞧不起它，就當掉它。

著述不斷，背後承托著的是源源不絕的生命力。

事實上，有生命感觸，從「人的存在」探索學問，正是中大哲學系其中一個悠久的學術傳統。當代新儒家的代表人物牟宗三談論為學之道，指出「知識」與「思辨」固然重要，但是兩者之外，尚有「感觸」——「必有感觸而後可以為人。感觸大者為大人，感觸小者為小人。曠觀千古，稱感觸最大者為孔子與釋迦。」[6]不諳牟宗三學問者，讀其著述，見其動輒議論儒釋道、康德、海德格等東西學術，很容易就覺得混亂，迷失其中。這是因為不懂得閱讀牟宗三的心法，所謂「感觸」是也。正因為有所感觸，有著存在的感受，所以牟宗三看到的是儒家的「命」、佛家的「苦」、基督宗教的「罪」——綜而言之，都是人的有限性。[7]必須首先對生命有所感觸，然後觸目所及，無論是康德、海德格[8]，或者羅爾斯的政治哲學[9]，都可以是生命的學問。

不過，人皆可以對生命有感觸、對死亡有困惑，這些存在的感受不必然化為學問。感觸小者可以因一時興會，長嗟短嘆；感觸大者如釋迦牟尼，則因為洞見人世間的苦相，而有三法印、四聖諦、十二因緣等諸種教法。那麼，對生死愛欲有所感觸的張燦輝，所成就的學問又是怎樣的呢？

---

6. 牟宗三：《牟宗三先生全集 22：圓善論》，臺北：聯經，2003 年，序言，頁 16。

7. 讀者對此課題如有興趣，請參閱牟宗三：〈文殊問疾〉，《牟宗三先生全集 32：五十自述》，臺北：聯經，2003 年，頁 121-176。

8. 「對於海德格而言，哲學之真正場合好產生於生命存在之場合中。這一生命之存在，是先於理論層面，它其實就是生命之展開本身。……康德論哲學之本質以哲學之最終指涉為世界，而『世界』復又指涉於『人』之世界，這一根本態度在海德格思想中是同樣明顯的。」見關子尹：《從哲學的觀點看》，臺北：東大，1994 年，頁 15。

9. 「政治哲學能夠走進各位的生命嗎？這裡的『走進』，不只是知性的投入，更指政治哲學中對人的關懷和對正義的追求，能否啟迪觸動指引大家的生命。」見周保松：《走進生命的學問》，北京：生活‧讀書‧新知三聯，2012 年，頁 38-39。

II.

作為專業哲學學者，張燦輝專研的是現象學，尤其是海德格哲學；身為中大哲學傳統的學人，張燦輝尊崇的是自己的老師勞思光。他也承認，「對我影響最深遠的是上世紀的德國哲學家海德格和業師勞思光。」[10] 以上兩位哲人雖然從來沒有在哲學上探索過關於愛情或性欲的課題，但是兩人的確深刻地塑造了張燦輝討論生死愛欲的方式。

讓我們從一篇序言說起。1996年，張燦輝重新翻譯並改寫自己的博士論文，用中文出版《海德格與胡塞爾現象學》一書。勞思光為學生作序，最後寄語曰：

> 燦輝此書取材甚富，析論甚詳，在堅實一面已無問題。唯以處處力求符合德文原意，故在語法方面仍不免艱澀。但燦輝之工作並非就此而止，我預期他下一部專著將是不僅堅實，而且能有明暢的表達。以燦輝才力之高，用功之勤，我也深信他不會使我失望。[11]

勞思光是老派學者，修辭用字時有婉轉的地方，我最喜歡忖度甚至破讀他的意思。以上這段文字，固然讚賞學生的研究「堅實」，但亦不無微詞，表示「不免艱澀」、欠缺「明暢的表達」。而且預期的是「下一部專著」「不會使我失望」，言下之意，這本著作讓他失望嗎？不得而知。當然，勞思光的評論素來直接，對於學界前輩諸如胡適、馮友蘭亦不假辭色，這次評價學生的著述，已算是相當客氣。

我這樣寫，並非要挑撥勞思光與張燦輝的師生關係。在哲學界，眾所周知，兩人關係密切，老師愛學生，學生敬老師。然而這是怎樣

---

10. 張燦輝：《存在之思──早期海德格與勞思光思想研究》，香港：中華，2019年，頁244。

11. 勞思光：〈勞序〉，載於張燦輝：《海德格與胡塞爾現象學》，臺北：東大，1996年，頁3。

的「愛」、怎樣的「敬」？勞思光愛學生，在關切中有鞭策，既有溢美之辭（「才力之高」、「用功之勤」），亦有敦促之意（指出「燦輝之工作並非就此而止」）。張燦輝敬老師，深知道報答的最好方式，就是撰寫「一部專著」，「不僅堅實，而且能有明暢的表達」。這部《生死愛欲》，在我看來，正是學生回應老師的致敬之作。

奇怪的是，海德格哲學並非本書的主題，全書只有第22章〈本己之愛〉以不足三分之一的篇幅討論鄂蘭與海德格的愛情。似乎張燦輝放棄了海德格哲學的研究，投入另外一個領域。若然如此，他還能回應勞思光的寄望嗎？

或者，張燦輝如何回應勞思光，才是最值得玩味的地方。在這一次，他不是「論述」海德格哲學，而是「示範」海德格哲學。書的內容幾乎沒有引用海德格的著述，但書的方法卻處處浮現了海德格哲學的身影。

《存在與時間》的重心課題是「此在分析」。在第9節，海德格界定此在的性格，特別標舉「存活」（Existenz, existence）[12]與「一己性」（Jemeinigkeit, in each case mine）（SZ: 42-45）。[13]所謂「存活」，所強調的是人的活動性格。一般的存在者，我們可以提問它是什麼（Was, what），剖析其客觀屬性，基本上就能把握其特質。此在有別於其他存在者，因為他不是擺在那裡、靜待我們觀察的事物；此在總是籌劃自身之所是，朝向自己的可能性，所以此在可以是（Seinkönnen, can-be）這樣，也可以是那樣。用形象的說法，存活是「站（sistere）出（ex-）」，即是「朝自己以外踰出」。[14]事物純然存在，唯有人存活著，會向外審視並

---

12. Existenz 是德文，existence 是英文，以下凡有牽涉海德格的關鍵術語，都會德英兩種語文並列，方便讀者參考。

13. SZ 是 *Sein und Zeit* 的縮寫，亦即《存在與時間》的德語簡稱。至於引用頁數，我跟隨學界通則沿用舊版德語本。請參閱 Heidegger, Martin. *Sein und Zeit*. Tübingen: Niemeyer, 1957。下同，不贅。

14. 這裏參考了關子尹的用法。見關子尹：〈海德格論「別人的獨裁」與「存活的獨我」〉，《徘

踰出自身當下之所是，表現出各式各樣的屬性。所謂「一己性」，所強調的是人介入世界的方式。我們每一個人，首先是以第一身的方式介入世界，而不是以第三身的角度來理解這個世界，亦不是以上帝視角從旁觀察這個世界。「我」就是座標，然後「我」可以跟世界上其他的存在者打交道，建立關係 —— 你是「我」的朋友，這是「我」的書本，那是「我」的水杯。此在的一己性，讓我們總是以第一身的方式介入世界。

將以上的文字「翻譯」一次，就可以理解張燦輝的哲學計劃。他籌劃自身之所是，朝向自己的可能性，活出了自己的生命。也就是說，他在學術上的生命力，正在於他沒有將海德格的德國哲學視為純粹的客觀研究對象，亦不是將海德格的學術生命複製一次。若只是以第三身講述一次海德格的哲學，不能以第一身示範其哲學如何活於自己的生命中，那不算是真正理解海德格。從張燦輝的觀點看，「我」生於1949年的香港，在東西文化交匯的環境下長大，「我」有自己的哲學計劃。一個真正的海德格主義者（Heideggerian），根本不需要成為海德格（Heidegger）。張燦輝「在其存在中，為其存在而存在著」（SZ: 12）。

這本《生死愛欲》，從張燦輝的觀點看，就是「我」的《存在與時間》。

III.

《生死愛欲》上下兩冊，共24章，加上導論、總結、附錄、後記，前後超過40萬字。而且論域廣闊，從儒釋道到唐君毅，從柏拉圖到21世紀的網戀，包攬古今東西。不過，一旦我們把握到前文提及的理論線索，從海德格哲學的一些關鍵詞著手，就不會迷失於《生死愛欲》的宏大論述之中。

徊於天人之際》，臺北：聯經，2021年，頁48。

第一個關鍵詞是「生命」。在1920年代，海德格相當推崇「生命的學問」，甚至「此在分析」也可以說是一套生命哲學：「生命＝此在，這即是在生命中及透過生命而『存在』的。」[15]後來他有某些理由刻意不再運用「生命」這個字眼，但是截至《存在與時間》，海德格的哲學仍然有濃烈的生命論者的氣息。張燦輝亦然。從導論到總結，《生死愛欲》一直鞭撻抽離生命的學院哲學：「當然我們都是在大學做學院哲學的，本來是處理理論的問題，一生都是在哲學系度過的。但問題是，如果哲學僅是如此的話，究竟與我們的生活有何關係呢？」

前文提過香港中文大學哲學系有一個「生命的學問」的學術傳統，有趣的是，張燦輝對此並非照單全收，他修正了前賢（包括老師勞思光）的說法。老一輩的學者有深厚的儒學背景，往往判斷中國哲學重德，是生命的學問；西方哲學重智，是理論的知識。[16]張燦輝卻發現，這個判別東西學術的區分，其實是站不住腳的。西方哲學亦有生命的學問，而且源遠流長。借助法國學者阿多（Pierre Hadot）的研究《哲學作為生活之道》，張燦輝從「生命」的角度重新閱讀西方的哲學史，指出所謂以「知識」為主題的西方哲學，大概只有三百多年的時間。從「生命」的角度切入，反而為東西學術傳統找到了接合點。

第二個關鍵詞是「世界」。勞思光最重視「主體性」的概念，幾乎所有著述都有述及。張燦輝很清楚老師的用心，曾撰文討論其「自我」理論。[17]扼要言之，勞思光將自我境界劃分為三種：認知我（cognitive self）、情

15. Heidegger, Martin. *Phänomenologische Interpretationen zu Aristoteles/Einführung in die phänomenologische Forschung.* Frankfurt am Main: Klostermann, 1985. S. 85.

16. 牟宗三與勞思光雖然是論敵，但兩人對於東西學術之別持論一致。關於這點，請參閱牟宗三：《牟宗三先生全集28：中國哲學的特質》，臺北：聯經，2003年；勞思光：《哲學問題源流論》，香港：香港中文大學，2001年。

17. 張燦輝：〈勞思光先生早期思想中的自我問題〉，見《無涯理境——勞思光先生的學問與思想》，香港：香港中文大學，2003年，頁29-37。

意我（aesthetic self）、德性我（moral self），即是一般所謂知、情、意的能力。在他看來，以上三種能力雖展現為三種不同的活動，但都統攝於「我」這個主體。[18] 論人生苦罪之不可免，以「承當精神」來展現「最高自由」，最後的根據還是「我」：「罪即是罪，苦即是苦，我仍是我。」[19] 在海德格的眼中，主體論者以「我」作為知、情、意乃至一切存在者的基礎，他嚴詞批判。究其關鍵，主體被視為「無世界的主體」（weltloses Subjekt, worldless subject）（SZ: 110），主體與世界成為一種對立的關係。我是我，世界是世界，世界只是我所認識的對象，甚或認為世界的存在由我的意識決定。海德格卻認為，我與世界並不是並列的，更不是先有我然後有世界，「作為存在者的此在，總已經在世界中了。」（SZ: 206）例如，首先有一個足球世界，「我」才可以作為球迷，並以球隊作為我的鑑賞對象。「我」的鑑賞水平，由足球世界的評鑑標準 —— 球隊戰術、球員技術 —— 裁斷。足球世界非由某一個「我」主導，反而是每一個「我」，首先由「世界」這個意義網絡決定「我」之所是（球迷？球員？）以及不同存在者之間的關係（忠誠？敵對？）。

　　情愛現象的有趣之處，正在於它不可以（也不應該）統攝於某個單獨的主體。一段情愛關係，所說的不是「我」，而是「我們」。孤立分析「我」這個主體有何能力，並不能有效解釋情愛現象。同時，「我們」之間也不是主體與對象的關係，而是兩個主體之間的關係，亦即「互為主體性」（Intersubjectivity）。張燦輝就指出，無論是亞里士多德的「德愛」（philia）或是中國傳統的「情」，兩者都是相互性的，這樣才能夠培育彼此的德性或情感。不過，更重要的是，在兩個情愛主體之前，先有一個情愛的世界。每個人一出生，就被投擲於某個既定的世界，世界對「我」

18.「此『我乃統攝之主』，非在任何意義上被決定者，故不能化入任何條件系列，亦不能再接受解析。」勞思光：《哲學問題源流論》，香港：香港中文大學，2001 年，頁 8。

19. 勞思光：《歷史之懲罰新編》，香港：香港中文大學，2000 年，頁 226。

來說是被給予的（given），「我」就在這個獨特的社會文化環境下生活。以香港的文化為例，如果我要表達讚賞之情，我應該舉起拇指，不應該舉中指；如果我要示愛，我應該送玫瑰，不應該送菊花。同樣道理，情愛活動的表現方式，並不是直接由我或你來決定。

在這個意義下，張燦輝以一種相當婉轉的方式回應了老師的主體論述。雖然勞思光學貫中西，但論其學術成就，公認是三卷四冊的《中國哲學史》評價最高。縱觀全書，勞思光以「主體性」為綱領，以「心性論」為中心，衡斷各家哲學的是非得失。[20]《生死愛欲》亦有討論中國傳統，而且針對當代的中國哲學研究：

> 在中國大部份的哲學討論中，均是集中討論性、情與心的關係，而情這個概念通常是指情緒或者是情感，但似乎是沒有討論人與人之間，如何產生「情」的問題。我們不禁要問：「在日常的人際關係中，究竟人是如何產生相思之情呢？」（《生死愛欲》第 II 冊，第 13 章，頁 78）

在張燦輝看來，「集中討論性、情與心的關係」的學者（包括勞思光）的焦點是主體的能力 —— 無論那種能力是認知、情意或德性 —— 聚焦於個體生命，遺漏了「人與人之間」的「『情』的問題」。每一個人成為主體之前，其實先有一個世界，亦即「日常的人際關係」這個意義網絡。從主體性到世界，張燦輝巧妙地繼承並回應了老師的問題意識。勞思光為學高舉「主體性」，跟其特立獨行、睥睨俗世的為人匹配；學生卻嘗試告訴老師，還有一個有情世界，我們都是「與共存在」（Mitsein, being-with）。唯其如此，才有這段可貴的師生情誼。

第三個關鍵詞是「時間」，具體點說，即是「歷史性」

---

20. 勞思光在《中國哲學史》第三卷（上冊）的〈序論〉，簡明地敘述了自己的立場。見勞思光：〈序論〉，《新編中國哲學史》（三卷上），臺北：三民，2019 年，頁 1-13。

（Geschichtlichkeit, historicity）。對於哲學稍有認識的讀者，應該知道當代的西方哲學可以粗略分為分析哲學（analytic philosophy）與歐陸哲學（continental philosophy）。前者出身的學者，對於後者往往取徑歷史的研究方式大惑不解。研究歐陸哲學的克里奇利（Simon Critchley），就面對過這種質疑。他解釋說，歐陸哲學學者一般採取歷史的進路，因為他們普遍不承認「哲學」與「哲學史」的區分有真確性，他們認為哲學根本是歷史性的。克里奇利指出，這意味著兩點：

1. 人類主體的徹底有限性，即沒有什麼在人類經驗之外的類似上帝的立場底參照點，我們的經驗可以由此得到描繪和判斷；或者說，即便有的話，我們對此也會一無所知。
2. 人類經驗的完全偶然的或被創造出來的特徵。這就是說，人類的經驗完全是人類的，是由我們塑造和再塑造的，而這種創造的環境確定無疑地是偶然的。[21]

第一點針對的是傳統的形而上學與神學研究。這種研究方式通常將人類經驗訴諸一個超越於經驗的領域，通常就是「上帝」。因為人類是有限的存在者，受限於空間與時間；而上帝是無限的存在者，不受空間或時間所限，乃是無處不在的、自有而永有。可是，自從經過《存在與時間》的洗禮，歐陸哲學對於「非時間的存在者」或「超時間的永恆存在者」深表懷疑。海德格解釋過，《存在與時間》（*Sein und Zeit*）的書名，「與」（und）字隱藏著中心問題。[22]這個中心問題，就是「存在」與「時間」的關

21. Critchley, Simon. *Continental Philosophy: A Very Short Introduction*. Oxford; New York: Oxford University Press, 2001, p. 62, 64. 中譯本見江怡譯，《解讀歐陸哲學》，北京，外語教學與研究，頁 207、210。

22. Heidegger, Martin. *Kant und das Problem der Metaphysik*. Frankfurt am Main: Klostermann, 1991. S.

連——「存在」不可以不通過「時間」來理解。因此，一切的存在者的存在，若然說是「非時間的」或「超時間的」，其實是不可解的。

　　早期海德格的探索路向，並不是徘徊於天人之際，將上下而求索，因為訴諸所謂「上帝」其實逾越了人的有限性；他的進路是通古今之變，揭示「存在」被遮蔽的歷史。一言以蔽之，即是以歷史學取代神學的地位。

　　第二點承接第一點的討論。既然論述主題不再是絕對而超越的上帝，那麼人就不再命定「是」（存在）上帝的兒女。不是神照著自己的形象造人，而是人在某個歷史時空信奉了某個宗教，因而相信了某種人的形象。那是偶然的（contingent）、人為創造的（created）。領悟了這一點，人就從「上帝」中解放了。人是自由的，可以是這樣、可以是那樣。誠如海德格所言：「可能性高於現實性」（SZ: 38）。

　　再將以上的文字「翻譯」一次，就可以理解《生死愛欲》的歷史性。為什麼探討愛的本質，需要談論愛的歷史呢？因為「愛的本質」與「愛的歷史」，兩者的區分未必有真確性。當我們以為可以直接把握愛的本質，很可能只是被當下的歷史時空所遮蔽。例如，「很多人都以為愛情必然是浪漫愛，只要理解什麼是浪漫愛的話，就可以了解什麼是愛情了，其實世間上還有很多種不同類型的愛。」「我們愛一個人，並不只是浪漫愛的」（《生死愛欲》第 II 冊，第24章，頁394）。也就是說，我們狹隘地將「愛」等同於「浪漫」，並且渾然不覺。然而，「浪漫愛」其實曲折地繼承了柏拉圖的欲愛（*eros*）與基督宗教的神愛（*agape*）。浪漫愛將對象純潔化、形象化、理想化，帶有強烈的柏拉圖主義色彩；浪漫愛也將基督宗教的「上帝是愛」（God is love）顛倒為「愛是上帝」（Love is god）——愛是最偉大的，令人克服一切，甚至跨越死亡（詳見《生死愛欲》第 II 冊，第18章）。愛的歷史，讓我們更理解愛的本質。

242.

這種歷史的研究進路，將情由形而上的領域拉到人間，亦即人的經驗領域。愛的研究，不再是傳統的形而上學或者神學，也無須預設「上帝」是愛的根源。《生死愛欲》沒有告訴讀者「真愛」是什麼，因為它根本無意提供一套關於「愛」的絕對標準，讓大家去遵從。本書更重視的是，如何從人的經驗出發，呈現「愛」的可能性 —— 愛的類型是如此豐富多樣，有欲愛、德愛（philia）、神愛、浪漫愛，也有中國的「情」。人類的愛是自由的，可以是這樣、可以是那樣。愛的歷史，讓我們從獨斷與狹隘的狀態之中解放出來。

IV.

王家衛的《一代宗師》（2013），透過女主角宮二說出「修武的人有三個階段：見自己，見天地，見眾生」。這個三階段說，我向來有自己一套海德格式的詮釋。

第一階段是「主體性」。無論是修武抑或習文，首要的是成就自己一套功夫。運歷代武學為己用，方為武者；納各家哲學於一身，才是哲人。首先以「自我」為座標，學習才有定向。所看到的不是一套套架構森嚴的功夫或學說，而是能夠入乎其中，將其拆解，然後出乎其內，為我所用。

第二階段是「世界」。武術也好，學術也好，都是一個江湖，最忌唯我獨尊。自我提昇之道，恰恰不是排斥其他門派，而是如何將之調和、融合。在電影中，宮寶森在金樓上，表示這輩子「只成了三件事」：（一）合併了形意門和八卦門；（二）主事中華武士會，並聯合了十幾個門派加入；（三）撮成了北方拳師南下傳藝。事實上，三件事只是一件事，就是調和融合各個門派，尤其是南北武術。類比來說，在哲學上，東西學術的調和融合，亦可作如是觀。不囿於東西南北，才見到武術與學術的天

地。

　　第三階段是「時間」。電影中的一幕，宮寶森以前輩的身份聲言「咱們今天不比武功，比想法。」並讓葉問掰開他手中的餅。最後餅掰開了，葉問說出自己的想法：「其實天下咁大，又點止南北呀？勉強求存等如固步自封。喺你眼中，呢塊餅係一個武林，對我嚟講係一個世界。正所謂大成若缺，有缺陷先至有進步。真係洗得嘅，南拳又點止北傳呀？你話係咪呀？」[23]無論南北西東，仍然是空間。南拳北傳，東西交匯，縱使突破了門派與地域的限制，但在時間的洪流的沖刷下，能否傳承下去，實屬疑問。後來宮二表示「我見過自己，也算見過天地，可惜見不到眾生。」因為宮二止於自己，止於南北合流，縱然曾經贏過葉問，但在武術的傳承上，卻是詠春做到開枝散葉。所謂「一代宗師」，不是由一個人獨霸武林，而是做到代代相傳。憑一口氣，點一盞燈，有燈就有人。

　　兜了一個大圈，我想說的是，以上就是我對於張燦輝老師的一些個人感想。「生死愛欲」本來是一門課程，現在結集成書，誠為美事。但老師竟然囑我作序，除了感到惶恐，我亦大惑不解。畢竟他的學術圈子都是碩學鴻儒，論學問論輩分，怎樣也輪不到我。為何偏偏選中我？這道謎題，張燦輝老師沒有說破，總之就是要我作序。

　　在撰寫的過程中，我暗自忖度：這是一次學術回顧！不僅是他個人（主體性），而且是他的東西學術來源（世界），更重要的是，也是我這個學生的學術回顧，讓我領悟何謂學術傳承（時間）。閱讀《生死愛欲》的書稿，我看到他示範如何吸納勞思光與海德格的哲學，藉此踐行自己的哲學計劃。用勞思光的術語，那是「自由」；用海德格的術語，那是「本己」。在哲學的道路上，張燦輝見過自己，也算見過天地，最後用一本

23.「其實天下之大，又何止南北？勉強求存等如故步自封。在你眼中，這塊餅是一個武林，對我來講是一個世界。所謂大成若缺，有缺陷才能有進步。真管用的話，南拳又何止北傳？你說對嗎？」

《生死愛欲》還諸眾生。我彷彿聽到老師在跟我說：這條路，我未走完，希望你能把它走下去。……

　　感謝老師囑我寫序，讓我可以「見自己」—— 我見到了我倆的師生情誼，也見到了勞思光與張燦輝的師生情誼。勞思光曾經說過，對於師道，只是為了解惑，非為傳道授業。[24] 我慶幸自己是張燦輝的學生，也慶幸勞思光是他的老師。師生之間雖有學術傳承，卻無須因循師說。在學術面前，大家都是自由的，無論研究儒家或海德格，重點在於哲學思考的能力，而不在於學說的傳承是否完整。因此，如果我真的做到「傳承」，恐怕原因不在於我是什麼「勞門」或者「海派」弟子，而是有朝一日，我也寫出了一部「我」的《存在與時間》。這才是對於老師最大的致敬。

　　是為序。

24.「提高能力才是教學的核心。所以在教學的時候，特別是教哲學的時候，不是要你維護甚麼道統，也不是要你接受一個已定的學說，而是要提高你了解理論問題、處理理論問題的能力。……也許在你提高了能力之後，你就恰恰不接受我的一家之言，那個倒是沒有甚麼關係的。」詳見勞思光：《文化哲學講演錄》，香港：香港中文大學，2002 年，頁 xvi.

前言

朝發軔於蒼梧兮，夕餘至乎縣圃；欲少留此靈瑣兮，日忽忽其將暮；

吾令羲和弭節兮，望崦嵫而勿迫；路漫漫其修遠兮，吾將上下而求索。

—— 屈原《離騷》

1.「生死愛欲」與「實踐哲學」

筆者年輕時和好友周兆祥寫了一本小書，《將上下而求索：給明慧的二十封信》（1977）。那時候甫自大學畢業，面對人生的存在問題：死亡、幸福、情愛、生命意義和目的，提了些幼稚和不成熟的看法。大部分內容是我那時的存在感受。我本來就讀建築系，但因父親意外無端死亡而令我感覺到人生的無奈和困惑，毅然轉讀哲學，希望可以回答心中的疑惑。結果一讀數十年，從本科生到博士研究員，最後成為哲學教授，2012年退休，一生在學院生活。我們這些二次世界大戰後在香港出生的一代，未受過戰火洗禮，也沒有經歷過政治運動的殘酷，無災無難，算是活在幸福自由的年代。直至2020年香港淪落為大陸一沿海城市，我們才明白自由和幸福並非必然之事。

「路漫漫其修遠兮，吾將上下而求索。」年輕時以為人生還有悠長歲月，可以上天下地，外西內中探索生命奧秘，但現今已過從心所欲之年，黃昏之境。「日忽忽其將暮」，生命轉瞬即過，我尊敬的老師長輩亦多先我而逝。想我餘下的歲月已經無多，崦嵫已經在眼前，羲和也不會因我的請求而停下來。但是在太陽還未完全下山時，我想應該回溯過去漫長又短暫的求索路上，學了什麼事情。

筆者在中文大學教學多年，除了講授哲學純理論課程之外，無論是通識教育或者哲學課程，所嘗試探討的課題其實都相同，就是**人生各種存在問題**。在本科課程中講授過「幸福論」、「愛情哲學」、「性與文化」、「死亡與不朽」、「烏托邦思想」等課，之後在哲學碩士課程講授「痛苦與快樂」、「情、愛、性的哲學」、「希臘三哲論美好人生」、「烏托邦及其不滿」以及「死亡與年老哲學」等等。

而這些課題加起來，其實就是一個更大的課題，愛、性、幸福、死亡合而構成一個整體：談論死亡問題，說的其實是生命問題；談論幸福問題，說的其實是人生的價值意義問題；談論愛欲問題，說的也是人生的掙扎與意義。《生死愛欲》有別於上述的幾門課程，而是嘗試將其他課題結合起來，《生死愛欲》是屬於整體性的討論。雖然其中課題亦多，但中心問題卻只有一個，那就是：**人的處境問題**。

我們可以不讀孔子或柏拉圖，不研究康德或朱熹，不需要知道海德格，不用關心亞里士多德的形而上學。但是生死愛欲的問題，每個人無論喜歡與否，都必須要面對。這些問題，總會或多或少總令我們產生疑惑。這些問題是「實存問題」（existential problem），而不僅是「理論問題」（theoretical problem）。可是，這個「存在問題」卻需要以理論的、哲學的進路來處理；同時需要放在相關的文化和歷史脈絡去理解。

2016年出版的上篇是根據筆者在香港中文大學哲學碩士班從2004年開始，每兩年開一次的「生死愛欲」課，三次講座的筆錄改寫而成書，上篇分為九章：從希臘神話到基督宗教。下篇以中國傳統和西方近代思想為中心，探討生死愛欲的議題。本以為這碩士班課程內容可以足夠應付下篇，但顯然是不可能的，因此要重新規劃全書計劃。我特別在2020年為中文大學哲學系校友會開辦了8週3小時的「生死愛欲下篇」講座，是以本書下半部根據此講座筆錄改寫而成，並且加上之前相關的文章，便成為本書。

　　本書能夠出版面世，首先感謝我的學生和年輕同事劉保禧博士花費了很多時間將上篇八個講座課堂錄音轉為文字，然後修改文稿和加進不少注釋。下篇八個講座筆錄由甘朗賢先生初稿，然後筆者修訂。第五章有關亞里士多德講座筆錄是楊德立博士負責初稿。黃頌軒同學也協助全書文字修訂並提供他對道教的知識，加深我對道教生死觀和房中書的理解。感謝我幾位學生付出的努力和幫助完成此書。當然，更衷心感謝劉保禧的序言，將我心中的意思寫了出來。

　　同時感謝我三十多年前在台中東海大學首次教學時的李亞南同學，她現在是漫遊者文化的總編輯，沒有她對我出版此書的鼓勵和肯定，仔細的編輯工作，精美的版面設計，此書絕對不能面世。

　　最後要誠心感謝陪伴和忍受我三十多年的伴侶徐嘉華，她追問我超過二十年何時出版「將上下而求索：給明慧的二十封信」的成年版。世異時移，我也不能以簡潔文字闡釋人生問題，從而長篇大論的論述生死愛欲。看我那本小書的明慧相信也早已不再是年輕人，可能願意接受本書的理論陳述。故我特意將本書作為「明慧」的續篇獻給嘉華，期待她的評價。

導論
生死愛欲：關於人類處境的哲學
生死之間、人類的處境（Conditio humana）
—— 生存、死亡、愛欲

0.1 生存

生而為人，我們總是在生存與死亡之間。人的一生數十年，到底人是什麼？莎士比亞名劇《李爾王》（*King Lear*）有段精彩的對白：

> 人不過是如此嗎？要仔細盤算一下。你沒有取用的蠶絲、獸的皮、羊的毛、麝貓的香。哈！我們三個倒是虛偽的了；你纔是本來面目；赤條條的人也不過就是你這樣的一個可憐的裸體的兩腳動物罷了。[1]

人類不外乎是動物：生存，繁殖，並且死亡。這整段文字的意思，說出了人的 *factum brutum*，也就是人類「明顯的事實」。我們活了這麼多年，還是離不開吃飯、睡覺、上廁所、做愛，最後死亡。這就是人生了。人類的存在不過如此，赤裸裸而來，赤條條而去，無論說得如何天花亂墜，不也就是出生數十年，之後死亡？人的現象就是這樣簡單：出生，死亡。那麼生而為人，又有什麼意思呢？

---

1. In Shakespeare, William. *A New Variorum Edition of Shakespeare* (Volume 5), ed. Horace Howard Furness (New York : Dover Publications, 1963), p.193. 中譯本見梁實秋譯：《李爾王》（臺北：文星書店，1964 年），頁 106。

為何而生

當我說「我不知道自己為何出生，死後不知何往，也不清楚人生的目的。」這的確說明了人生悲哀的一面。我們的出生並非由自己選擇，沒有人問過我們，我們就出生了。無論是男是女、姓張姓李、當中國人或美國人，從來沒有人在我們出生前問過我們的意願。當生命完結以後，又到底會往哪裡去，我們依然不知道。

當然我們會聽到很多不同的答案，有哲學的也有宗教的，這些都會告訴我們人生的目的是什麼。往深層思考，這些似乎都是聊勝於無的解答，藉以消解我們的荒謬感。有些問題真的沒有答案，比如說，為什麼我會在這裡？為什麼我生而為中國人？香港人？為什麼我是男子漢而不是女兒身？這些問題，沒有人知道答案。

生與死之間

對於以上這些問題，唐君毅曾經作過相當深入的反省。他在1961年出版了一本小書《人生之體驗續篇》。書中的一章〈人生之艱難與哀樂相生〉，指出人生說到底不外乎求生存、求愛情、求名位、求真、求善、求美、求神聖，這七種欲求囊括了所有人類生命的現象。剛才說到一個簡單事實，人類的生命就是出生，最後死亡。問題卻是，我們在這段時間之間都做了些了什麼？

在生與死之間，存在著一連串的欲求：餓了欲求食物，孤單時欲求愛情，工作時欲求得到別人欣賞，層次再高一些，我們則從事科學研究以追尋真理，從事社會運動以追求正義。凡此種種，在在顯示人類的生命中必然會出現「欲求」（desire）。

人生的三項基本欲求與人生的艱難

我的說法可與唐君毅所說的互相呼應。他說到人類在欲求真、善、美之

前，得先明白頭三項欲求。

第一項是「求生存」。他警告我們不要輕看「求生存」。一個人如果不必為三餐奔波勞碌，那會是個怎樣的人？他可能是二世祖，家裡有的是錢。但是，就算家裡有錢，也不要以為理所當然的不必努力。唐君毅在文章中有個子題——〈生存之嚴肅感，與人為乞丐之可能〉，他指出，人類永遠有成為乞丐的可能，就算今天回家有飯可吃、有屋可住，但這些都沒有最終的保證。我們能否想像，自己一夜之間變得一無所有？曾經有個真實的例子，一個坐擁97億美金的德國富翁，因為金融海嘯而傾家蕩產，於是自殺死了。唐君毅是對的，生存並非必然，財富無法保證。一旦我們明白到這一點，就明白生存本身的嚴肅性。

第二項是「求愛情」。愛情好像是自然不過的事，在我們的日常生活之中，無論是電視的肥皂劇、傳媒的八卦雜誌，都充斥著各式情情愛愛。所謂愛情，到底是什麼呢？我們的日常生活充斥著愛情，好像很容易了解，但是仔細追問，卻又不是那麼回事。

唐君毅提到「愛情」是許多哲人不屑提及的課題，但是這種欲求是普遍的，常人都會有渴求伴侶的欲望。在我們的一生中，第一次向愛人說出「我愛你」，而對方回應「我也愛你」的時候，那種甜蜜無可比擬。因為我們知道追求一個人是很困難的。經過歲月的洗禮，感情原來是會失色的，變得沒有意義，甚至有愛人背叛自己，我們慢慢明白長期維繫一段感情，是很困難的。

當然，也有人拒絕愛情，嘗試離開欲海，走到無欲的彼岸。例如和尚、教士斷絕自己的情欲。不過這樣種斷絕情欲的方式很不容易。唐君毅很精闢，他指出做聖人很難，難道做賊又會容易了嗎？上升不易，墮落也難。人世之中，無數的悲哀就是從此而來。於是不求愛情難，求愛情亦難，求取愛情之後能夠維繫亦難。總而言之，就是艱難兩字。

第三項是「求名位」。想想日常生活之中彼此的交流溝通，我們談論

最多的是什麼？難道是哲學嗎？肯定不是。我們多數談論的，是他人的短處，是關於別人的閒話。我們在別人的心中，都有一個位置；我們被人談論，也會談論別人。這是個很難克服的普遍現象。我們總是渴望，在別人的心目中留下美好的印象。比如說，我擔任這麼多年的教職，當然希望能得到學生的好評。因為我希望在別人的心中有個位置，可以得到別人的尊重。事實上，人渴求得到名位，反映了人想在人際之間建立關係。最淒涼的人就是斷絕六親者，因為沒有人承認他的身份價值。而所謂名位，表面上是一種令人不屑談論的東西，卻同時也讓人很難逃避。

上述三項欲求已經佔據了普通人絕大部份的生命。當然也有人可以跳脫這三者之外，去追求更高價值的真、善、美、神聖。這是一種超越，屬於科學、道德、藝術的領域，但卻不是普通人一般在生活的日常中所企盼的。

其實我想說的，是當我們談及「生命存在」的問題時，首先遇到的並不是真善美神聖。日常生活的實存問題、愛情問題，本身就是一種艱難。不要以為，求生是容易的，戀愛是容易的。有多少人，經歷了愛情而苦惱，有人想嫁想娶，卻同時有人嫁娶之後不快樂。在人的一生之中，想想自己，想想身邊的人，有多少人能獲得童話故事般的美滿結局？美滿，實在是不容易的。

有疑 —— 對人生的追問

說到這裡，我們可以明白地提問，到底什麼是生存的意義。我們不僅生存，也不僅在描述自身的生存狀態，我們是在追問自己「為什麼」生存。這個「為什麼」是一種疑惑（wonder），無論是柏拉圖與亞里士多德，都認為哲學始於「疑惑」。

柏拉圖說：「這種疑惑感是哲學家的一個標誌。哲學確實沒有別的

起源。」（*Theatetus*, 155d）[2]到底我們疑惑什麼？我們所疑惑的，是世界為什麼是這樣的。我們面對現象的生滅流變、日出日落，到底背後有沒有一種恆常不變的東西呢？我們的疑惑，其實指向一些原則，反映我們渴望理解現象世界如此這般的**理由**。所以亞里士多德也說：「**古往今來人類開始哲學思慮，都起於對自然萬物的疑惑。**」（*Metaphysics*, 982b 11）[3]所謂「哲學思慮」（philosophize），就是不僅接受世界的如此這般，而且還要追問如此這般的根據何在。我們追問的不是「什麼」，而是「為什麼」。

進一步說，我們可以追問人類為什麼問「為什麼」？我們知道，動物是不會這樣提問的。牠們也有各種苦惱，卻不會問這些苦惱從何而來，更加不會問到為什麼問「為什麼」。為什麼人類會問「為什麼」？這就涉及了人類的自我理解。本來提問現象世界「為什麼」如此這般，所指向的都是外部的對象，一旦人類提問為什麼自己會問「為什麼」，所指向的就是自我了。從古希臘時代開始，柏拉圖與亞里士多德等哲人就相信哲學的一大目的是「認識你自己」，所以問到為什麼自己會問「為什麼」，其實是自我理解的重要一環。

生命的焦慮與哲學的慰藉

不過我的說法跟古希臘的哲人有點不同。說到關於生命的問題，我認為關鍵在於人對生命的焦慮（anxiety）。好像帕斯卡（Blaise Pascal, 1623-1662）在《思想錄》（*Les Pensées*）說道：

> 當我思索我一生短促的光陰浸沒在以前的和以後的永恆之中，

---

2. 柏拉圖著；王曉朝譯：《柏拉圖全集（第二卷）》（北京：人民出版社，2003年），頁670。

3. 文字根據吳壽彭譯本而有改動。詳見亞里士多德著；吳壽彭譯：《形而上學》（北京：商務印書館，1997年），頁5。

我所填塞的 —— 並且甚至於是我所能看得見的 —— 狹小的空間沉沒在既為我所不認識而且也並不認識我的無限廣闊的空間之中；我就極為恐懼而又驚異地看到，我自己竟然是在此處而不是在彼處，因為根本就沒有任何理由為什麼是在此處而不是在彼處，為什麼是在此時而不是在彼時。是誰把我放置在其中呢？是誰的命令和行動才給我指定了此時此地的呢？（*Les Pensées*, Part 3, section 205.）[4]

帕斯卡是位偉大的數學家，但他在這裡的反省卻有著深刻的哲學意味。他說，當我們抬頭仰望，看到廣闊無涯的宇宙，可能會驚覺自己為何生於此時此地。就如我在課堂一開始所說的：為什麼我生在此處？為什麼我生而為男兒身？為什麼我生於 20 世紀而不是 21 世紀？這是沒有必然理由的事。既然沒有必然的理由，我們會不期然產生一種焦慮不安，覺得個人生命的由來無法解答。即使繼續追問下去，也永遠無法解答。

然而，若你說：「這個問題不難回答，是上帝創造我們以及這個世界的。」那麼我也可以追問：「為什麼上帝要創造我呢？」當我們一路以「為什麼」追問下去，到底要如何才能得到滿意的答案？其實我們並不知道。就是這種對生命的焦慮，令我們面對生死愛欲的問題時，更渴望得到答案。

事實上，我們將會讀到各種不同的回應，而這些回應說到底也不是解決的辦法也就是說，我們讀完這些回答之後還是會死，還是會面對愛情性欲等煩惱。事實上，閱讀相關的理論，其目的是在於讓我們反省這些事情的意義，甚至從中得到哲學的慰藉。我們面對死亡的事實是改變不了的，但是當我們讀到相關理論之後，或會知道死亡之於我們的價值

---

4. In Pascal, Blaise. *Pensées*, trans. by W.F. Trotter (London: Dent, 1931), p.61. 中譯本見帕斯卡爾著；何兆武譯：《思想錄：論宗教和其他主題的思想》（北京：商務印書館，2009 年），頁113。以下英譯本稱為 *Pensées*，中譯本稱為《思想錄》。

與意義。

0.2 死亡

凝視死亡

除了清明節與重陽節外，我相信一般人很少會到墓地，我也相信沒有多少人喜歡到墓地。而我卻獨鍾墓園。請看看圖0-1這張照片是我在意大利米蘭（Milan）一處墓園拍攝的，時為2000年。

我去過米蘭四次。有些人去米蘭是因為足球，有些人去米蘭是因為名牌，也有些人去米蘭是因為達文西（Leonardo da Vinci）《最後的晚餐》。可是這三個原因都與我無關，這些地方我反而從來沒有到過。然而我必定造訪的地方，就是紀念碑墓園（Monumental Cemetery）。如果有一個地方，能夠將「死亡」與「藝術」配合得天衣無縫的話，這個位於米蘭的墓園可謂其中的極致。

現代的墓園是18世紀中期才出現的，香港的跑馬地天主教聖彌額爾墓園，就是與西方的墓園同一時期出現的。真正世俗的墓園，直到19世紀才出現，如巴黎的拉雪茲神父公墓（Père Lachaise Cemetery），是1804年才開始出現的。以前的人，死後大都葬在教堂之中。例如梵諦岡大教堂，其實旁邊埋葬了很多死人。死人都葬在教堂附近，是為了迎接基督第二次的到來，好讓死人能夠快點升天。近教堂者當然近天堂多一些。後來，由於中產階級的興起，死亡觀念的改變，意大利有些城市如米蘭、熱那亞（Genova）的墓園逐漸出現了很多漂亮的雕像。

到底這張照片，如何讓我們一眼就聯繫上「死亡」的課題呢？這個雕像，凝望著已經腐朽的骷髏頭，彷彿在追問：「死亡是什麼？」各種生命似乎千變萬化，不過所有生命有著同樣的命運：死亡。就如《列子‧楊朱

篇》提到：「萬物所異者生也，所同者死也。」〈楊朱篇〉真是一篇精彩的文章，文內提倡了一種觀點，可謂享樂主義的極致。文章指出，生存是極難的事，而死亡是極容易的事。我們可以想想，站在火車月台旁邊，只要等火車一來，合上雙眼跳下去就死定了；從大廈三十樓，跳下來也是死定了。

多年前，日本出版了一本《完全自殺手冊》。顧名思義，這本書教導讀者各種自殺的方法，當中談及種種細節。例如自殺如何可以不騷擾到他人，所以跳樓不道德，因為跳下來可能會禍及他人。最愚蠢的自殺方法是割脈，因為往往死不了。服食大量安眠藥的結果，經常就是洗胃，也死不了。唯有一種方法是最可靠的，也是日本人自殺方法中比率最高的。有人會聯想起切腹，但並不是。如果你讀過三島由紀夫的描述，就會知道切腹是如何困難的了。切腹必須要從某個特殊角度切入，最後還需要一個人輔助把你的頭割下來，多麻煩。書中那個最簡單的自殺方法，保證三十秒內死亡，就是上吊。書裡指出，上吊是不可逆轉的，頸骨一斷，回天乏術。

所以楊朱是對的，死亡是極其容易的事。有些小朋友玩弄螞蟻，手指輕輕一捏，螞蟻就死了。死亡，就是這樣容易的事情。但是，若要令得死去的螞蟻重生，就不容易了。楊朱的觀點，就是說生命／生存是極難維持的，而死亡卻極易造成。他認為美醜亦死，賢愚亦死，生前有什麼分別也好，都難免一死。死後即成空，唯有生存才是實際的。因此，有生之年應該盡量享受。

維根斯坦說過：「死不是生活裡的一件事情：人是沒有經歷過死的。」（*Tractatus Logico-Philosophicus* 6.4311）[5] 他想指出「死亡」不是生命

---

5. In Wittgenstein, Ludwig. *Tractatus Logico-Philosophicus* (Frankfurt am Main: Suhrkamp, 1963), p.113. 中譯本見維特根斯坦著；賀紹甲譯：《邏輯哲學論》（北京：商務印書館，2009 年），頁 102。

的經驗。就算你在醫院命懸一線，危在旦夕，逐步邁向死亡，但是同一時間你還是活著。只要一息尚存，就還未死亡。我回顧自己的年歲，原來我的生命已過去了六十多年。我知道自己的生命將於不久後完結。不過，即將死亡的人不代表知道死亡。維根斯坦與海德格同樣指出，沒有人經驗過死亡，所謂「復生」的人其實從來沒有死過。死亡，是一個「絕對界限」（absolute limit）。

死亡 —— 不確定的確定性

如果人皆有死，我們又害怕什麼？有一種觀點就是不畏懼死亡，例如公元前6世紀的希臘詩人墨伽拉的特奧格尼斯（Theognis of Megara）：「**對於人類來說，最好的就是從來不曾生出，從來沒有看過太陽的光線；次好的就是迅速走進哈底斯的大門，埋葬於大堆的泥土之下。**」[6]這個觀點質疑，到底生命是否有如一般人所想的那樣可貴？在這個觀點下，生命不被歌頌，死亡就是解脫，所以人不一定害怕死亡，有些人反而會認為是解脫。

再回顧圖0-1的照片，我們看到雕像的容貌，彷彿在思索著以下的問題：「為什麼給予了我生命，卻又要我死亡？死亡的意義是什麼？」現在我們不是身處戰亂，思索這些問題的機會比較少。身為香港人，我們過去的數十年的確是自由而富庶的。我永遠記得自己的老師沈宣仁先生，他說我們這一代香港人可能是過去中國三千年以來最富庶最自由的一個世代，並且沒有戰爭。在座同學大部份都沒有逃難的經驗，也都沒有經歷過飢餓。就算有餓的感覺，都是自招的，自己故意吃少一點減肥罷了。窮的經驗當然嘗過，餓的機會其實不多，這令我們相對遠離死亡的威脅。

---

6. In Theognis. *Elegies*, trans. Dorothea Wender (Harmondsworth: Penguin Books, 1973), p. 111

事實上，當我們認真思索生命意義的時候，我們需要回答何謂死亡；但當我們問到死亡意義的時候，我們需要回答何謂「生命」。「生命」與「死亡」是二而一的。我們明白自己有了生命，同時我們也會死亡。凡人皆死，不在此時，便在彼時，總有一天每個人都一定會死。我肯定會死，但是不知道何時而已。在這個意義下，「死亡」是「不確定的確定性」（uncertain certainty）。

我們知道自己必然有死去的一天。每天的新聞報導、報章雜誌，都有關於死亡的消息。可是，我們讀到新聞往往會抱持事不關己的心態：「死的是他不是我，與我何干？」在我們的心中，隱隱約約，好像知道自己必然會死。但是死亡這種確定性，其中卻有一種不確定的因素：何時會死，我們並不知道。我們知道自己會在某日死去，不過不是今日，也不是明日，最好也不是明年。因為我們還有事未完成。我們害怕死亡，不是因為害怕死後的遺產怎麼處理，也不是怕「出師未捷身先死，長使英雄淚滿襟」，其實沒有那麼偉大。我們所怕的，我們所焦慮的，其實是死亡的那種不確定性（不知何時會死），以及其確定性（死亡必然到來）。

就在這種死亡的弔詭之中，我們焦慮。我們以為有些方法可以令我們不再懼怕死亡，例如保險，保障了我們死後也有財產可以留下。[7] 可是，這也掩蓋不了我們對死亡的焦慮。死亡縱使不在今天降臨，也可能明天到來，這當中沒有任何理由可言，來了就是來了。我們看到身邊有人死了，會問：為什麼他會死，發生什麼事了？

有一個經典的三段論是這樣的：

所有人都是會死亡的。

蘇格拉底是人。

---

7. 順帶一提，保險也是哲學家的發明，源自萊布尼茲（Gottfried Wilhelm Leibniz）的構思。

蘇格拉底是會死亡的。

這個三段論是對確的（valid），是邏輯上必然的推論。如果將「蘇格拉底」換上了「我」，論證就會是這樣的：

所有人都是會死亡的。
我是人。
我是會死亡的。

然而，我們應否相信這個推論呢？只要我一日未死，這個死亡的「確定性」就未經驗證。既然如此，為什麼「死亡」還會纏繞著我們呢？

生存 —— 不必然的必然性

如果說死亡是一種不確定的確定性，換個說法，其實也可以說生存是不必然的必然性（unnecessary necessity）。問自己為何會死，跟問自己為何出生一樣，都是無望得到合理回覆的。我不能說，因為前世做了好事，所以我誕生了；因為我做了壞事，所以我今天會死亡。**死亡只有一個原因，就是我們出生了**。只有出生了的，才有所謂死亡。這是人之為人的條件，我們出生之後，「死亡」已經注定伴隨著我們。

死亡是神秘的，而出生也同樣是神秘的。剛才我引用維根斯坦的話，指出沒有人經驗過死亡；同樣的道理，我們其實也沒有出生之前的經驗，所經驗到的只是出生之後各種關於世界的事物。出生之前，死亡之後，並無所謂「經驗」。

我們的人生經驗，就是在生與死之間出現的。我們能夠構成種種人生經驗，源於我們出生了，但是我們的出生卻又是那麼偶然。數十年前的某個夜晚，因為我的父母做愛了，也許是出於情愛，也許只是例行公

事，總之令「我」出生了。這個「我」，就在這種無必然性下誕生了，我的誕生成為事實，是無必然性下的必然性。

柏拉圖提過一個關於「死亡」的經典說法。柏拉圖認為死亡是一件好事，他藉蘇格拉底的口說：「**死亡在我看來無非就是兩樣東西的分離，靈魂與身體，它們分離以後仍舊保持著它們活著時的狀況。**」（*Gorgias*, 524b）[8] 死亡就是靈魂離開肉體，這個理論影響了西方人接近二千五百年的時間。柏拉圖的說法，加上後來的基督宗教思想，指出死亡並非什麼可怕的東西，死亡僅是肉體的死亡，價值所在的靈魂正好藉此離開肉體，從而得著真生命。在這個意義下，所謂哲學就是學習如何死亡。他說：「**那些以正確的方式真正獻身於哲學的人實際上就是在自願地為死亡作準備。**」（*Phaedo*, 64a）[9] 我經常開玩笑說，如果在入學講座的時候對新生搬出柏拉圖的思想，指出哲學就是學習死亡，相信在座的同學與家長會覺得難以接受。表面看來，這個說法是悲觀的，好像人必然皆有一死；實際上，他的說法旨在讓我們淨化自己的靈魂。透過哲學，讓我們靈魂之中不潔的東西得以一一淨化。因此，柏拉圖才會說死亡並不可怕。對他來說，可怕的倒是死前哲學讀的不夠，日後靈魂淨化的純度不高。根據柏拉圖的說法，我們不需害怕死亡，死亡反而是真正生命的開始。問題只是：到底我們相不相信這個說法？

死亡的兩種觀點

關於死亡，我們可以約略分為兩種觀點。第一種認為死亡就是「靈魂離開肉體」，死亡的是肉體，不朽的是靈魂。順帶一提，有些基督教徒以為自己死後靈魂不朽，但是「靈魂不朽」絕對不是出自《聖經》，新舊約的《聖

---

8. 柏拉圖著《斐多》，收於王曉朝譯：《柏拉圖全集（第一卷）》（北京：人民出版社，2002年），頁 422。下稱《斐多》。

9. 《斐多》，頁 60。

經》同樣沒有出現過「靈魂不朽」的字眼。耶穌的事蹟有何特別？祂在死後復活，而復活不僅是靈魂復活，而是包括肉體在內的整個生命復活。

在未受希臘哲學影響之前，基督宗教相信耶穌復活是我們人生之中最大的期望。老實說，耶穌復活是很重要的，教徒都在等待耶穌第二次的到來。從正統的立場來看，根據《聖經》的話，現在其實沒有靈魂在天堂，即使基督徒也一樣。《聖經》的《啟示錄》清清楚楚指出，復活在耶穌第二次降臨才會出現。現在號角還未響起，最後審判還未到來，死了的人理應未曾復活。那些說自己死後立即上天堂的基督徒，肯定是錯誤的。《聖經》的確是這樣記載的。基督教的最後審判，是決定誰是真正的基督徒，誰不是真正的基督徒，誰能夠重新獲得生命，誰要有第二次死亡 —— 永恆的死亡。閱讀《聖經》的《啟示錄》14章，其中記載新天地的情況，基督徒不是以純粹靈魂的方式生活，而是活生生有血有肉的。就算是耶穌本人，福音書描寫祂的復活，祂並不是以精靈的形式呈現，而是活生生、有血有肉的形式。祂展示傷痕，說明這是同一個身體。

我只想說，基督宗教本來的死亡觀與柏拉圖截然不同。柏拉圖相信靈魂不朽，基督宗教則否。按照柏拉圖的想法，肉體是會死亡的，靈魂卻可以是不朽的。如何令靈魂不朽呢？那視乎個別人士的功力了。柏拉圖就相信，每個人都是有能力的；基督徒就不相信，而認為必須依靠耶穌。因為耶穌說過「我就是道路、真理、生命」(約翰福音14：6)，要到達天國，必然要通過耶穌才可能。這就是哲學與(基督)宗教的分別了，前者相信依靠個人的理性反省能力，可以達致不朽的境地；後者卻要依賴耶穌。在哲學中，無論是希臘的柏拉圖，還是中國的儒、釋、道三教，都肯定人類自我的提升。

第二種死亡的看法是什麼？那就是「靈魂/肉體不可分離」。一旦肉體死亡，即意味著靈魂同時死亡，沒有離開肉體的靈魂。人死即如燈滅，一切歸於虛無。這個立場跟上述的正好對立。你相信哪個立場？這

個問題，恰好不是你在死後世界回答的，而要在生前選擇答案，這是與你當前生命相關的。我強調，所有的死亡哲學說的都不是死後的事。死後的事，在我們生存的時候就要面對。

0.3 愛欲

人生的意義無法脫離愛欲與死亡

為什麼要談「愛欲」（Eros）[10]呢？我們可以先看看 *Sex and Death* 這本書（圖 0-2）。

這本書的封面用了 16 世紀德國畫家 Hans Baldung Grien 的作品 *The Three Ages of Woman and Death*。左面的女性象徵欲愛，右面的骷髏象徵死亡，畫家以形象的方式表現上述兩者的關係：人生的意義不能脫離欲愛與死亡來理解。

伊甸園裡的生死愛欲

我們可以《聖經》的〈創世記〉來說明兩者的關係。〈創世記〉開首幾章即以亞當、夏娃墮落的故事貫串人類的生命、死亡與情欲。上帝說伊甸園內有兩棵樹，一棵是生命之樹，一棵是知識之樹（在希伯來的語言中，「知識」跟「性」是有關聯的）。上帝說亞當可以吃園中所有樹的果子，唯獨知識之樹的果子不可吃，一旦吃了，當天就會死亡。後來蛇引誘了夏娃嘗試禁果，夏娃又引誘了亞當，兩人卻沒有立即死亡，亞當更活了幾百年

---

10. 愛欲是希臘字詞 Eros 的翻譯，下文會因應不同脈絡而有不同的譯法。說到希臘傳統的愛神，本文會音譯為「愛若斯」；說到柏拉圖哲學中的那種欲求，本文會譯為「欲愛」。現在用「愛欲」是最廣泛的意思，舉凡各種愛欲的觀念都（籠統地）包括在這個概念之中。至於具體說明，有待後文討論。

的命。上帝是否說謊？另一棵生命之樹的果子，上帝本來沒有禁止亞當進食的，如果吃了那些果子，人類就有永恆的生命。後來上帝驅趕兩人離開伊甸園，指出亞當、夏娃已經吃了知識之樹的果子，如果再吃到生命之樹的果子，就會跟祂相似。

這是什麼意思呢？我嘗試簡單說明如下。上帝的愛（尤其是在舊約），其中一個意思是「創生」（procreation），可以無中生有，創生天地萬物。亞當、夏娃進食了知識之樹的果子，即分享了神的能力，兩人自此可以生殖，創造生命。「創生」，本來是神力量的彰顯，現在人類也可以分享了。不過人類的代價，就是作為個體的人必然會死，縱使作為族群的人類可以綿延下去。雖然人類分享了創生的能力，但是基督宗教仍然強調生命的來源是上帝。直到今天，天主教強調不可墮胎，甚至不可以戴避孕套，就是因為他們認為「生命」不是由人類掌權主理的。一男一女可以生育，不過是工具而已，是神藉著男女而讓新的生命誕生。藉著這個故事，愛欲與死亡之間的關聯得以說明清楚 —— 人類藉著愛欲而轉化死亡的意義：作為個體的人，終必趨向死亡；作為族群的人類藉著愛欲，終必不朽長存。同時，亞當、夏娃的故事也突顯了基督宗教之於「性」的曖昧立場：性既是神聖的，可以創造生命；性也是罪惡的，令人類驕傲墮落。後來，奧古斯丁（Aurelius Augustinus）也強調淫欲是人類的原罪，因為淫欲意味著不遵從上帝，胡亂使用上帝的創生能力。

愛的幾種不同形式

如果從整個西方哲學傳統來理解，以「愛」（love）來翻譯Eros是硬來的。事實上，西方傳統的「愛」有三種不同的形式，分別是「欲愛」（Eros）、德愛（Philia）、博愛（Agape）。「愛」這個字是含糊的，不能準確表達上述三者的具體意思。上述三者，分別是柏拉圖、亞里士多德與基督宗教之於「愛」的理解，合而構成了西方哲學傳統的愛的論述。

中國人跟西方傳統大異其趣。古代的中國人，不會用「愛」字表達我們當下所說的"love"。日常生活之中，我們總會用「我愛你」向情人表達愛意，歌曲如是，電影如是，好像「我愛你」本來就是中國文化的一部份。然而，「我愛你」這種表達方式，在1900年以前的中國古籍之中，從沒有出現過。每次講授愛情哲學我都跟學生打賭，他們在1900年以前的中國文獻找不到「我愛你」這種表述方式，而我從來沒輸過。中國人是不會說這三個字的，因為古代中國人講的是「情」。這個「情」字，跟柏拉圖說的Eros並不一樣。

中國又是如何回答生死愛欲的問題呢？中國人講的是「情欲問題」，卻未將「情欲問題」置於愛情的角度來理解。中國文化是很有趣的，雖沒有愛情「哲學」，有的卻是愛情「文學」。早從《詩經》開始，就有「**關關雎鳩，在河之洲，窈窕淑女，君子好逑**」。這是情的文學。自此以往，我們有許多言情的詩歌與小說，卻沒有任何一位中國思想家寫過一本像柏拉圖《會飲》這樣的愛情哲學。

柏拉圖所說的Eros，是源於缺乏，是有欲求的愛，因此叫做「欲愛」。如果有人跟你說「我愛你」，你很自然會問「為什麼？」。簡單的回覆是「我愛你，因為你很美」。那麼你說「如果我不美，你是否依然愛我？」對方會如何回應呢？若對方是柏拉圖主義者，他就會說：「對不起，不會。」柏拉圖告訴我們，「我愛你」不是因為你本身如何獨特，而是因為你分享了「美」的性質。你是美的，不過你身邊的這位也是美的，同樣分享了「美」，因此我都會愛。柏拉圖主義者追求的是自身所缺乏的東西，因此欲愛是一種欲求，他會愛你是因為你很美。

基督宗教說的博愛就不一樣了。一個秉持博愛信念的人，會說「我愛你，所以你很美」。這就是說，不是你本身如何美，而是基於我愛你，你才顯得美麗。這就如像上帝愛人，不是因為人本身有什麼值得愛的地方，而是因為上帝本身就是要愛，愛是無條件的。在《聖經》中，關於

「愛」的經典說法：

> 愛是恆久忍耐、又有恩慈。愛是不嫉妒，愛是不自誇、不張狂、不作害羞的事。不求自己的益處，不輕易發怒，不計算人的惡，不喜歡不義，只喜歡真理。凡事包容，凡事相信，凡事盼望，凡事忍耐。 愛是永不止息。（哥林多前書13：4-8）

這裡說的不是男女之愛，而是上帝的博愛。例如德蘭修女就是典型。那些印度人值得她愛嗎？不是的。因為愛是無條件的，她就是要去愛。

　　柏拉圖的欲愛與基督宗教的博愛，簡單表述為「我愛你，因為你很美」與「我愛你，所以你很美」，恰好構成西方傳統兩種針鋒相對的理論立場。[11]回到「我愛你，因為你很美」，柏拉圖式的想法是很有問題的。無論是「美」、「善」、「真」，當一個人的靈魂步步提昇，達到愛的梯階頂端，我們就會由個別的人愛到純粹形式的真、善、美。在這個世界裡，再沒有具體的人可言，只餘下純粹的真、善、美。這樣是否可能？又如「我愛你，所以你很美」，這個博愛立場令基督徒對待世人必須一視同仁。然而，我們對待世人是否真的可以一視同仁？你嘗試問問天主教的神父、教宗，他們一定不會說某個特殊的人值得珍而重之，可以特別愛得深入一點。愛總是一樣的，是一種普遍的愛。在這種愛之中，個體是沒有位置的。這樣是否可能？

　　在11世紀的時候，西方社會出現了浪漫愛（Romantic Love）。今時今日，我們許多談論愛情的歌曲、電影，都是以此作為原型，不是什麼精神的戀愛，而是具體的、涉及身體與情緒的愛。這種愛也是十分重要的，它解釋了我們為何對愛情可以生死以之。不錯，「愛」是回答人類生命意義的關鍵。就如我所說，欲愛是追尋不朽的欲求，而博愛也是藉著

11.歐文‧辛格（Irving Singer）所說的「評價與賦予」（Appraisal & Bestowal）理論，與此就有直接關係，不過我們暫且不岔開話題。

上帝的愛來回答人類生命意義的問題。如此等等，都是解答生命與死亡問題的一些方向。

「愛」的意義，就在這裡表現出來。日後我們會提到，柏拉圖藉著欲愛追尋完美，從而達致不朽，以克服死亡的問題。剛才提過唐君毅的說法，其實說來也是一種柏拉圖式的思想，因為他說人生在求生存、求愛情、求名位之後，求的就是真、善、美、神聖。這就有意思了。在人的欲求之中，愛不僅是男女之間普通的愛，而是可以上升達致不朽的價值層次。這個想法，分明是柏拉圖式的。柏拉圖在《會飲》就說：

> 既然欲愛所欲求的是永遠擁有好的東西，那麼可以肯定地講，欲愛欲求不死與【擁有】好的東西是分不開的。因此，結論不可避免地是：欲愛就是欲求不死。（*Symposium*, 207a）[12]

理性難以駕馭的情欲

事實上，很多哲學家都是柏拉圖式的。他們嘗試以理性為指導，馴服自己的感情。問題是這種馴服是否可能？在赫西俄德（Hesiod）的《神譜》（*Theogony*）記載：

> 愛神愛若斯（Eros）—— 在不朽的諸神中數她最美，能使所有的神和所有的人銷魂蕩魄呆若木雞，使他們喪失理智，心裏沒了主意。（120-122）[13]

愛若斯是很早就出現的神祇，不是清純的愛，而是野性的「情欲」（Lust）。這表明了我們性欲的特徵：盲目，而且巨大。這種情欲，跟上

---

12. 原文的「愛欲」一律改成「欲愛」。見柏拉圖著；劉小楓等譯：《柏拉圖的會飲》（北京：華夏出版社，2003年），頁84。

13. In Hesiod. *Works and days ; and Theogony*, trans. Stanley Lombardo (Indianapolis : Hackett Pub. Co., 1993), p.64. 中譯本見赫西俄德著；張竹明、蔣平譯：《工作與時日；神 》（北京：商務印書館，2009年），頁31。原文以「厄羅斯」翻譯Eros，我以「愛若斯」代之，統一行文。

述說到的柏拉圖與基督宗教又不一樣。之前所說的「愛」大都比較理性，情欲卻是一種難以控制的衝動。柏拉圖深深明白，欲愛不一定是建設性的，也可以是破壞性的。他在另一本著作《斐德羅》（*Phaedrus*）舉過一個例子：所謂欲愛，就如一個人駕馭著兩匹馬，一匹是理性的，一匹野性的。我們應該遵從理性馬匹的指引，避免野性馬匹的擾亂。在這個傳統下，幾乎所有關於欲愛的討論都是以理性為中心，從柏拉圖、亞里士多德到康德、黑格爾都是如此，高舉理性的地位。肉體、感情、欲望等元素被一一力壓下來。然而，這種處理手法是否可行？

與此相關，「情欲」的地位實在很關鍵。「愛」處於正面地位，因為與理性有關；「情欲」則處於負面地位，因為與欲望、身體有關。一般人大概都有類似的經驗：一旦情欲到來，理性也難以駕馭。絕大部份的哲學家，面對情欲問題時都嘗試以禁止、抑制的方式處理。

基督宗教曾經列出人類的「七宗罪」，首位的就是「情欲」（Lust）。《馬太福音》記載耶穌的話：「**只是我告訴你們，凡看見婦女就動淫念的，這人心裡已經與他犯姦淫了。**」（馬太福音5:28）我們現在說性騷擾，已經包括「色迷迷望著別人」，但是耶穌的標準更高，連內心有淫邪的想法都是罪惡。

聖奧古斯丁在成為基督徒之前，是個風流成性的人，經常出入煙花場所。後來他在《懺悔錄》中質疑，為什麼上帝創造陽具這種人類不能自我控制的東西呢？那就是人的情欲，即使運用我們的理性，也不能有效控制。聖徒保羅曾經清楚指出：如果各位弟兄姊妹能夠獨身侍奉上帝，那是最好的了；如果不能獨身的，就結婚算了。因此他說出以下的金句：「**與其欲火攻心，倒不如嫁娶為妙。**」（多林哥前言7:9）這個立場彰顯基督宗教處理「欲望」問題的曖昧態度，不能斷然拒絕，也不能全盤接受。

情欲是否真的如此令人恐懼？在另一個傳統之中，就不是如此了。

情欲只是自然需要，餓了就要進食，性欲來了就要發洩。因此，情欲問題不外是生理需要。這是享樂主義者的想法。剛才我們曾經說過伊壁鳩魯，雖然也是一個享樂主義者，但他是一個高級的享樂主義者。他指出，真正的享樂主義者不是餓了就去滿足自己，而是反過來控制自己的欲望。一個伊壁鳩魯主義者，肯定認為最好吃的不是魚翅，最好喝的不是紅酒，而是麵包與清水 —— 最簡單而又可以維持生命的東西。他的精彩之處，是清楚欲望的本質：渴求滿足。不要害怕欲望，而是要充分掌握欲望的性質，避免受它支配。這個說法，迥異於柏拉圖哲學傳統，也迥異於基督宗教的傳統，其中牽涉到整個宇宙論與人生觀，本書稍後會詳細討論。

何謂性？

我們還未回答一個更根本的問題：當述說情欲是好是壞時，好像還沒有清楚界定什麼是情欲，什麼是「性」。說到了「性」，好像是很簡單的事情。然而事實是否如此？是否一個裸體雕像就是性的表現？當然不是，否則大衛像就是淫穢的象徵了。那麼，「性」是否性器官之間的接觸？或許你會聽過一個經典的說法：美國前總統克林頓（Bill Clinton），被揭發跟萊溫斯基在白宮鬼混，克林頓辯說自己跟她沒有性關係，因為 "Oral sex is not sex."（「口交不是性交。」）這是什麼意思？他說，真正的性交必須是性器官之間的接觸，現在克林頓的性器官沒有進入萊溫斯基的性器官，因此不算是性交。

問題來了，如果這也不算是「性交」，那麼「性」的意思好像十分狹窄，跟我們日常生活所談論的有一段距離。我記得中學時代常有一個辯論題目：「婚前性行為是否恰當？」但是我們應該首先釐清「性行為」是什麼意思。接吻是不是性行為？擁抱是不是性行為？互相愛撫是不是性行為？這些行為都可以引起人的性衝動。彼此情深款款對望又是不是性行

為？事實上，有時以手指尖碰觸手指尖，反而最有性快感。我們嘗試轉換角度思考，如果接觸性器官就是性行為，則婦科醫生天天都在工作時間性交了。沙特曾經指出，妓女也可以是處女。這個說法如何可能？他的意思其實不難理解，妓女只是提供了肉體，然而她本身並沒有投入／參與（involvement）。這樣說聽起來是否很荒謬呢？是的。問題的關鍵在於「性」並不如日常所講的那樣簡單、清楚、明白。因此，「性」不等於脫光衣服肉搏相見。性是一個複雜的課題。

我想起在德國讀書時的一件趣事。那個時期，德國新興天體營。當時我抱著好奇進了天體營，全部的人真的都赤身露體。然而赤身露體不就是美的。走不到五分鐘，我就急著離開，因為營中最尷尬的不是他們，而是穿著衣服的我。進入了天體營，我絲毫感受不到性的快感，裸露跟性並無直接的關係。弗洛伊德有句名言：「**性不是在兩腿之間，而是在兩耳之間。**」性不是由性器官來決定，而是由性意識來決定。由此可見，「性」是一個複雜的現象，集合欲望、身體、器官、意識等各個不同面向於一身。

0.4 超越

什麼是超越 —— 人類渴求脫離當下的困境

最後說到「超越」（transcendence）。所謂「超越」，其實已經預設了有被超越的東西，我們才能對之有所超越。這個「被超越的東西」，即是我們當下的處境。這個處境，往往是我們的困擾所在。

莊子有段話十分精彩：

一受其成形，不忘以待盡，與物相刃相靡，其行盡如馳，而莫之能止，不亦悲乎！終身役役而不見其成功，苶然疲役而不知

其所歸，可不哀邪！人謂之不死，奚益！其形化，其心與之
然，可不謂大哀乎？人之生也，固若是芒乎，其我獨芒，而人
亦有不芒者乎？（《莊子・齊物論》）

人生於世，成其形體之後，就與世間萬事萬物互相消磨，這種消磨過程
無窮無盡，直到我們生命終結。這不是很悲哀的嗎？我們天天上班，被
工作消磨精力，被人事消磨心智，這不也是很悲哀的嗎？人生就是處於
這種芒昧的狀態，不獨是我芒昧，他人也是如此。莊子認為，這就是我
們當下的處境了。當然莊子是有後著的，他認為真正的人生並非如此。
真正的人生應該不受束縛，逍遙而無所待。就在這裡，我們發現莊子哲
學的兩重人生，一重是虛假的（束縛），一重是真實的（逍遙），如何超越
當下虛假的人生而達到真正的逍遙境界，成為了道家哲學的主要課題。
不獨道家哲學如此，其他人生哲學的課題亦復如此。只要人類仍然是有
限而偶然的存在者（而非如上帝般無限而永在），則人類渴求超越當下的
處境是必然的。

關於這點，帕斯卡也有所提及。他在《思想錄》說：

人只不過是一根蘆葦，是自然界最脆弱的東西；但他是一根能
思想的蘆葦。用不著整個宇宙都拿起武器來才能毀滅他；一口
氣、一滴水就足以致他死命了。然而，縱使宇宙毀滅了他，人
卻仍然要比致他於死命的東西高貴得多；因為他知道自己要死
亡，以及宇宙對他所具有的優勢，而宇宙對此卻是一無所知。
（*Les Pensées*, Part 6, section 347.）[14]

這段話透露了一個基本方向。人的生命的確是脆弱的，但是思想令生命
超越自身而反省自己的生命，不流於宇宙萬化的擺佈。正是「思想」，成
為了人類「超越」的起點。人類可以提升或墮落，都與此有關。

---

14. 參考註 4。In *Pensées*, p.97.《思想錄》，頁 176。

人類是什麼

既然談到人類的「超越」，我們自然會涉及「『人類』是什麼」這個問題。傳統哲學理解人類，基本上以「身體/心靈/精神」（soma/psyche/*spiritus*）為框架。希臘哲學只有身體與心靈，後來的希伯來傳統加上了精神。我們翻閱《聖經》，看看上帝如何創造亞當？用泥土塑造人型之後，上帝為之吹了一口氣，這就是基督宗教所謂的「精神」。人死了，就斷氣。人之為人的關鍵，就在於這個「氣」。這是基督宗教的理論，一般哲學家的理論卻有所不同。

很多哲學家都強調「心靈」的重要，後來更轉化成各種不同的名稱：理性、意志、良心、良知、主體……。人之為人，重要的就是具備這種心靈的理性、意志、良心、良知、主體……。至於身體的理論地位又如何？直至20世紀，身體的理論地位在哲學界仍然是議論不休。從柏拉圖到德國觀念論，西方哲學傳統對於身體是極度不信任的。然而，我們仔細想想身體跟靈魂真的可以截然二分嗎？人類的靈魂，總是委身於某個肉體之中；人類的身體，總是賦予以靈魂。這個心靈 —— 身體的問題，是現象學的一個重要課題，也是現時哲學界的大課題。

在理解人類是什麼之後，我們可以點出「超越」問題的重要。如果說哲學與宗教有一個共同的目的（telos），這個目的會是什麼？我相信就是解決人類存活的困苦與焦慮。解決之道，就是「超越」—— 超越自身的有限性。具體的方式縱有不同，哲學相信思想的力量，宗教憑藉上帝的力量，但其為「超越」人類自身的有限性則是一樣的。在這個意義下，「死亡」的意義得以轉化。事實上，所有宗教都是不相信死亡的，死亡只是過程，不是終點。無論是佛家的涅槃、基督宗教的升天，都在當前生命會朽壞的前提之下，肯定我們可以有後續的真正生命。此生雖然朽壞，彼世卻是永恆的生命。這是宗教的保證，但是我們仍然可以質疑：上述這些宗教的保證是否幻象？

說了這麼多的內容，最後可以回到一個基本的哲學問題：「生命是什麼？」我們提問人生的意義或目的，就是由這個「什麼」來引導。我們的存在是僅有此生還是另有彼世？我們說的「超越」是字面意義下的超越（意即跨過一些東西）還是說我們從有限跨越到不朽的過程？當然，「超越」問題牽涉極為複雜的哲學討論，基督宗教的超越、康德的超越、海德格的超越，已是三個完全不同的「超越」概念。我們甚至可以藉著現象學的啟發，提問生命的「如何」。現象學對「生命」的理解，有別於傳統以為的「理性」，而是我們作為人類活生生的體驗。

第一部分
希臘神話與哲學

第 1 章
希臘傳統下的愛與欲 —— 愛若斯

　　探討生死愛欲的人生問題，真正的開端是柏拉圖的哲學。柏拉圖為生死愛欲的討論奠下了基礎。日後關於生死愛欲的哲學論辯根據都在他的文本之中，所以我將以柏拉圖的文本為中心，闡述他的思想。

　　我們會以柏拉圖為中心，論述「愛欲」與「死亡」兩大課題。不過，我們首先會將柏拉圖放在一個更大的歷史脈絡之下來探討。柏拉圖的哲學並非橫空出世，而是以希臘傳統為基礎再發展出來的。古希臘文明的發達，堪與我國春秋戰國時代的盛況相比。那個時代的詩人、哲人、歷史人物，都為後人樹立良好的典範。柏拉圖出現之前，希臘已有哲人探討宇宙起源、人生意義的問題。生死愛欲的問題，不是柏拉圖一人想出來的。事實上，只要是人，一旦有反省自身的能力，問到自己為何生存、為何死亡、為何欲望不能自我控制等等時，就已經觸及了生死愛欲的問題。這些都不僅是柏拉圖一人感受到的。直到今日，希臘傳統提到關於愛欲問題的各個神話人物，例如愛若斯（Eros）與阿佛洛狄忒（Aphrodite），甚至是羅馬傳統的邱比特（Cupid）與維納斯（Venus），仍然在我們日常生活之中偶有觸及。可見這些神話人物象徵的意義是有普世價值的。

1.1 希臘傳統下的愛若斯

愛若斯的意象遍及各種藝術。

　　典型的愛若斯，形象就是這樣：一個小伙子，有一對翼，拿著弓箭。2月14日情人節，那個時候到處都會洋溢著浪漫的氣氛，這個拿著

弓箭射向有情人的神祇形象也會隨處可見。而愛若斯的「弓箭」有什麼象徵意義？愛若斯的誕生與此又有何關係？我們可以回到希臘神話傳統，探索這個問題。

希臘神話傳統有兩大源頭，一個是赫西俄德（Hesiod）傳統，一個是荷馬（Homer）傳統。但是本文不談荷馬傳統，只討論赫西俄德傳統，因為後者對於愛若斯有明確的描述。赫西俄德有一部作品叫做 *Theogony*，"theo-" 是「神」的意思，"gony" 是「譜系」的意思，兩者相加就是「神譜」。簡單來說，這部作品將奧林帕斯十二位神祇誕生過程一一記錄下來，其中包括了愛若斯。

讓我們看看書中的描寫，

> 愛神愛若斯（Eros）—— 在不朽的諸神中數她最美，能使所有的神和所有的人銷魂蕩魄呆若木雞，使他們喪失理智，心裏沒了主意。[1]

根據赫西俄德的傳統，愛若斯是最早出現的神，也是最美的神。雖然如此，赫西俄德卻不忘補充愛若斯是令所有人喪失理性的神祇，令人「銷魂蕩魄呆若木雞」。也就是說，一旦愛情來臨的時候，理性都無能為力。請留意這段話的意涵，日後討論愛欲都將會以此為重心。無論我們日後說的是愛，說的是性，說的是欲，它們都具備一種力量，令人由理性變為非理性。赫西俄德一語道破這個重點。在赫西俄德傳統，愛神不是我們日常見到那個拿著弓箭的可愛天使，祂代表一種難以自我控制的驅動力量。

---

1. 赫西俄德著；張竹明、蔣平譯：《工作與時日；神 譜》（北京：商務印書館，2009 年），頁 31。原文以「厄羅斯」翻譯 *Eros*，我以「愛若斯」代之，統一行文。

1.2 羅馬神話傳統下的邱比特

那麼，羅馬傳統的邱比特又是如何的呢？首先看看以下的簡介：

In Roman mythology, Cupid (Latin cupido, meaning "desire") is the god of erotic love and beauty. He is also known by another one of his Latin names, Amor (cognate with Kama). He is the son of goddess Venus and god Mars. [2]

「邱比特」源自動詞 *Cupido*，亦即欲望。弗洛伊德的 libido，其實也是同一來源。我們在前面提過，愛若斯邱比特相對應，阿佛洛狄忒則與維納斯相對應。在赫西俄德傳統中，愛若斯是先於阿佛洛狄忒的，在羅馬傳統卻是倒轉過來的，維納斯是先於邱比特的。這是羅馬傳統自創新猷的地方。

羅馬詩人奧維德（Ovid）在他的作品《愛經》（*Ars amatoria*）提到邱比特，這段詩句在近代中國經魯迅的翻譯之後，是這樣的：

一個小娃子，展開翅子在空中，

一手搭箭，一手張弓，不知怎麼一下，一箭射著前胸。

「小娃子先生，謝你胡亂栽培！

但得告訴我：我應該愛誰？」

娃子著慌，搖頭說，「唉！

你是還有心胸的人，竟也說這種話。

你應該愛誰，我怎麼知道。

總之我的箭是放過了！

你要是愛誰，便沒命的去愛他；

---

2. 參考維基百科，http://en.wikipedia.org/wiki/Cupid

你要是誰也不愛，也可以沒命的去自己死掉。」[3]

中國的神話傳統是沒有愛神的。掌管姻緣的月老是後出的，而且月老不在傳統國人供奉的神祇之列。西方卻不一樣，不但有愛欲之神，而且在神祇之中極具地位。愛神傳入中國是20世紀的事，所以我判斷「我愛你」這個說法在20世紀前的中國是不存在的，那是國人吸收西方文化之後的產物。魯迅就是在這樣的氛圍之下，以新詩翻譯了上述的文字。

詩中提到「謝你胡亂栽培」，將邱比特的象徵意義表露無遺。祂射的箭是亂來的，沒有法度可言，所以我們的愛情也是偶然的，不知因何理由就開始了。在我們的日常生活之中，我們或多或少有過對某某人一見鍾情的經驗。莎士比亞名劇《羅密歐與茱麗葉》，就寫到這種感覺，當羅密歐第一次見到茱麗葉的時候，兩手相碰，內心激動而又熾熱。事實上，羅密歐本來有個女朋友羅莎琳（Rosaline），但在見到茱麗葉之後，一切都改變了。有一齣電影《西城故事》（*West Side Story*），可視為《羅密歐與茱麗葉》的現代版。電影以一場舞會描述男女主角相遇的情況，導演羅伯‧懷茲（Robert Wise）以矇鏡處理兩人深情對望，在電光火石之間，兩人就這樣戀愛了，而且沒有理由。這種無理可言的情愛特質，正是神話故事所要表達的意思。

1.3 希臘神話傳統下的阿佛洛狄忒

說到阿佛洛狄忒這個神祇，西方很多藝術作品都有觸及。如果有機會到

---

3. Ovid. *The Erotic Poems*; trans. Peter Green (Harmondsworth, Middlesex, England; New York, N.Y.: Penguin Books, 1982), p.154-155. 魯迅著，〈愛之神〉，發表於一九一八年五月十五日《新青年》第四卷第五號，署名唐俟。後收於《集外集》，現收於《魯迅全集（第七卷）》（北京：人民文學出版社，1998年），頁30。

意大利的佛羅倫斯，[4]可以參觀藝術館文藝復興時期桑德羅・波提且利（Sandro Botticelli）的《維納斯的誕生》（*The Birth of Venus*）：

維納斯的誕生，原本是個有趣的故事，這是畫作未能完全表述出來的。根據赫西俄德傳統，愛神誕生的故事是這樣的：宇宙本來混沌一片，後來產生了天與地。天神是烏拉洛斯（Uranus），地母是蓋亞（Gaia），天神與地神每一日都會做愛，產生無數的巨人，可是天神每夜都會吞噬自己所生的兒子。噬子的說法聽似荒誕，但其實神話都有其象徵意義。晚上的天空是漆黑而深沉的，當我們嘗試找個沒有燈火的地方，感受天空那種深沉得吞噬一切的感覺時，就會明白神話所敘述的意義了。

天神與地母每日如是，既創生亦死亡，蓋亞覺得不是辦法，於是找來兒子克洛諾斯（Cronos）幫忙。Cronos的引申是英文的Chronology，即年代、時序之義，Cronos本身就是「時間」的意思。我們可以看看Cronos的形象（圖1-1）。

克洛諾斯如何與母親蓋亞合作謀反呢？在某一個夜晚，當烏拉洛斯與蓋亞親熱之際，克洛諾斯從背後埋伏，他拿著鋸齒狀的大鐮刀，割下父親的生殖器。克洛諾斯把父親的生殖器丟到沸騰的大海裡，任它在大海中漂浮了很長的時間，忽然一束白色的浪花在這不朽的肉塊周圍擴展開來，在浪花中誕生了一位少女。這位少女，就是阿佛洛狄忒（Aphrodite）。它的字根是 "*aphros*"，意即「白色泡沫」，表示阿佛洛狄忒自白色泡沫中誕生。這個故事後來成為西方藝術史上無數雕像與畫作的題材。這些雕像大都源自希臘時代，不過我們知道中世紀的基督宗教文明入侵歐洲，所以有1000年的時間沒有裸體藝術出現。就算到了15世紀，波提且利畫出阿佛洛狄忒，也沒有色情的感覺。她的確是裸體的，

---

4. 徐志摩譯作「翡冷翠」（Florence, *Firenze*），確有詩意，但已不再通行。

畫作卻透露了淡淡的哀愁。

　　這個故事有何象徵意義呢？它說的是愛情的特質。神話顯示，愛神的誕生不是正常的，而是從生殖器演變出來的。愛神象徵的「愛情」，與天神的生殖器所象徵的「性欲」，從一開始就有共生關係。愛情與性欲有關，同時也涉及了美麗、恐懼、和諧等不同的感情元素。這些遙遠的神話，至今仍然極具影響力。到了2月14日情人節，有人仍然期望愛神之箭射向我與愛人，讓彼此享受甜蜜的愛情。

　　阿佛洛狄忒是奧林帕斯山十二神祇之一，十二神祇中有三個是女神。一個是阿佛洛狄忒，一個是宙斯的太太赫拉（Hera），一個是雅典娜（Athena）。雅典娜掌管智慧與戰爭，赫拉掌管婚姻與家庭，阿佛洛狄忒卻掌管美麗與愛情。在希臘神話之中，宙斯本來安排阿佛洛狄忒跟火神赫淮斯托斯（Hephaestus）成為一對，可是阿佛洛狄忒卻背夫偷漢，勾引戰神阿瑞斯（Ares），並生了三個孩子，分別是達摩斯（Deimos）、福伯斯（Phobos）、哈默尼亞（Harmonia）。三者都有其象徵意義，Deimos意指「恐懼」、Phobos意指「害怕」、Harmonia意指「和諧」。這就是說，愛情之中既有恐懼與害怕，同時又有和諧。

1.4 羅馬神話傳統下的維納斯

愛神維納斯的形象又怎麼樣呢？讓我們看看圖1-2。這是大約20年前，我在法國巴黎羅浮宮博物館拍攝的。

　　世人都說這個雕像很美。到底「美」在何處？它的手是斷裂的，就算有手也不知道該如何接駁。它的美，是因為它根據了希臘時代「美」的標準：美就是按照比例的和諧而呈現出來的東西。事實上，我們可以運用幾何學的原理分析維納斯像的構造，並會發現其中的比例的確嚴格有序。

　　剛才引用了魯迅的新詩，現在我想引用另外一首郭沫若的作品，

1919年的 *Venus*。那個時候正值西學東漸的高峰，許多前輩學人結合東西，創造了不少有趣的作品：

> 我把你這張愛嘴，比成著一個酒杯。
>
> 喝不盡的葡萄美酒，會使我時常沉醉。
>
> 我把你這對乳頭，比成著兩座墳墓。
>
> 我們倆睡在墓中，血液兒化成甘露。[5]

若以文學的標準來說，這首新詩可能不甚了了。但以歷史角度考察，郭沫若與魯迅的新詩可能是最早以中文歌頌西方愛神阿佛洛狄忒與維納斯的作品。單從這點來說，可以印證西方傳統在什麼時候開始影響中國。

在赫西俄德的傳統中，愛若斯是最早出現的神祇，祂是創造萬物的神，也是破壞萬物的神。愛若斯就是創生與破壞並存的神祇，兩者關係密切。在荷馬的傳統中，愛若斯是暴力而自然的欲望（violent physical desire），這意味著情欲一旦出現的時候，是會遮蔽我們的理性，令人渾然忘我。而愛若斯的弓箭則代表了盲目、非理性、偶然性，讓我們在墮入愛河之際，失去了理性的判斷力，而我們往往事後才發現。當我們愛上一個人時，常常不是先考慮所有條件是否配合，才決定去愛的。那是一種特殊的經驗，不知從何而來。

當然，讀哲學的人不會接受這種說法。一切人類的行為都事出有因。你以為沒有理由，只是因為你不知道。表面上是非理性的，背後卻有著特定的原因。希臘神話故事的意義也在這裡。它象徵著我們人類各種意欲的關係，無論是和諧或衝突，這些神祇之間的關係就是我們各式欲望、各種關係的象徵。所有這些故事，就成為我們討論柏拉圖論愛情的背景。

---

5. 郭沫若著：〈*Venus*〉，收於氏著：《女神》（香港：三聯書店（香港）有限公司，2001），頁137。

1.5 從秘索斯到邏各斯（From *Mythos* to *Logos*）

綜而言之，整個希臘文化可以說是從神話轉到哲學的過程。前蘇格拉底哲學牽涉到的重要問題，就是希臘文化如何從秘索思（Mythos）轉向到以邏各斯（Logos）為重心的過程。

　　所謂 "Mythos"，就是言語說出來的神話故事，例如我們說到古希臘詩人荷馬，所謂他「創作」的史詩其實是經過口耳相傳多番加工的結果，而不是他一個人的創作。就在這個相傳的過程，神話故事經過整理，慢慢道出一個理序，成為「道理」。日後亞里士多德將人類定義為 "zoon logon echon"，直譯就是「擁有邏各斯的動物」。一般譯作「理性的動物」是不準確的，邏各斯在希臘時代並非解作「理性」。古代中國剛好有一個字與此相近，就是「道」。「道」，既有「道路」、「道理」之義，也有「道出」那個言說的意思。把東西說出來，成為希臘定義「邏各斯」的重心。至於「人是理性的動物」，其實不是亞里士多德的真正說法，他說得更具體。他認為人是能言思辨的動物，這才是邏各斯之為邏各斯的重點。從神話到哲學，就是從口耳相傳的故事慢慢道出一個理序的過程。後來神話故事漸漸引退，對這些神話故事的後設解釋成為重點，哲學就誕生了。

　　哲學的開端，最重要的問題是什麼？希臘人觀察到世事萬物是變幻無常的：日出日落、月圓月缺、花開花落、潮起潮落……。面對這些事物，希臘人問了一個問題：在各種變化的現象背後，是否有一個不變的道理？這就是說，表面上各種現象是變幻不定的，然而問到變中不變，就是要探討這些變化背後所共同分享的某些特點。希臘人提出了一個形而上學的問題。這個問題的提出，象徵人類超越了動物的層次，懂得從具象的思維演變為抽象的思維。人類不再困於流變的物質世界，而是提問其背後不變的元素、原則、理序。

　　約公元前600年哲學之父泰利斯（Thales）認為「水」是萬物的根

源，現在讀來我們當然會覺得是荒謬的。不錯，他的答案是荒謬的，但是他的問題意識是革命性的。這個問題意識（以某個元素／原則解釋事物的變化），成為了哲學與科學的開端。從這個發展趨勢，希臘人開始以某些元素解釋萬物的生成變化。前蘇格拉底哲學家恩培多克勒（Empedocles），就以地、水、火、風四大元素解釋宇宙萬物的生成。這些元素是如何結合而形成萬事萬物呢？他回答說，源於兩大力量：愛情（Love）與憎恨（Strife）。這是象徵的說法，因為他以愛情象徵「結合」，以憎恨象徵「分散」，事物的生成毀壞，就在結合與分散兩種力量之下構成或消滅。這是最早的物質主義（Materialistic）立場，不以任何神祇為根據，純粹就事物變化來講述一套理論。

柏拉圖的哲學，就在以上的討論之中，慢慢孕育成長。

　生死愛欲

第2章
柏拉圖《會飲》中的欲愛思想

2.1 柏拉圖與希臘哲學

西方哲學史不過是柏拉圖哲學的註腳

懷特海曾經說過整個西方哲學史可以視為柏拉圖哲學的註腳。意思是說，柏拉圖發現了各種不同的哲學問題，開創了獨特的提問方式，後世各種理論只是延續他的說法而已。在這個背景下，歐文‧辛格（Irving Singer）在《愛的本性》（*The Nature of Love*）中也坦白承認，任何講述「愛情哲學」的著作或課程，必須從柏拉圖開始。

我們先簡述一下柏拉圖的承傳。請先留意以下三個人物：蘇格拉底（Socrates, 469-399 BCE）、柏拉圖（Plato, 427-348 BCE）、亞里士多德（Aristotle, 384-322 BCE），這三位都是希臘文化的奠基人物。蘇格拉底述而不作，柏拉圖繼承了他的精神而提問各個不同的哲學問題，亞里士多德則以系統的方式整理回答各個哲學問題。如果去過梵諦岡，一定不會對拉斐爾（Raphel）的《雅典學院》（*The School of Athens*）（圖2-1）感到陌生。

畫作成於1510-1511年，以「透視法」（perspective）呈現三維空間，營造出立體的縱深感覺。畫作之內，居於中心位置的是柏拉圖與亞里士多德（圖2-2）。柏拉圖左手拿著《蒂邁歐》（*Timaeus*），右手手指向上；亞里士多德左手拿著《倫理學》（*Ethics*），右手平放。

柏拉圖認為理型（Eidos）很重要的。理型是可見的，但不是靠肉眼

看見，而是靠靈魂把握。亞里士多德卻不同意，在旁邊說：老師，重要的不是天上的理型世界，而是我們地下這個經驗世界；真理不在天上，而在人間。從理型的理論出發，柏拉圖的愛情哲學推到最後也完全抹煞了個體，他追求的是最抽象最普遍的美。亞里士多德並不認同，他認為具體的東西才是重要的。因此當他說到德愛（Philia），就強調城邦內部各種人際關係。柏拉圖不會這樣說的，他說的欲愛是人自身對於真善美的追求，藉此轉化自我，從死亡到不朽。

畫作中間偏左（圖2-3）有個禿頭者，就是蘇格拉底。

根據畫像所示，蘇格拉底在比手劃腳時，有幾個青年圍著他，聽他說話。其中包括色諾芬（Xenophon）與阿爾喀比亞德（Alcibiades）：前者寫下多部作品，並以蘇格拉底為主角；後者則在《會飲》的最後階段出場，在作品中擔任相當重要的角色。在《會飲》中，他引導蘇格拉底與他共處一室，並成功誘惑蘇格拉底到他的床上，可惜蘇格拉底整夜不為所動，純粹在床上睡覺而已。現在我們看看畫像，畫像中的阿爾喀比亞德就是情深款款望著蘇格拉底的那個年輕人。柏拉圖也很崇敬蘇格拉底。柏拉圖出身貴族，那時貴族出身的人大都數會當政治家，柏拉圖本身也希望當政治家，卻因為一個人而改變了一生。改變他的人，就是蘇格拉底。蘇格拉底面容醜陋，突額、大鼻、肥胖，終生無所事事，整天在街頭與希臘的青年聊天，卻吸引了一大批學生，其中更不乏美男子。在蘇格拉底死亡的時候，柏拉圖為之蓋棺論定，稱蘇格拉底是最有智慧並且是最美麗的人。所謂「內在美」，源頭就是蘇格拉底了。

我們以柏拉圖為起點，並選擇「欲愛」與「死亡」為重心。其實，兩者都是對於同一問題的回答，這個問題就是蘇格拉底的問題：如何活出幸福人生？

2.2 蘇格拉底之死與靈魂不朽理論

未經反省的人生是不值得活的

蘇格拉底是公元前4至5世紀的人物，那個時代政治局勢相對穩定，思想比較活躍，湧現了大量的思想家。蘇格拉底之前的哲學家，思考的重點是宇宙創造的根源、世界構成的元素等問題。蘇格拉底不同，他認為之前的哲學家想得太遠，希臘人應該將眼光投向眼前當下的現實世界。羅馬時代的西塞羅（Cicero）就指出，蘇格拉底將哲學從天上拉到地下。他問的東西很簡單：「什麼是幸福人生？」如果我們知道宇宙創造的根源與世界構成的元素，卻不知道什麼才是幸福人生，是本末倒置的。

公元前399年，蘇格拉底被告發荼毒希臘青年，誘導他們不信神祇，因此以民主的方式公開審判蘇格拉底。那個時候的雅典是實行名副其實的「民主制」。現在我們所謂的「民主」與此不同，我們實行的是代議民主制，會選出某個代表替我們發出聲音、施行政策。希臘城邦卻是真正的民主，每一個人代表的是自己，一人一票，個人有議政與參與政事的權力。不過，成為民主制下的自決者是有條件的，他必須是成年的男性雅典公民。事實上，那個時候的雅典居民人口只有二十多萬，二十萬人之中包括女人、兒童、奴隸、外邦人，這些人都不可以成為公民。因此，實際可以參政的希臘公民大概只有四、五萬人。蘇格拉底就是在這個制度之下被判死刑的，他是飲鴆而死的。西方文化史上，有兩個人的死亡是決定性的，一個是蘇格拉底，一個是耶穌。他們都是為真理而殉道的人。有一個說法是這樣：蘇格拉底是人，在他的死的時候，他成為了神；耶穌是神，在他死的時候，他成為了人。蘇格拉底死時昂然自我了斷，耶穌死時卻在痛苦之中呼號，兩者的死亡狀態是截然不同的。

蘇格拉底昂然自我了斷的形象，透過《蘇格拉底之死》（*The Death*

of Socrates）這幅畫作（圖2-4）表現出來。

這是雅克-路易‧大衛（Jacques-Louis David, 1748-1825）的畫作。畫作中間的人物就是蘇格拉底，他一手指向天上，一手接過毒酒，神情堅定；旁觀的朋友則神情悲哀，傷心欲絕。透過這樣的對比，蘇格拉底的神聖形象表露無遺。

蘇格拉底是被希臘城邦判處死刑的，《申辯》就是他答辯的紀錄。《申辯》的原文是 *Apology*，不要以為 "apology" 是道歉認錯，其實它解作「答辯」。閱讀整篇文章，就會知道蘇格拉底不是認錯，反而是向整個希臘城邦的人民申辯，肯定自己的理念。文章之中，蘇格拉底說出了傳頌千古的名言：「未經反省的人生並不值得過活。」他的人生就在於發問人生的意義、發掘生命的價值。可惜後來蘇格拉底敗訴，被判處死刑。蘇格拉底被判死刑之後，並非立即行刑，而要收監等待祭祀完畢。上面的畫作，就是描述蘇格拉底收監的狀況。

畫作左後方有一個抱著嬰孩的女人，他們是蘇格拉底的妻兒。這樣處理，事實上是呼應了《斐多》的記述。《斐多》之中，蘇格拉底斥責來訪的朋友：我驅趕妻兒遠去，就是不想有人哭哭啼啼，現在你們呼天搶地，根本不像男人。是男人的，就不要哭。因為你們應該明白，死亡不過是靈魂離開肉體而已。讀哲學的人，一生人最重要的任務，就是學習如何死亡。一旦死亡來臨，哲學家也可以安然處之，根本不須害怕。

肉體雖死，靈魂不朽

畫作一個有趣之處，就是左面有一個低頭沉思的老人。這個老人，原來是柏拉圖。畫家這樣處理是有其深意的。柏拉圖35篇流傳下來的對話錄，故事的主人翁都是蘇格拉底，柏拉圖本人卻不現身說法。出現「柏拉圖」這個名字，在他的作品中只有兩次：第一次在《申辯》，當蘇格拉底被判刑之後，他可以選擇死刑或者罰款了事，但是他沒有錢，於是有人就

提起柏拉圖，說出柏拉圖是有錢人家出身，或許可以幫忙；第二次在《斐多》，當蘇格拉底的朋友紛紛前來探望，有人問起柏拉圖身在何方，某個友人就說柏拉圖剛巧病了未能前來。因此，蘇格拉底死前一刻柏拉圖不應該出現在他身旁。

為什麼畫家大衛要畫上柏拉圖呢？當中涉及柏拉圖一個重要的哲學理論：回憶說（theory of recollection）。《會飲》與《斐多》兩篇文章的開首，都是藉著人物的對話憶述蘇格拉底的前事，兩者有關蘇格拉底的內容都是回憶來的。而柏拉圖在《斐多》論證靈魂不朽的時候，也透過蘇格拉底的口指出人類關於理型的知識早已內具於靈魂之內，只是人類自己忘記了，有待回憶整理。在這個背景下，畫作的意思就很明顯了：所謂蘇格拉底的死亡，其實離不開柏拉圖的回憶、整理、記述。蘇格拉底的形象脫離不了柏拉圖的整理記述，同樣，柏拉圖的思想也擺脫不了蘇格拉底的哲學信念。

於是，柏拉圖的「靈魂不朽」理論與蘇格拉底的死亡合而為一。希臘的德爾斐阿波羅神廟寫著一句箴言：「認識你自己」（*Gnothi sauton*, Know Thyself）。根據古希臘的傳統，這句話的意思是勸人要有自知之明，人只是人而不是神。那麼，人與神有何分別呢？人與神的最大分別，就是人會死亡，神卻不朽。人是會死亡的，因此也是有限的。就在這一點上，柏拉圖哲學的意義得以突顯出來。柏拉圖告訴我們：人的確會死亡，但是同時可以不朽。我們死的只是肉體，靈魂卻可以不朽長存。換句話說，人雖朽壞而可不朽。蘇格拉底死時可以大義凜然，秉持的就是這個信念。這個「靈魂不朽」理論，之後由基督宗教繼承，「靈魂不朽」的信念因此在西方植根二千餘年。

2.3 柏拉圖著作的學術規格

以下我會集中討論柏拉圖的《會飲》。討論之前，我想談談關於柏拉圖著作的一般學術規格，以助接下來的理解。

根據現存資料，柏拉圖曾經建立個人的學術園地，今天我們說的"academy"，源頭就是柏拉圖在"*Akademia*"建立了自己的高等學府，後世輾轉引申，成為今天所講的「學園」（academy）。雖然如此，他卻沒有什麼講學筆記留下，留下的只有35篇對話錄與13封信函。

任何嚴謹的柏拉圖著作，頁邊一定會有編號。這些編號是重要的，任何研究柏拉圖的著作，不論是什麼語言，都以此為準則。沒有編號就是不正規的。這套編號叫做"Stephanus Pagination"，是一名法國人Henricus Stephanus在1578年編輯柏拉圖著作時定下來的。日後我們說到什麼152c、172b等等，就是以這套編號作為準則而定的。

《會飲》的中文譯本，我則推薦劉小楓選編的《柏拉圖的會飲》。[1]他的目標相當宏大，希望以註譯的方式重新整理柏拉圖的著作，其中《會飲》是首輪出版的成品。這本書以精煉的中文翻譯，並輔以大量嚴謹的註釋，在芸芸漢語著作之中可謂脫穎而出，值得詳細研讀。

2.4《會飲》的佈局

經典中的精粹

以頁數論，《會飲》是本小書，我閱讀了二十多次；以質素論，《會飲》是部大書，每次閱讀我都有新的體驗。一本哲學著作，關鍵在於質素，不

---

1. 柏拉圖著；劉小楓等譯：《柏拉圖的會飲》（北京：華夏出版社，2003年）。以下簡稱為《會飲》。

在頁數。所謂經典就是如此，原來上次閱讀的時候我遺漏了這個角度，下次閱讀的時候我就會有新發現。學力夠了，就會讀到哲學經典的不同層次。不然這樣薄的一本小書，又有什麼好看？這本柏拉圖的《會飲》，就是令我常有新發現的經典。

《會飲》是哲學經典，但是它不同於康德的《純粹理性批判》，也不同於海德格的《存在與時間》。這本是對話錄，而不是個人玄思。柏拉圖希望以戲劇的形式，讓讀者進入他的世界。無論是蘇格拉底，抑或是柏拉圖，兩人都認為真正的哲學家不應該是搖椅上的沉思者。從前的哲學家，絕少像我們現在那樣以哲學為職業，例如笛卡兒、萊布尼茲等哲學史上的偉大人物都不是以哲學來謀生的。直到康德，哲學開始走上專業之路，哲學家慢慢走上搖椅上的沉思。但是蘇格拉底與柏拉圖是不同的，他們強調對話。哲學活動是透過對話而展開的。透過柏拉圖的對話錄，我們不但會讀到發言者的言辭，而且會讀到他的性格，有些人是傲慢的，有些人是滑稽的，有些人是熱情的，這些人物的性格都在柏拉圖的筆下表露無遺。閱讀柏拉圖的作品，不同於閱讀後世的論文式著作，我們讀到的不是純粹的理論，而是關乎我們生活、關乎我們生命的東西。這是柏拉圖著作的特色。

《會飲》中戲劇場景的意涵

《會飲》的原文標題是 *Symposium*。所謂 "Symposium"，意指一大群人走在一起，飲酒作樂談天說地，《會飲》描述的就是這種飲宴場合。故事的背景是這樣的：話說阿伽通（Agathon）在公元前416年贏得戲劇大獎，於是他邀請朋友舉辦一場飲宴。飲宴之中，參與的嘉賓輪流歌頌愛神愛若斯，各人的講辭就成為了《會飲》的主要內容。

《會飲》人物眾多，彼此言辭風格各異，初學者容易望而生畏。因此我選取了安瑟爾・費爾巴哈（Anselm Feuerbach）的《柏拉圖的會飲》

（*Gastmahl des Plato*, Plato's Symposium）（圖2-5）來分析《會飲》的佈局，有助於我們深入理解。

　　畫作中間的是阿伽通。他站在畫作中間，顯示了主人的身份。畫作左方有一個人，在一群人左擁右抱下登入阿伽通的家。這個人是阿爾喀比亞德（Alcibiades）。那時他大概34歲，不算年輕了。《會飲》之中，他是最後一個發言的。本來《會飲》是由一個個嘉賓歌頌愛神愛若斯的，阿爾喀比亞德來到時剛好前六位嘉賓發言完畢，他醉醺醺來到，後來更發言稱頌蘇格拉底，打破了整個宴會的秩序。

　　畫作以阿伽通為中心，分開了兩個世界：左面的阿爾喀比亞德，代表的是狄奧尼索斯派（Dionysian）的酒神精神，右面是其他與會者，代表的是阿波羅派（Appollonian）的太陽神精神。酒神代表的是狂歡、熱情、衝動；太陽神代表的是理性、持平、秩序。尼采在《悲劇的誕生》就指出希臘文化本來就有這兩大精神，直至蘇格拉底哲學的興起，導致太陽神精神高揚，酒神精神墮落。日後西方文化繼承了這種精神，令酒神精神沒落，理性的光明蓋過了肉體的需要，從此西方文化只強調靈魂，而忽略了肉體。在這幅畫作裡，右面的人物就是太陽神精神的代表，其中有幾個值得注意的地方：

　　1.首先是有一對人互相對話，即使阿爾喀比亞德來到也不為所動，這兩個人就是蘇格拉底與阿里斯托芬（Aristophanes）。公元前416年，蘇格拉底54歲，阿里斯托芬32歲，畫作所示與兩人年齡相符。《會飲》本來說到蘇格拉底演說完畢，阿里斯托芬想反駁之際，阿爾喀比亞德就來了，畫作正好表達了這個場面；

　　2.其次是有一個年輕人深深注視著蘇格拉底與阿里斯托芬的對話。年輕人很專注，也沒有被阿爾喀比亞德影響。有學者認為這個年輕人就是柏拉圖。公元前416年，柏拉圖大概12歲。柏拉圖雖然沒有在對話之中出現，但是畫家故意塑造柏拉圖專注的形象，就是肯定兩位講者之於

柏拉圖的影響。

2.5《會飲》的文本分析

有關畫作的介紹到此為止，現在我們直接進入《會飲》的文本。

宴會的主題 —— 歌頌愛若斯

文章一開始，有人問到阿波羅多洛斯（Apollodorus），是否聽過一場由阿伽通、蘇格拉底等人發言的宴會。阿波羅多洛斯說的確聽過，但是他並非親身在場，只是聽過阿里斯托得莫斯（Aristodemus）的轉述。在朋友多番催促下，他終於說：

> 好吧，事情經過大概是這樣的……算了，不如試著按阿里斯托
>
> 得莫斯給我講的從頭對你們講一遍。（174a）[2]

於是筆鋒一轉，主角變成阿里斯托得莫斯。話說有一天，阿里斯托得莫斯遇到蘇格拉底，平日蘇格拉底是不穿鞋子的，今天卻打扮得光鮮整潔，他就問蘇格拉底為何如此。蘇格拉底回答，因為阿伽通得了戲劇大獎，宴請朋友前往，我自然要打扮一下。說著說著，蘇格拉底認為有不請自來的客人也無所謂，就拉住阿里斯托得莫斯一同前往阿伽通的家。走到中途，蘇格拉底突然停了下來，原來他在沉思。顯然，柏拉圖一開始就塑造蘇格拉底的特殊形象，描寫他是位沉思的智者。後來文章說到阿爾喀比亞德，他也指出蘇格拉底可以整天沉思，不發一言。

故事發展下去，阿里斯托得莫斯來到阿伽通的門前。阿伽通邀請他入內，並問蘇格拉底在哪。阿里斯托得莫斯說蘇格拉底本來跟在後面，後來他在沉思，待在一旁。聽到之後，阿伽通立即派人找蘇格拉底前

---

2. 《會飲》，頁7。

來。直到宴會進行到了一半，蘇格拉底才到阿伽通的家。

宴會的中後段，泡賽尼阿斯（Pausanias）建議飲宴來個輕鬆的節目：

> 就我來說，不妨告訴諸位，昨天的酒還沒有全醒過來，需要透
> 透氣。我想，在座諸位大多也差不多了，因為你們昨天都來
> 了。諸位想想看，咱們怎樣才可能喝得舒服點。（176a-176b）[3]

於是他順勢說出，是次宴會不如以歌頌愛若斯為主題。大家聽後都表示
同意，由此文章進入眾人歌頌愛若斯的環節。

《會飲》有一段話很有趣，是蘇格拉底說的：「因為，我除了懂情事，
別的都不懂」（177d）。[4] 有趣的地方，是蘇格拉底平日強調自己是無知
的，現在卻強調自己知道情事。為什麼蘇格拉底平日認為自己是無知的
呢？事緣某次他到神廟，問到整個雅典誰最有智慧。神祇的回答是：蘇
格拉底是最有智慧的人。蘇格拉底覺得不可置信。不過神祇既然說到
自己是最有智慧的，他就嘗試跟城邦之中其他的人溝通，要證實神祇的
說法是否正確。他找過政治家、詩人等談話，終於發現神祇的說法是對
的。關鍵不在蘇格拉底比他們博學，而是恰恰相反，是在於那些人不知
道某些事情而強以為知。

> 就是這一點，蘇格拉底認為自己比他們有智慧，因為他知道自
> 己是無知的，其他人卻不知道。這就是所謂「無知之知」了。

現在我們閱讀《會飲》，卻發現蘇格拉底說自己「懂得情事」，這是什麼意
思？

劉小楓的譯本以「情事」來翻譯 Eros，值得商榷。用現代的語言，我
們很容易就以為這指的是情情愛愛，或以為蘇格拉底是好色之徒。其實
不然。我們應該直譯，以「愛若斯」翻譯 Eros。《會飲》這篇作品，正是

---

3. 《會飲》，頁 13。
4. 《會飲》，頁 18。

描寫各位嘉賓如何詮釋Eros。日後我們以「欲愛」翻譯柏拉圖之於*Eros*的理解，就是一種詮釋。所謂「欲愛」，我們可以這樣解釋：愛不是一樣東西，而是一項活動；愛就是欲求（desire），對善的欲求（desire for good）。愛的對象是什麼？柏拉圖告訴我們，愛的對象不僅是肉體，這只是動物層次的事物，我們可以超越動物的層次，而欲求更美好的東西。當我們說欲求一個美的肉體，其實愛的不是肉體，而是肉體背後的「美」。肉體是會朽壞的，美卻不會。前者是偶然而短暫的，後者是必然而恆久的。

這個觀點，後來成為西方文化的精神所在。日後西方的科學家說自己以追求真理為目標、藝術家說自己以追求美的本身為目標，如此等等，都是柏拉圖式的戀人（Platonic Lover）。當然柏拉圖不是絕對的，後來就有反對的聲音。例如基督宗教就不贊同，聖奧古斯丁就說只以一己之力不能克服個人的有限，我們必須依靠上帝的大能。人是有罪之身，七宗罪之中最大的惡就是驕傲，不知道自己的有限就是驕傲。這是僭越，乃輕視上帝的表現。哲學強調理性，宗教高舉上帝，這成為了哲學與宗教兩者衝突的關鍵所在。日後的哲學家有時都會提到上帝，但是地位往往不及理性，笛卡兒是如此，康德也是如此，兩人即使肯定上帝的地位，但是骨子裡還是以理性為宗，理性是保證人類邁向真理的憑藉。這種以理性為宗的想法，在《會飲》之中已經有明確的陳述。

斐德羅的講辭

第一位講者是斐德羅（Phaedrus），178a到180b是他的演說部份。

他說愛若斯是年紀最大的神，也是最偉大的神，因為祂是所有美好事物的成因。只要有愛，一個人就不怕失敗；只要有愛，一個人就不會懦弱；只要有愛，一個人就可以由弱者變成強者。在愛情面前，一個人天性中最美好的品質都會被激發出來。愛是動力，是令人成功、勇敢的

泉源。

斐德羅的立場其實不難理解。時至今日，仍然有人抱持這種態度：愛令人變得偉大、神聖，愛的力量令人動容。這就是斐德羅的立場，很快我們就會知道，這個立場是不夠深刻的。

泡賽尼阿斯的講辭

第二個講者是泡賽尼阿斯（Pausanias）。他言辭有趣的地方，是指出愛神有兩個：一個是天上的愛神，一個是地下的愛神。

地下的愛神是普遍的，一般人沉湎於這位愛神，愛的大都是女人，尤其是女人的肉體，他們只管去愛一場，卻不管這樣是好還是不好。

天上的愛神就不一樣，

> 因為這性感神的血緣中沒有女性，只有男性，所以，這情愛只
> 是對少男的情愛。再說，屬天的性感神年紀較長，不至於欲火
> 中燒。這就是為什麼，那些受這種情愛感發的人會轉而愛男
> 性，被天生比較強壯、更有理智的男性吸引。（181c）[5]

自從泡賽尼阿斯區分了兩位愛神之後，西方世界真的描繪兩個不同的愛神形象。我們可以看看圖 2-6 這幅畫作。

畫作出於意大利文藝復興時期提香（Titian）之手，題為《神聖與世俗的愛》（*Sacred and Profane Love*）。畫作中間的是邱比特，左右兩位都是愛神。左面的是世俗的，右面不穿衣的才是神聖的。不錯，裸體可以是神聖的。我們觀看西方藝術史上的畫作，看到的其實是各式肯定裸體的畫作。脫衣不是淫褻不雅，而是高貴神聖。暫不分析藝術，我們直接指出泡賽尼阿斯的貢獻：他區分愛神為天上與地下兩者，影響了柏拉圖形上與形下的區分。靈魂就是形而上的，高貴而且神聖；肉體就是形而

---

5. 《會飲》，頁 29。

下的，低下而且鄙陋。

厄里克希馬庫斯的講辭

第三位講者是醫生厄里克希馬庫斯（Eryximachus）。本來排在第三位的是阿里斯托芬，但是他剛好打嗝，於是改由厄里克希馬庫斯先發言。

厄里克希馬庫斯不愧為醫生，歌頌愛若斯都是從醫學角度出發。愛若斯是一種力量，協調並駕馭身體之中各個不同的衝突，如冷與熱、苦與甜、燥與濕等。

簡言之，醫術可以說就是認識身體上種種欲愛衝動的脹和洩；

誰懂得分辨身體上好的和壞的情欲，就算是非常高明的醫師了

（186c-186d）。[6]

這個講者的說法其實不甚重要，我們就此輕輕帶過。

阿里斯托芬的講辭

接著發言的阿里斯托芬十分重要，他是一名喜劇作家，他的言辭從189e開始。

與會嘉賓之中，阿里斯托芬是第一個定義何謂愛若斯的。之前的講者都歌頌愛若斯的貢獻與力量，但是祂的性質是什麼，卻還未觸及。阿里斯托芬就藉著一個神話故事說明。日常生活之中，我們發現俊男不一定配美女，有些時候就是會不清不楚地愛上另一個人，覺得對方是自己生命中不可分割的「另一半」（another half）。

阿里斯托芬以一個神話交代了這種特殊想法：人類本來有三個性別：男男、女女、男女。那個時候，我們都是人球，兩個頭、四隻手、四隻腳，繁殖也不用交配，純粹好像昆蟲下蛋一樣就可以了。由於他們

---

6. 《會飲》，頁41。

自恃力量強大，竟然意欲挑戰宙斯的權威。宙斯當然不能接受，於是召開會議商討如何處理。有人提議不如直接以雷電擊殺人類，斬草除根：宙斯表明反對，因為滅絕人類之後，神祇就再也沒有人類會奉獻。後來祂終於想到辦法：

> 我想出了個法子，既能讓人繼續活著，又讓他們不會再搗亂，
> 這就是讓人虛弱。現在我就把人們個個切成兩半。（190c-190d）
> [7]

結果宙斯把人類切成兩半。人類被切成兩半之後，急著找回另外一半，他們不願工作不願進食，寧願互相擁抱至死方休。為免人類滅絕，宙斯又想到另外一條計策：

> 把人的生殖器移到前面，就是為了讓人可以交媾，通過男人進
> 入女人。當然還有這樣的目的：要是男的抱著女的，他們馬上
> 就會生育，傳下後代；要是男人抱著男人，至少也可以靠這種
> 抱著來發洩情欲，讓自己舒服一下，然後去幹自己的日常工作
> 和操心其他人生必需的事務。（191c）[8]

閱讀這段文字，不難發現西方世界本來認為同性戀並無不妥。其實，男人與男人之間的性行為並沒有什麼問題。但是同性戀的非刑事化，在英國也要在20世紀60年代才出現。在此之前，男人與男人進行肛交，無論是自願或非自願，公開或不公開，一經定罪，最高刑罰可判終身監禁。如果是一百年前，甚至可判斷頭之刑。為什麼男人與男人之間性器官的接觸，構成如此大逆不道的罪行？理由只有一個：上帝不允許這種事情發生。《聖經》的〈利未記〉、〈羅馬書〉都有相關記述，日後談到基督宗教時我會詳細交代，現在就此按下不表。

---

7. 《會飲》，頁49。

8. 《會飲》，頁50。

回到阿里斯托芬討論的愛若斯。他的文字交代了同性戀的源頭：如果一個男人本來的另一半是男的，他就是男同性戀；如果一個女人本來的另一半是女的，她就是女同性戀。時至今日，有些生物學家也說同性戀的成因是基因構成的，而不是文化建構出來的。不過，阿里斯托芬的言辭不在歌頌同性戀，而是說明我們追求「另一半」的成因：「*渴望和追求那完整，就是所謂愛欲*」（192e-193a）。[9]這種想法影響深遠，直到今日仍然有人相信自己的生命中有另一半出現的，而且這個另一半與自己是可以完美結合的。阿里斯托芬的說法可以視為第一個關於愛情的哲學理論。為什麼愛情這樣重要？他指出了，從存在論的觀點看，人的存在就是有所欠缺的，因此人生的目標在於尋回另外一半，實現真正的自我。馬丁・柏格曼（Martin Bergmann）為此下了一段按語：

> 這（理論）回答了為什麼選擇了某個人會有悅樂而恆久的感覺，而其他的人只提供了過渡時期的滿足。故事也捕捉了愛情的另一個特徵，就是渴想與思慕的感覺總是先於戀愛而出現，並一直依附於戀愛。[10]

為什麼墮入愛河之後，我們會朝思暮想，一日不見如隔三秋？為什麼愛人往往要海誓山盟，要求海枯石爛此情不渝？原因就在於我們是彼此的另一半。藉著對方，我們得以合一，找到生命的意義所在。

在阿里斯托芬的說法下，「愛」第一次有了定義：「*渴望和追求那完整，就是所謂愛欲*」（192e-193a）。[11]「愛」是內在的，是生而有之的欲望。作為具體的人，我們生來就是不完整的，因此有待追尋自己的另一半，彌補生而有之的缺失。事實上，後來基督宗教的觀點與此相類。世

---

10. Martin Bergmann, in *The Anatomy of Loving*, p. 45

11. 《會飲》，頁52。

人都犯了罪，虧欠了神的榮耀，在這個背景下，人為什麼還渴望信耶穌得永生？就是希望藉著耶穌獲得上帝的愛。兩者相同之處，就是渴望回到原初的那種合一狀態。阿里斯托芬強調這就是愛若斯最有意思的地方。留意，兩個人合在一起，並不僅是性交。故事之中，阿里斯托芬舉例說，如果火神將兩人融合在一起，兩人是否願意？答案是兩人願意，

> 如此火熱地與另一個黏在一起，恐怕很難說只是為了共享性事
> 的快樂；其實，兩人的心明顯都願望著某種東西，只不過實在
> 說不出來，至多隱約感領一下所願望的，然後含糊地暗示暗
> 示。（192c-192d）[12]

阿里斯托芬的故事道出了愛情的喜劇與悲劇性質。喜劇之處，在於愛情令人圓滿，只要找到了另一半，我們的生命就有了意義；悲劇之處，在於我們不能確定誰是自己的另一半，我們可能遍尋不獲，甚或找錯對象。一旦有人找錯了，其他人也因著這對錯配而產生問題。**問題關鍵是我們到底如何找到自己的另一半？**阿里斯托芬沒有回答，我們也為此而迷惑。

阿伽通的講辭

下一位講者是阿伽通。按照希臘原文解釋，"Agathon" 有「美的」、「好的」意思；根據歷史記載，阿伽通也是一位美男子。是次宴會的主人是阿伽通，文章記述他的發言，可謂掀起了高潮。

阿伽通一開始，就反駁之前所有講者的說法：

> 首先，我打算說說我該怎樣一個講法，然後再進入正題。因為
> 據我看，迄今已經講過的諸位其實都不算在頌揚愛神，而是在

12.《會飲》，頁 52。

稱頌人有幸從愛神那裏得到的好處。（194e）[13]

他的頌辭，就是直接歌頌愛神的美麗、年輕、聰明、勇敢。

有評論指阿伽通整段頌辭，其實說的就是自己，表面歌頌的是愛若斯，實際讚美的是自己。他更說：

我要說，愛神恰恰天生討厭老年，總離老年遠遠的，不肯接

近。愛神總是和年輕在一起，是的，愛神自己就是年輕。

（195b）[14]

愛神是年輕的，而不是老年的，這象徵著愛神擁有的是美好的特質，任何不美好的特質都與愛神無關。正義、明智、勇敢、智慧是希臘時代的四樞德（Four Cardinal Virtues），而愛神同時具備這四種德性。愛神本身就是最大的德性，所有其他德性都源自愛神。阿伽通的講辭可以簡單概括為一句話：愛神本身就是好，就是美，就是真，就是德性。

這篇講辭，親愛的斐德羅，阿伽通說，就算我呈獻給這位神

的。（197e）[15]

阿伽通以此結束他的言辭，並將目標投向斐德羅。這是有意義的。大家如有印象，就會發現阿伽通與斐德羅歌頌愛神的內容其實分別不大。事實上，阿伽通與斐德羅彼此是愛人的關係，價值觀自然類似。兩者言辭的些微差別，只是一位以愛神帶來的效果為重點（斐德羅），一個以愛神本身的德性為重點（阿伽通）。

5.7 蘇格拉底的詰問

接下來是蘇格拉底的挑戰。在阿伽通說完講辭之後，蘇格拉底就說：

13.《會飲》，頁 57。

14.《會飲》，頁 57。

15.《會飲》，頁 63。

不單單是我，無論哪個該在這樣一篇既優美又富麗的講辭之後
發表講辭，不都會沒詞兒嗎？儘管不是處處精彩無比，起碼收
尾時辭藻和遣詞之美妙，哪個聽者不驚魂蕩魄？至少就我自己
來說，依我看，再怎麼我也說不到那麼好，不好意思得簡直想
溜掉，可惜沒有地方可溜。（198b-c）[16]

如果大家習慣蘇格拉底式的反諷，就會知道他這段話的諷刺何在。蘇格
拉底表面力讚阿伽通，所讚的都只是言辭之美、詞藻之麗，事實上他並
無一字肯定阿伽通的講辭內容。打個譬喻，情況就像你畫了一幅油畫，
對方只盛讚畫框如何華美、顏料如何優質，對於畫作本身的構圖如何與
畫作有何深意，則完全不作評價。這種反諷的說話方式，正是蘇格拉底
慣用的論辯技巧。

　　蘇格拉底首先提問「父親」的意思：

我想請問，照這樣說，愛若斯是否是母愛或父愛，這樣的問題
也許是可笑的。我的意思有點像是這樣，就好像我問父親【這個
詞】，父親就是某人的父親抑或不是？[17]

我們說到「父親」，其實預設了「兒子」的存在，沒有兒子就沒有所謂父
親，反過來說，沒有父親也就沒有所謂兒子。又例如說，「學生」預設了
「老師」的存在，「老師」也預設了「學生」的存在，沒有學生，也沒有老師。

　　這個說法跟「愛」又有什麼關係？阿伽通起初聽到蘇格拉底的提問，
也覺得他不知所云。但其實這是蘇格拉底佈下的局，他想指出「愛」是有
對象性的，我們用到「愛」字，必然涉及愛的對象。例如「我愛你」這句
話，「你」就是我所愛的對象；我們不能僅僅說「我愛」就停止，這樣說話
不合文法，也無法理解。就像「父親」必然涉及「兒子」，我們用到愛字必

16.《會飲》，頁64。

17.《會飲》，頁67。

然涉及「愛者」與「被愛者」。

如果這個假設成立，則「愛若斯」是愛者還是被愛者？蘇格拉底繼續追問愛若斯是否對某人／某物的愛，阿伽通回答說當然是對某人某物的愛（199e）。因此，愛若斯本身是愛者，他是欲求美滿的神祇。而「欲求」的特質，就是欲求自己所缺乏的：

> 這樣那樣的欲求所欲求的，就是眼下沒有和還沒有的得到的，
> 就是欲求的人還沒有、還不是和還欠缺的；諸如此類才是欲望
> 和愛欲所欲求的，是嗎？（200e）[18]

阿伽通承認了這點，也就落入蘇格拉底的圈套之中。如果愛若斯是欲求美滿的，而欲求的意思就是欲求自身所沒有的，那麼愛若斯本身不可能是最美最善的。美善是愛若斯的欲求對象，這是阿伽通承認的；欲求即是自身所不具備的東西，這也是阿伽通承認的。兩點結合起來，就產生了以下的對答：

> （蘇：）那麼，美就是愛若斯所欠缺的，還沒有的。「只能是這
> 樣。」阿伽通回答說。（蘇：）是麼？那你還能說欠缺美、根本
> 就還沒有美的東西美？「當然不能那麼說。」（蘇：）既然是這樣
> 子，你還同意說愛若斯是美的？阿伽通於是說：「看來，蘇格拉
> 底，我自己也搞不懂我先前所說的了。」（201b）[19]

最終阿伽通投降認輸，說自己不能反駁他，但蘇格拉底最後還是不忘反諷的口吻：

> 親愛的阿伽通，蘇格拉底說。你不能反駁的是真理，反駁蘇格
> 拉底其實倒頂容易。（201c）[20]

18.《會飲》，頁 69。

19.《會飲》，頁 70。

20.《會飲》，頁 70。

如果著眼於蘇格拉底的論辯技巧，很容易就以為這只是言辭之爭。其實不然。阿伽通描述愛若斯的特點，其實就是在定義「愛」的本質。根據阿伽通的說法，愛之為愛的本質在於它是美而善的。這種說法將「愛」變成靜態：愛本身就是美的，愛本身就是善的。柏拉圖的洞見，在於看出愛不是靜態的事物，而是動態的追求。愛是一種欲望。這就與蘇格拉底的「哲學」觀接上了：哲學家是愛智慧（philo-sophie）的人，而不是智慧（sophie）本身。哲學家總是追求著智慧，這種「追求」是動態的。「愛」亦作如是觀，「愛」是人類的活動，本身並非某種事物。

第俄提瑪的教誨

接下來的段落，是蘇格拉底引述第俄提瑪（Diotima）的說法。誰是第俄提瑪？根據文本資料，她是一名充滿智慧的女性。除此以外，並無資料透露她的身份。學界對於第俄提瑪是否真有其人存疑，多數認為是柏拉圖虛構出來的。為什麼他要虛構一個女人來展示智慧呢？為什麼第俄提瑪不直接現身於飲宴之中呢？這些問題，我們不能多做分析，僅集中討論她的理論立場。

　　蘇格拉底憶述自己跟第俄提瑪的對話，指自己當時抱持的立場與阿伽通相若，認為愛若斯本身就是美就是好。第俄提瑪卻說愛若斯既不美又不好。蘇格拉底聽後反問：難道愛若斯是又醜又壞的嗎？她回答說：

> 當然不能說，凡不美的就必然醜，凡不好的就必然壞。就愛若
> 斯來說也如此，既然你同意愛若斯既不好也不美，別就以為他
> 肯定既醜且壞⋯ 而是介乎兩者之間。（202b）[21]

1. 愛若斯與居間性 —— 神與獸、知與無知之間

21.《會飲》，頁 73。

她強調的是人的居間性（in-between-ness）。人居於神與禽獸之間：神是美善而有智慧，可以長生不朽；禽獸醜惡而無知，生命隨時朽壞。因此，神不需要哲學，祂本身就是美善與智慧的化身；禽獸不會懂得哲學，因為祂沒有智慧意識到自己的醜惡。唯有人（哲學家）有無知之知 —— 知道自己是無知的 —— 所以才會追求智慧。透過說明這種居間性質，愛若斯的意義得以顯明：愛是一種欲求，正是處於無知與智慧之間，人才有動力向上追求。

　　第俄提瑪繼而以神話方式說明愛若斯的出身。象徵「豐盈」的神祇波若斯（Poros）與象徵「貧乏」的神祇珀尼阿（Penia）在一場飲宴相遇。波若斯喝醉了，倒在一旁睡著。

> 珀尼阿【貧乏】想到自己的欠缺，突生一念：何不與波若斯【豐
> 盈】生他一子；於是睡到他身邊，便懷上了愛若斯。（203b-c）

愛若斯身為波若斯與珀尼阿之子，因此居於豐盈與貧乏之間：

> 愛若斯既不貧又不富，毋寧說總處於有智慧與不明事理之間。
> 可以這樣子講：沒有哪個神愛智慧（或譯：【搞哲學】），也沒有
> 欲望要成為有智慧的，因為，神已經是有智慧的了；甚至那些
> 已經有智慧的人，也不愛智慧。反過來說，不明事理的人同樣
> 不愛智慧或者欲求成為有智慧的；因為，不明事理的人的麻煩
> 正在於，盡管自己不美、不好、不明事理，卻覺得自己夠自足
> 的了。（203e-204a）[22]

2. 愛者與被愛者 —— 愛若斯的主動性

　　這種居間性質說明了愛若斯是主動的愛者，而不是被動的被愛者。兩者的差異，在於前者是動力的來源，而後者是這個動力所傾注的對

22.《會飲》，頁 77。

象。如果愛若斯是活動，那麼愛的動力顯然源出於愛者，而非被愛的對象。被愛者之所以為被愛者，正是因為先有愛者投注的愛，他才是被愛的。沒有愛者投注的愛，被愛者即不成為被愛者。在這個意義下，愛者的理論地位先於被愛者。

有過愛情經驗的人都會明白，愛情本身沒有什麼理由可言，並非有什麼決定的條件會令我愛上對方，總是我先愛上對方，對方才成為我愛的人。所以相反的情況很難理解：有一樣東西叫做「愛人」，他出現了，因此我們愛上了他。「我愛你，所以你成為我的愛人」是對的，跟我們日常生活的愛情經驗相呼應；「你是愛人，所以我愛上你」是錯的，跟我們日常生活的愛情經驗不能匹配。這點是柏拉圖的哲學貢獻。「愛」不是事物本身的特質，而是人類（作為愛者）的能力。每個人都可以去愛，愛就是人類的動力所在。

3. 欲愛與幸福

這種「愛」有沒有具體的追求目標呢？是否就是追求真善美呢？《會飲》記述蘇格拉底也有類似的疑問：追求真善美這些價值並使之落實到我的生命之中，有什麼好處呢？第俄提瑪的回答是這些價值會令人幸福：

> 因為有了善的東西，幸福的人就是幸福的，所以，也就不需要進一步問：願意幸福的人究竟為了什麼而意願？毋寧說，問題似乎到此為止。（204e-205a）[23]

真善美等價值，在此與「幸福」連上關係。這裡有兩點需要注意：第一點，真善美等價值不是終極的，而是以幸福為目標。從蘇格拉底開始，以至後來的亞里士多德，「幸福」一直是希臘哲人關心的課題；柏拉圖是希臘大哲，同樣重視「幸福」，在他的理論下，真善美等價值都收攝於「幸

23.《會飲》，頁79。

福」之下。第二點，是柏拉圖的「幸福」觀有別於一般理解。一般理解「幸福」是感官上的快樂，簡單來說即是吃喝玩樂；但是柏拉圖（與蘇格拉底）的幸福並非感官上的快樂，而是靈魂上的快樂。真善美等價值所帶來的快樂是精神性的，能夠提昇人類的悅樂感受，因此有別於感官上那種轉瞬即逝的快樂，精神的悅樂感受是恆久不息的。

在這個框架之下，「欲愛」的意涵有了新的規定。「愛」固然是欲望，不過這種欲望所欲求的真正對象是「幸福」，而這種幸福是與真善美等價值相連的。關於這點，第俄提瑪說得十分清楚：

> 倘若人們把欲愛用在其他這樣那樣的事情上 —— 無論熱衷賺錢、迷體育還是搞哲學，我們都不叫欲愛，不稱這些人為有情人。只有整個兒熱情投入【善和幸福】的人，才得到所有這些名稱：欲愛、愛戀以及有情人。（205d）[24]

第俄提瑪（或蘇格拉底）扭轉了之前各位講者的說法。之前的講者頌辭縱使各有不同，大都以愛若斯為神祇而讚之頌之，唯有阿里斯托芬嘗試以欲望詮釋愛若斯，指出愛若斯就是人類尋找另一半的原始力量。現在蘇格拉底藉第俄提瑪之口，雖然承認愛若斯是欲望，但欲求的對象不是什麼另一半，而是好的東西。在《會飲》中，蘇格拉底不忘借機諷刺阿里斯托芬：

> 依我的說法，愛戀所欲求的既非什麼一半，也非什麼整體，朋友，除非這一半或整體確確實實是好的。（205e）[25]

他還舉例指出，如果一個人的手腳有病，禍及全身，他也寧願砍掉以求保身。就算有所謂的另一半，如果是不好的，合在一起也是枉然。換句話說，所謂「另一半」的說法不是關鍵，關鍵之處倒在對方的好壞。

---

24. 《會飲》，頁81。原文的「愛欲」一律改譯為「欲愛」。

25. 《會飲》，頁81。

根據阿里斯托芬的說法，愛情就是尋覓自己的另外一半。這個說法嘗試解釋愛情的玄奧：為什麼人類會熱烈追求愛情？他的解釋是人在最原初的狀態下是渾成一體的，因此愛情的盲動力源於人類內在渴求完整的心理。他的觀點像個年輕人，認為愛情至上，人類生存目的就在與另一半重合。蘇格拉底卻像個歷遍滄桑的智慧老人，認為我們縱使找到另外一半，對方的容貌會隨年歲消逝，我們彼此之間的情感亦往往隨時日變更。簡言之，愛情是轉瞬即逝的。如果人生的價值在於愛情，就如以流沙為根基，終會全面傾頹。因此，愛情不值得我們追求。唯有以真善美等不朽的價值為基礎，人生才算找對了方向，人類藉此才能趨向無限與不朽。既然不朽才是目標，愛若斯就不僅是欲求擁有美善而已，而且欲求永遠擁有：「愛若斯就是欲求自己永遠擁有好的東西。」（206a）[26]

4. 愛若斯與不朽 —— 靈魂的追尋與不朽

如何可以永遠擁有好的東西？這是蘇格拉底的提問，第俄提瑪的回答是「生育」：「人都有生育能力……既有身體方面的，也有靈魂方面的。」（206c）[27] 身體的生育指的是男女的交合，人類憑著性交令整個族群得以延續下去，個體雖會死亡，族群卻是不朽。在這個意義下，欲愛與不朽得以扣連起來：

> 正是靠生育，生命才會綿延，會死的才會成為不死的。……既
> 然欲愛所欲求的是永遠擁有好的東西，那麼可以肯定地講，欲
> 愛欲求不死與【擁有】好的東西是分不開的。因此，結論不可避
> 免的是：欲愛就是欲求不死。（206e-207a）[28]

26.《會飲》，頁 82。

27.《會飲》，頁 82。

28.《會飲》，頁 84。原文的「愛欲」一律改譯為「欲愛」。

第俄提瑪不是鼓勵人類生兒育女以求不朽，身體的生育尚屬其次，最重要的是靈魂的生育。什麼是靈魂的生育？讓我舉一個例子。有「音樂之父」美稱的巴哈（Johann Sebastian Bach），成就了巴洛克（Baroque）時期的音樂風格。一般讀過音樂的人或許知道他的音樂成就，卻不知道他的私生活。原來他有前後兩任妻子，共生20位兒女。有多少人會記得他的兒女姓甚名誰？雖然巴哈成就了偉大的音樂家族，但是真正知道巴哈兒女的名字及其成就的，實在寥寥無幾。記得巴哈作品名字的人，比起知道他兒女名字的人更多。巴哈有不朽的成就，不在於他生育了20個兒女，而在於他偉大的音樂作品。這些音樂作品，我相信50年後仍然是經典，100年後還是經典，知音仍然同樣的多。從巴哈的例子，我們知道身體的生育能力，遠遠比不上靈魂的生育能力。他創造了永恆的音樂之美，所以才能成就不朽傳奇。這正是柏拉圖式欲愛的意義：透過真善美的追求，人可以成為不朽。柏拉圖透過蘇格拉底（而蘇格拉底又透過第俄提瑪），說明愛若斯是一種欲求真善美的欲望。真善美等價值，可以提昇人類成就不朽傳奇。

5. 愛的階梯 —— 突破身體的束縛達到純粹之美

　　具體言之，我們如何可以實現不朽的價值？第俄提瑪提出「愛的階梯」（the Ladder of Eros）理論，成為了整篇《會飲》的高潮所在。這個愛的階梯，說的是人的靈魂如何從身體的束縛之中慢慢提昇而邁向不朽的過程。文章提到如何從愛上某個美的事物開始，層層上升到美的本身。原文較長，也較複雜，我分為幾點簡述說明：

- 在年輕的時候，首先會被美的身體所吸引，而且是一個美的身體。
- 下一個階段，就是確認所有美的身體之所以為「美」在其分享了「美」的特質。因此，只愛個別的身體是愚蠢的，我們愛的是所有美的身體。

- 之後就進入肯定靈魂之美的階段。我們開始懂得欣賞具有靈魂之美的人，而不限於身體之美的人。
- 歷遍美的各種具體形式之後，我們慢慢明白所有美的種類是相似的。美之為美不在於個別的身體與靈魂，美是普遍的。
- 透過審視知識的不同形式，他將會成為知識的愛者，並會愛上形形式式不同的美的觀念與理論，直至瞥見終極的美的知識。
- 最終，這個知識的愛者會見到純粹的美本身，也就是說，美本身不雜有任何經驗的成分，任何美人、美事都只是分有了它才可稱之為「美」。

明白了這個「愛的階梯」的基本意思，我想澄清某些流行的誤解。對於柏拉圖主義者來說，當一個人說「我愛你」，他愛上那個人的原因是對方具備了某些好的特質。舉一個例，如果對方是個美人，我愛上她是因為她的「美」，而非其他。一旦對方年老色衰，柏拉圖主義者會毫不遲疑謝絕愛意。換句話說，他愛的不是某個具體的人，而是「美」的本身，美人只是恰巧展現了這種「美」的形象而已。

這跟我們流行的說法不一樣。所謂「柏拉圖式的愛情」（Platonic Love），一般人誤以為是純粹的精神式戀愛，不涉及肉體的性愛，還以為這種愛情是不朽的，直至海枯石爛亦此志不渝。仔細閱讀《會飲》，就很清楚柏拉圖沒有這個意思，一般人的理解只是斷章取義。用現代人的說法，柏拉圖主義者就是花花公子，看見美人自然會愛上，而且不限於愛上某個美人，如果還有別的美人，他也會毫不猶豫愛上。「一生只愛一人」的愛情跟柏拉圖沾不上邊，對他來說甚至是最低層次的愛。

我再舉一個例子說明柏拉圖的意思。近來我翻看自己收藏的舊電影，看到荷利活著名女明星伊莉沙白‧泰勒（Elizabeth Rosemond Taylor）的戲。她從17歲時開始飾演較為成熟的角色，擺脫以往童星的形象。那時，觀眾大都驚為天人，我也認為她美艷絕倫。到了她70多歲

時，面皮鬆弛，體型臃腫。當年她的「美」，去了什麼地方？她的「美」是否隨著年歲而消失了？若然，又如何解釋我們翻看她的舊作時仍然覺得她是美的？柏拉圖主義者會解釋，她的「美」並不存於個人，她只是展現了「美」的理型，所以我們會覺得她是美的。70多歲的泰勒不美了，但是17歲的泰勒那種「美」卻仍然存在。美是普遍的，可以落實到具體的人身上；人會隨年月而衰頹，但是美本身卻不會枯朽：「**美的東西生生滅滅，美本身卻始終如是，絲毫不會因之有所損益。**」（211b）[29]

　　還有一點需要澄清。柏拉圖的哲學最初引介到中國的時候，國人是以儒家的「天人合一」觀來比附，令人以為柏拉圖「愛的階梯」理論最後階段與儒家天德流行之境暗合。我翻查了1933年由郭斌龢與景昌極編譯的《柏拉圖五大對話集》，當中的〈筵話篇〉，當中提及美本身的段落宛如國人所論：

> 人於愛情之道，曾受若是之教，於美之因果之序甚明者。及其至也，必恍然悟得一絕美之境。……其為物也，永久存在，不生不滅，不盈不戾，不囿於一時一地。非如面目手足之有跡像，鳥獸之有形象也。此其為美，無始無終，純一真樸；無損無益，亦無變化，永為他美之因。……由一美以及二美形，更及其他之美形。由美形以及美行，由美行以及美念，由美念以至於至美。如此可謂美之真諦矣。……苟能見此神聖之美，純潔無疵，不染塵垢，仰望想像，與之冥合，以孕育真正之德業，其所得為何如乎？夫觀美以心，然後得美之真，而非美之偽，然後得立德以配天，而垂無窮。誠欲求不朽者，必由是道矣。[30]

---

29. 《會飲》，頁91。

30. 柏拉圖著；郭斌龢、景昌極譯輯：《柏拉圖五大對話集》（南京：國立編譯館，1934年），頁224-225。

這種格義式的理解,與柏拉圖的意思相去甚遠。我們閱讀時要注意。

阿爾喀比亞德的言辭 —— 蘇格拉底作為欲愛的體現

「愛的階梯」理論是第俄提瑪的尾聲,蘇格拉底轉述之後順勢以此作結。可是,《會飲》並非到此為止,正當蘇格拉底發言完畢,阿里斯托芬想回應之際,就有鼎沸的人聲在門外傳入,原來是阿爾喀比亞德醉醺醺的在門外叫嚷。

阿爾喀比亞德半明半昧地發言,拒絕了「歌頌愛若斯」這個宴會主題。他要求歌頌蘇格拉底本人。表面上,這段言辭與愛若斯無關,歌頌的對象已經改為蘇格拉底;事實上,這段言辭暗藏玄機,阿爾喀比亞德以蘇格拉底為歌頌對象,展示了愛若斯如何可以具體地在某個人身上展現出來。

宏觀地看,整部《會飲》透露了愛若斯在兩股力量之間拉扯。無論是泡賽尼阿斯所說的「天上愛神地下愛神」,還是蘇格拉底所說的「理性靈魂感性身體」,都展現了愛若斯的內在張力,而後者明顯壓抑感性與身體的欲望,而抬高理性與靈魂的欲望。這種肯定超越世界的想法能否經得起考驗?當我們在經驗世界面對具體的情欲對象,又可以怎樣呢?

阿爾喀比亞德的出現,就是要挑戰蘇格拉底那種理性至上的立場。阿爾喀比亞德是希臘有名的美男子,當時風華正茂,卻愛上了蘇格拉底。他以半裸的形象出現,顯然是扮演誘惑者的角色。他一出場就忍不住跟蘇格拉底打情罵俏:

> 蘇格拉底在這兒?你這傢伙又打我的埋伏?總是出我意料,突然出現在我跟前!你這會兒為什麼在這兒?而且為什麼偏偏躺這裏?(213b-c)[31]

31.《會飲》,頁 97。

蘇格拉底急著以主人阿伽通作擋箭牌：

> 瞧！還不過來護著我，阿伽通？這傢伙的情愛已經讓我不堪其
> 擾！自從我愛上了這傢伙，我就再也不能看哪個美人一眼，更
> 別說跟他扯上幾句，否則，他馬上醋勁上來，忌恨我，想出鬼
> 招整我、罵我，就差動手揍我了。（213b-c）[32]

這個類似鬧劇的場面後經眾人平息，厄里克希馬庫斯遂提議阿爾喀比亞德參與「歌頌愛若斯」的主題。剛才說過，他拒絕了大會主題，並以歌頌蘇格拉底代之。仔細研讀之下，我們就會知道他的講辭並非什麼鬧劇，反而扣緊整個《會飲》的脈絡。愛若斯化為純粹的美本身，那是「愛的階梯」理論；當愛若斯具體地化身為某個具體的人時，又會是什麼樣的光景？阿爾喀比亞德的講辭回應的正是這個問題。

他一發言，就說蘇格拉底活像西勒諾斯（Silenus）（圖2-7）。西勒諾斯是酒神狄奧尼索斯（Dionysus）眾多跟隨者之中最為年老又最有智慧的，經常喝得酩酊大醉。他禿頭又肥胖，卻喜歡展露自己的身體，看起來跟蘇格拉底確有幾分相似。在阿爾喀比亞德的眼中，蘇格拉底就是這個樣子，不是萬人景仰的師表形象，而是帶有情欲的真實的人。蘇格拉底經常在廣場與年輕人討論哲學問題，在他眼中就成為了蘇格拉底跟其他人調情，因為圍繞著他的有不少的確是美男子。這是個有趣的現象：一個容貌如此醜陋的人，如何可能獲得眾美男子的青睞？如果被歌頌的是美人阿伽通，倒沒什麼出奇。畢竟美人受到稱頌，是天經地義的事。但是蘇格拉底突額大鼻，竟然受到一眾美人的青睞，不是很奇怪的事嗎？

其實不難理解。因為蘇格拉底具備了內在美，這是從靈魂深處湧現出來的美。外表的美會隨年月消逝，往往曇花一現，就沒有了。所謂「不

32.《會飲》，頁97。

許人間見白頭」確是真理，教人惋惜。外表並不可恃，內在的美更為持久。阿爾喀比亞德也認同這點：

> 告訴你們吧，他才一點兒不在乎一個人漂亮不漂亮 —— 對這些他根本瞧不上眼，簡直超乎人們的想像；他也不在乎一個人是否富裕，不在乎眾多人欣羨的那些優越。在他眼裏，擁有這些的人全都一文不值。（216d-e）[33]

換句話說，審美的標準改變了，美之為美不再以外在的美貌為依歸，而以靈魂所展現的智慧為準。在這個意義下，蘇格拉底無可否認的確很美。

他還提到自己如何引誘蘇格拉底。起初他見蘇格拉底的時候，總有僕人隨從左右，為了增加私底下見面的機會，他先打發僕人離開，再藉機與蘇格拉底單獨攀談。彼此說話的機會漸多，阿爾喀比亞德開始邀約對方健身，雙方赤裸上身齊做運動，始終沒有燃起愛火，蘇格拉底一如以往沒有動心。直至阿爾喀比亞德相約蘇格拉底到他家作客：

> 起初他沒有答應我，後來總算勉強答應了。第一次，他來了，可吃完飯馬上就要告辭；當時我害羞，就讓他走了。第二次，我想出個新招，等他吃完飯就和他不停說話，一直說到深更半夜；他說要走時，我就借口已經太晚，迫使他留下來了。於是，他就睡在我的睡墊旁邊的睡墊上，也就是他吃飯時坐的那張墊子。睡在這間房裏的，沒有別人，只有咱們倆兒……（217d-e）[34]

他的言辭說得十分曖昧，彷彿蘇格拉底在他的多番攻勢下終告失守。但是，兩人最終什麼事情也沒有發生，儘管阿爾喀比亞德已經表明愛意，蘇格拉底對他的美貌卻是全不在意。結果阿爾喀比亞德對眾人說：

---

33. 《會飲》，頁 105。

34. 《會飲》，頁 106。

> 要知道，我向神們和女神們發誓，和蘇格拉底這樣睡了一夜，
>
> 直到起身，【咱倆兒】再沒做別的事，簡易就像跟父親或哥哥睡
>
> 了一夜。（219c-d）[35]

這段記述同樣不是鬧劇。透過描寫阿、蘇兩人的曖昧行徑，柏拉圖展示的是蘇格拉底不受美色所惑的形象。雖然美色在前，兩人同床共寢，但是蘇格拉底始終不為所動。柏拉圖以阿爾喀比亞德的言辭與經歷，再一次申明身體的美並不可恃，反而是蘇格拉底從靈魂深處湧現出來的內在美吸引到阿爾喀比亞德。愛若斯不是神祕、懸空、抽象的東西，一個熱愛智慧的人可以用生命展現什麼是愛若斯。這一個人，就是蘇格拉底。一般人以為蘇格拉底的反詰是詭辯，純粹是語言的遊戲，柏拉圖卻藉阿爾喀比亞德的口，申明蘇格拉底的確是「知識」的助產婦，善於運用對話引導講者說出真理（或反映錯誤）：

> 一旦把他的話打開往裏看，你首先發現這些骨子裏全是道道，
>
> 然後才曉得，他的言談實在神明端正，裏面藏了一堆各種各樣
>
> 的美德神像，對於每個願意變得美好、高貴的人來說，其中大
>
> 部份或者乾脆說所有的東西，都值得好好搞清。（222a）[36]

簡單來說， 柏拉圖塑造蘇格拉底本人為欲愛的哲人（erotic philosopher），而欲愛的要義不在於有美貌，而在於有智慧。以美人阿爾喀比亞德來反襯醜陋的蘇格拉底，究其原因，不過是再次表明靈魂的美德遠遠比身體的優美來得重要而已。

關於《會飲》的文本分析，大致說到這裡。

35.《會飲》，頁110。

36.《會飲》，頁114-115。

2.6 柏拉圖式的愛情

現在我會將「柏拉圖式愛情」放到一個更大的脈絡之下討論。從哲學的觀點看，柏拉圖的欲愛理論到底有何貢獻？

「柏拉圖式愛情」並非柏拉圖自創，而是15世紀時由佛羅倫斯學者費其諾（Marsilio Ficino）所鑄造，名為"amor platonicus"。這種情愛觀認為人類愛欲最恰當的運用方式就是將之導向神聖性。簡言之，真正的柏拉圖主義者會啟發他人的靈魂，導引對方邁向神聖的事物。這些神聖事物，即是剛才提及過的真善美。任何人只要是以追求真善美為其人生目標，這個人已經算是柏拉圖主義者。

柏拉圖的「實在性的二元概念」

為什麼要追求真善美呢？理由在於，柏拉圖認為真善美等理念才是真實的，而經驗世界的事物反倒是虛假的。對於「什麼是真實？」這個哲學問題，柏拉圖有一個基本的立場：理型是實在的，而物質是虛假的。這個理論立場，我們可稱之為「實在性的二元概念」（Dualistic Conception of Reality）。

這個想法源自蘇格拉底，而成形於柏拉圖。在我們日常的經驗中，萬事萬物都在流動變化著。如果以眼前的事物為真，那麼下一刻變化了，事物是否就是虛假的呢？在芸芸世事的變化背後，有沒有什麼不變動的東西呢？蘇格拉底的答案是肯定的。因此，當他討論什麼是「勇敢」、「正義」等問題時，對方答以某種具體情況，他都不覺滿足，而要求一個有普遍性的回應。但是蘇格拉底關注的始終是幸福問題，因此點到即止，沒有進一步發揮這種想法的理論意涵。真正發揮他思想的是柏拉圖，他創建了理型論（Plato's Idealism），嘗試以理論的方式說明何謂實在。

"Idealism"是個具備豐富意涵的哲學術語。一不留神，顧名而思義，往往會有差錯。例如柏拉圖與柏克萊同樣講到Idealism，兩人都認為idea是實在的東西，但是兩者所說的idea恰好互相對反。柏克萊有句名言：「存在即被感知。」（To be is to be perceived.）對他來說，事物的存在以我們的感知為準則；可被稱為存在的事物，等同於我們可感知的事物。所謂idea，就是我們感知事物之後，對之產生的心靈產物。因此，我稱柏克萊的Idealism為「觀念論」。柏拉圖的idea與此相反，跟我們的感知無關，實在的不是經驗事物（或與之相關的觀念），而是經驗世界背後的理型。理型不能由感官所把握，只能透過我們的理性才能得知。換句話說，柏拉圖的「理型」與經驗事物相對，理型具有形而上的實在性（metaphysical reality），而經驗事物只是「物質的表象」（physical appearance）。這個二元的劃分，即是「實在性的二元概念」所指的意思。

　　放到更大的脈絡之下，柏拉圖的理型論其是前蘇格拉底時期哲人之間論題的延續。前蘇格拉底時代，哲人之間對於「流變」已有相當深刻的觀察。例如赫拉克利特（Heraclitus）認為萬物皆變，事物總在流變之中，沒有事物是靜止不息的。他的名言就說，一個人不能涉足同一條河兩次，因為當我嘗試再涉足時，我已非以前的我，河流亦非之前的河流。另一位哲人巴門尼德斯（Parmenides）卻持相反意見，認為萬物流變的背後，有變中不變的東西，這個東西就是永恆不變的「存在」。「變化」只是幻象，「存在」才是真實。

　　在這個理論背景下，柏拉圖建立了他的理型論。他的觀點近於巴門尼德斯，認為流變的現象不就是實在的，在這背後的理型才是我們經驗世界的基礎。這個立場其實不是很難理解。若以經驗世界的現象為知識，我們常會發現不少問題。我們的感官容易出錯，好像把筷子放進水杯之中，看上去會以為是筷子彎曲了。現在我們知道這是光線折射的影

響,這種「知道」不是出於感官,而是源於我們的理性,是我們的理性讓我們明白相關的光學理論,令我們不昧於眼前所見的事物。柏拉圖的意思也是如此,以感官為基礎的知識是不可靠的,唯有以理性為基礎的知識才是可靠的。透過理性,我們可以把握到事物的原初狀態:理型。

《理想國》的洞穴比喻

為了說明理型才是實在的,柏拉圖曾多次設喻說明。其中最著名的就是在《理想國》(*Republic*)出現的「洞穴喻」。根據《理想國》的記載,比喻是這樣的:

> 讓我們想像一個洞穴式的地下室,它有一長長通道通向外面,可讓和洞穴一樣寬的一路亮光照進來。有一些人從小就住在這洞穴裏,頭頸和腿腳都綁著,不能走動也不能轉頭,只能向前看著洞穴後壁。讓我們再想像在他們背後遠外高些的地方有東西燃燒著發出火光。在火光和這些被囚禁者之間,在洞外上面有一條路。沿著路邊已築有一帶矮牆。矮牆的作用像傀儡戲演員在自己和觀眾之間設的一道屏障,他們把木偶舉到屏障上頭去表演。……接下來讓我們想像有一些人拿著各種器物舉過牆頭,從牆後面走過,有的還舉著用木料、石料或其他材料製作的假人和假獸。(514a-b)[37]

囚禁者看到面前自己的身影,是源於他們身後的火光。情況就如我們今天到戲院看電影,螢幕本身沒有放出什麼東西,放出影片的是觀眾席後面的投影器。比喻中的囚禁者當局者迷,不知道自己身陷幻境之中,還以為眼前所見即是實在。直至某日,一個囚禁者解除桎梏能夠轉頭環視

---

37. 柏拉圖著;郭斌和、張竹明譯:《理想國》(北京:商務務書館,1997年),頁272。下稱《理想國》。

看到火光，甚至可以離開洞穴到外頭直視陽光。這個時候，他才明白自己從前一直處於黑暗之中。柏拉圖譬喻的精彩之處，在於突顯出真與假的兩面。假的一面，是一般囚禁者面壁所看到的景像；真的一面，是掙脫束縛者所看到的環境。他的譬喻解釋了一般人以假為真的原因。囚禁者看到的影像只是火光映照下的倒影，就如我們日常經驗世界所見的只是善的理型的摹本。至於我們如何可以看到實在（理型），有若那位逃脫的囚禁者呢？柏拉圖的回答一如以往，就是我們的理性：

> 知識是每個人靈魂裏都有的一種能力，而每個人用以學習的器官就像眼睛。—— 整個身體不改變方向，眼睛是無法離開黑暗轉向光明的。同樣，作為整體的靈魂必須轉離變化世界，直至它的「眼睛」得以正面觀看實在，觀看所有實在中最明亮者，即我們所說的善者。（518c）[38]

這個譬喻已經不限於哲學的領域，而是西方世界的文化基礎。從教育學的觀點看，洞穴喻展示了西方教學理論的基本觀點：教育的目的在於去除迷昧的原始狀態，而去尋求光明。教育就是從無知到有知的追求歷程。

故事的有趣之處是結尾。當這個人回到洞穴之後，告訴別人自己看清了真實，洞穴裡的人並不相信，甚至遭到嘲弄取笑：

> 人家不會說他到上面去走了一趟，回來眼睛就壞了，不會說什麼連起一個往上去的念頭都是不值得的嗎？要是把那個打算釋放他們並把他們帶到上面去的人逮住殺掉是可以的話，他們不會殺掉他嗎？（517a）[39]

柏拉圖明顯是有的放矢。譬喻之中那個看到實在的囚犯，其實就是哲學家的化身，他將真理告訴大眾之後，不但沒有受到眾人歡迎，反而被視

---

38. 《理想國》，頁 277。

39. 《理想國》，頁 275-276。

為造謠生事，遭到殺身之禍。這個哲學家以身殉道的形象，說的正是蘇格拉底，蘇格拉底就是在希臘的民主政制下被群眾投票判處死刑的人。這種對群眾的不信任貫徹整本《理想國》：群眾是愚昧的，才令得哲學家不為世用。哲學家本身沒有問題，有問題的是群眾有眼無珠。柏拉圖藉蘇格拉底說出一段滿有憤懣的話：

> 你還要告訴他，他說哲學家中的最優秀者對於世人無用，這話
> 是對的；但是同時也要對他說清楚，最優秀的哲學家的無用其
> 責任不在哲學本身，而在別人不用哲學家。（489b）[40]

若要城邦得治，柏拉圖認為關鍵在於讓哲學家當上皇帝，這樣民智得以開啟，國家亦以理性原則運作，實在是至善至美之境。因此，柏拉圖是反民主的先鋒人物，而且他還有哲學的理論基礎。

欲愛作為「熱愛-智慧」（Eros as Philia-Sophia）

理型才是實在，而理型的具體內容即是真善美，因此追求真善美的人生即是追求真實的人生。如果汲汲於經驗事物，那是昧於表象而不知事物本相。在這當中，「欲愛」扮演至為重要的角色，因為他是人類內在的動力，藉此動力才有所謂對真善美的追求。在他的理論架構下，欲愛提昇到很高的層次，是對於真、善、美和不朽的欲望，即是對於善與不朽的追求（the pursuit of the good and immortality）。這個進路讓人類得以超越自己的肉體，與真、善、美並列為同一個層次。換句話說，我們的靈魂跟真、善、美可以是同等的。如果我們好好把握，我們的靈魂一樣是不朽的。在《會飲》中，柏拉圖以蜻蜓點水的方式說過「靈魂不朽」，但是沒有嚴格論證。直至《斐多》，他才正面處理靈魂不朽的問題，並認為「靈魂是不朽的」這個命題是可以哲學地討論和證明的。哲學的功用，

---

40. 《理想國》，頁 236。

不但可以令我們由人而為神，而且也可以將我們染污了的靈魂，透過哲學活動而得到清洗、淨化。關於這點，本書稍後會繼續討論。

　　簡單來說，從柏拉圖開始，哲學是對智慧的追求、對不朽的追求、對真善美的追求。例如亞德士多德在《形上學》的第一章就說「求知是人類的本性。」[41]這是一種渴望由無知到有知的心態。既然是渴望，即意味著人類本身是有所欠缺的。柏拉圖告訴我們，人是欠缺一些東西的，正因為有所欠缺，我們才會有所追求、渴望擁有。無論阿里斯托芬或第俄提瑪都強調這一點。我們對知識有欲望，正是因為我們知道自己是無知的。這種柏拉圖式的欲愛，對人類（以至整體文明）而言是重要的。

智性的昇華

柏拉圖的欲愛理論，預設了某種對於「人」的看法。在希臘傳統裡有一個二分法：人是「靈魂」（mind/*psyche*）和「肉體」（body/*soma*）的混合物，即「心」與「身」的結合。對於希臘人來說，「肉體」和「靈魂」屬於兩個不同的範疇，兩者具備存在論的區別（ontological distinction）：肉體是物質性的，可變、短暫、特殊；靈魂是精神性的，不變、恆久、普遍。[42]柏拉圖承接這個傳統，在他的「愛的階梯」理論，靈魂是美好而神聖的，可以一層一層上升，而肉體是可以被超越的，並不值得留戀。我們可以超越可以上升的能力，就是源自我們的（理性）靈魂。這個歷程，我稱之為「智性的昇華」（Intellectual Sublimation）。從價值論的層面來說，

---

41. 亞里士多德著；吳壽彭譯：《形而上學》（北京：商務印書館，1997 年），頁 1。

42. 希臘傳統只有靈魂與肉體，後來基督宗教提出精神（spirit/*pneuma*）是後出的，源自希伯來傳統。基督教認為人是上帝的子女，人的形象是根據上帝的形象而來的，神向泥土吹了一口氣，才使亞當成為一個人。氣就是 *pneuma*，即是精神，這在希臘傳統是尚未出現的。希臘傳統只有靈魂與肉體的問題，柏拉圖和亞里士多德對此問題有詳細而深刻的討論；希伯來傳統卻認為靈魂與肉體都是不重要的，最重要的是精神。「精神」是上帝的形象，在人身上顯現的上帝形象就是精神。關於這點，我會在討論基督宗教時再作討論。

柏拉圖開創了西方哲學傳統的二元觀：理性靈魂是永恆的，具備絕對的價值；肉體是短暫的，無恆久價值可言。後來的哲學家或多或少預設了這個區分，並保留了這種肯定形而上而否定形而上價值的取向。

神聖的瘋狂

柏拉圖有一本叫做《斐德羅》（*Phaderus*）的書。書中討論了很多問題，包括修辭學和語言的，現在我們主要討論其中關於愛情的問題，作為《會飲》的補充。

柏拉圖提到詩人面對一種獨特的情況： 神聖的瘋狂（Divine Madness）。在這種狀態下，人會做出一些平時不會做的、不正常的事情。柏拉圖問：究竟是什麼可以使一個人不正常呢？這個問題，後來的莎士比亞也觸及得到。莎翁提到瘋人分成幾種：

（一）詩人是瘋的；

（二）哲學家是瘋的；

（三）真正的愛人是瘋的。

柏拉圖比莎士比亞更早，他在《斐德羅》裡將「神聖的瘋狂」分為四種：第一種在阿波羅（Apollo）裡；第二種是狄奧尼索斯（Dionysus）那神秘的酒狂；第三種來自繆斯（Muses），即是詩人在世界上那種特殊的眼光；第四種是最重要的，就是愛情，來自阿佛洛狄忒（Aphrodite）。愛情是會令人瘋狂的。所謂「愛情的瘋狂」，其實在《會飲》已經出現過。《會飲》之中，阿爾喀比亞德的出現是與眾不同的，因為他對蘇格拉底的描述中流露了一種激情，那是一種超越常人的態度來的。為了愛情，渴望擁有一個人，能夠令一個人突然什麼都不願意做，只是思念。這跟我們的日常狀態是不同的，你可以說這是「瘋狂」。在熱戀、狂戀或是初戀的時候，我們真的會神不守舍，經常瘋瘋癲癲心不在焉，又覺一日不見，如隔三秋。因為愛人而令自己處於這樣的狀態，把日常生活完全倒轉。阿

爾喀比亞德也是這樣形容他和蘇格拉底的關係的。

現在我們回到《斐德羅》的故事。柏拉圖說，每個人就像一個馬車的駕馭者，這輛馬車有兩隻馬，一隻好馬一隻壞馬，人就是駕馭這兩隻馬的車伕。人如何使這兩隻馬並行，決定了他是朝向上升的路向，抑或是墮落的狀態。在這個馬車的神話裡，旨在說明人是要經歷很多考驗才能夠轉化，成為一個不朽而超越的靈魂。

柏拉圖時常強調，人生在世什麼都不好做的，除了做哲學家。讀哲學的話，你可以成為神，即使轉化也比常人來得快。普通人需要一萬年，哲學家只需三千年。這是因為哲學家接受訓練，懂得學習如何控制馬車的走向。他懂得如何把好的馬帶上去，透過渴求善的衝動，鍥而不捨地追尋。這種追求是一種「愛的瘋狂」（madness of love）。在這種「愛的瘋狂」裡，欲愛是以邁向真善美為目標的。問題卻是，如果那匹馬是壞的，則只會令人關心肉體或物質性的東西，那就是人的墮落之時，就算有一萬年也不能超升：

> 這樣的人一見到塵世的美，就回憶起上界真正的美，他的羽翼
> 就開始生長，急於高飛遠走；可是這時候他還是心有餘而力不
> 足，無法展翅高飛，於是他只能像鳥兒一樣，昂首向高處凝
> 望，把下界一切置之度外，因此被人指為瘋狂。（249d-e）[43]

這與「愛的階梯」相關。「愛的階梯」說一個人是如何上升的，而這個例子就說人是透過欲求真、善、美的能力而提昇自己向上。當我們提昇自己向上，我們就會忘記肉體的束縛。這種瘋狂，正是要抗拒我們肉體的欲望，令我們追求真正的美（true beauty）。這個「真正的美」，其實也在人裡面，柏拉圖以蘇格拉底的口說：

---

43. 柏拉圖著；王曉朝譯：《柏拉圖全集（第二卷）》（北京：人民出版社，2003年），頁164。下稱《斐德羅》。

當他看到真正美麗的、神明一樣的面孔或身體時，首先他會打寒顫，彷彿從前在上界掙扎時的惶恐又來侵襲他。他凝視著美麗的形象，心裏產生一種虔敬感，敬美如敬神，如果不怕別人說他迷狂到了極點，他就會向愛人馨香禱祝，如同面對神靈一般。（251a）[44]

請留意文中提及的「美人」，重要的是「美」而不是「人」。所謂「美人」，只是「美」的形象化與具體化。真正說來，是我們的「美」令我們的馬上升而不是下降。我們超越了肉體的欲望，並提昇到一個純粹精神的層面。只有這樣，人才能看到愛情的真正意義。箇中重點，是要看輕肉體的需要，而強調靈魂的上升。最簡單的說法是這樣的：我們的意欲是以真、善、美為目標的，而真、善、美本身就是幸福（happiness）與不朽（immortality）。真、善、美全部都是心靈的，是非形象的、非具體的、非物質性的東西。所以他說的「幸福」絕對不是我們所謂肉體的快樂。這是一種心靈上的喜悅，是在你見到真、善、美的時候心靈所展現出來的，當中沒有肉體成分。因此，如果能夠好好控制欲愛，人是會不朽的。

欲愛作為不朽的欲求

就因為這一點，柏拉圖跟整個希臘哲學傳統有一個根本的不同。他不再是德爾斐神諭所說的那種「認識你自己」（know thyself）—— 你是人，不是神。柏拉圖說的是：「對，我們是人，但我們同時可以是神。」我們是人，因此是會朽壞的；但是我們的靈魂令我們可以不朽。關鍵就在這個「靈魂」：你能否駕馭自己的靈魂，朝著理性的目的（真、善、美）而走，並不被肉體那些具體的欲望（食色之欲）拖著？當我們完全離開所有欲望與肉體的束縛，就會達到一個純粹靈魂的境界，因為靈魂令我們得

44.《斐德羅》，頁165。

以超越自己的朽壞與有限。人的肉體是有限的，但是人的靈魂卻是無限的，而無限就是不朽。這個境界，就是神的境界。

柏拉圖偉大的地方，在於他扭轉了希臘神話所呈現的的價值觀。在傳統的希臘神話裡，最大的罪惡是「驕傲」（Hubris），而驕傲也是基督宗教七宗罪中最嚴重的。基督宗教告訴我們，人類最大的罪惡就是想僭越做神。亞當與夏娃被驅逐出伊甸園，就是因為不聽上帝的話偷吃知識之樹的果子，獲得了創生的能力。這就是僭越，自以為是。在基督宗教裡，我們通常見到人的那種謙卑、低下。柏拉圖卻非如此，他認為只要由哲學家可以做皇帝，這樣世界就太平了，著名的「哲學王」（philosopher king）說法就是柏拉圖所創的。他肯定我們每個人都有理性的能力，我們是自己的主人，可以由理性決定走什麼路。肉體是我們需要克服的，也是可以成功克服的。我們透過自己的能力追求真、善、美，並達到那個境界的話，人就是神。這個說法帶來極大的影響，可以說是一場哲學上的革命。人的位置，就在這場哲學的革命之中得到了提昇。

第3章
古希臘傳統下的死亡 ── 塔勒托斯

3.1 希臘神話的冥界之神 ── 哈底斯

古希臘傳統的死亡觀對於柏拉圖有莫大的影響。在講述柏拉圖的死亡觀前，我先談談希臘傳統關於死亡的說法。

希臘神話傳統有兩個重要的死亡觀念：與愛情相同，一如愛神有兩個層面，一個是愛若斯，另一個是阿佛洛狄忒；死神也有兩個層面，一個是冥界之神哈底斯（Hades），一個是死亡之神塔勒托斯（Thanatos）。日後弗洛伊德講到生命本能（life instinct） 與死亡本能（death instinct），基本上即以此為框架。愛若斯就是生命本能，而塔勒托斯就是死亡本能。生命與死亡，永遠都是關係密切的。

在希臘神話中，哈底斯的力量很大。圖3-1這個作品描述的是哈底斯綁架珀耳塞福涅（Persephone）的故事。得墨忒耳（Demeter）是掌管大地與農業之神，祂的女兒就是珀耳塞福涅。曾有不少神祇前來求婚，但是得墨忒耳都沒有答應。本來珀耳塞福涅的生活平靜，某日突然被綁架到冥界與哈底斯成婚，從此被迫成為冥界的皇后。僅憑這個故事，我們大概可以知道哈底斯的力量。祂連諸神也不放在眼內，對於人類更是如此，因此（希臘）人特別厭惡哈底斯。就如荷馬在《伊利亞特》（*Iliad*）所說：「冥王哈底斯不息怒，不讓步，在全體天神當中最為凡人所憎惡。」（卷9，行158-159）[1]

---

1. In Homer. *The Iliad* (vol. 1), trans. A.T. Murray (Cambridge, Mass.: Harvard University Press; London: W. Heinemann, 1976-1978), p.393. 中譯本見荷馬著；羅念生、王煥生譯：《荷馬史

在希臘神話或者悲劇之中，無論是以「哈底斯」或「塔勒托斯」來象徵死亡，都是負面的意思。冥界之中，或是死亡，都沒有「報應」（retribution）這個元素。報應預設賞善罰惡、論斷是非的神祇或機制，令得人類死後會因著生前的行為而各有業報。但是希臘神話沒有這個元素，無論是英雄或是流氓，死後同樣都會踏上冥界之路。換句話說，死後並非不存在，而是存在模態的改變：生前在世界活動，死後在冥界流連。死亡並非毀滅，而是另一種形式的生存。

哈底斯是冥界之神。冥界是世界之下的地方，用中文的講法即是「地府」。祂的工作，就是管理所有死去的人。聯想到古代中國，我們很容易會以「閻羅王」類比哈底斯。但是希臘的「冥界」不同於中國的「地獄」，希臘的冥界沒有報應觀念，中國卻有。因為中國的地獄觀深受印度文化影響。閻羅王有一個很重要的責任，就是賞善罰惡。死亡不是終結，而是以輪轉的方式運作。在這個輪迴裡，善有善報，惡有惡報。好人生前積福，不但下世不用做豬做狗，甚至會快一點升天。

希臘的「冥界」觀念，在荷馬的作品中可以得到印證。我們知道《伊利亞特》最有名的英雄就是阿基里斯（Achilles），他因為摯友被特洛伊的赫克托耳（Hector）殺死，因此他報仇幹掉了赫克托耳。後來赫克托耳的弟弟特洛伊王子帕里斯（Paris）在太陽神阿波羅的指點下，用箭射中阿基里斯的腳踝，希臘最有名的英雄因此死去。

《奧德賽》（*Odyssey*）也有阿基里斯的記述。在《奧德賽》卷11，主角奧德賽路經冥界遇到阿基里斯，並對他說：

> 阿基里斯，過去未來無人比你更幸運，你生時我們阿爾戈斯人
> 敬你如神明，現在你在這裏又威武地統治著眾亡靈，阿基里斯

詩（一）伊利亞特》（臺北：貓頭鷹出版社股份有限公司，2000年），頁246。中譯本以「哈得斯」譯Hades，我以「哈底斯」代之，以求行文統一。

啊，你縱然辭世也不應該傷心。[2]

我們讀到這段話，也不知道奧德賽（又譯為奧德修斯）到底是真心讚美還是有意諷刺。而阿基里斯聽後，就回答說：

> 光輝的奧德修斯，請不要安慰我亡故。我寧願為他人耕種田
> 地，被雇受役使，縱然他無祖傳地產，家財微薄度日難，也不
> 想統治所有故去者的亡靈。[3]

阿基里斯哀嘆在冥界的處境，好像叫奧德賽不要再說了。

　　這些小故事側寫了希臘神話之下的死亡觀，人死之後會流落冥界，即使生為英雄，死後也會受到無窮無盡的折磨。雖然荷馬沒有仔細描述人的死後狀況，但是總體而言都是陰影般的存在（shadowy existence），沒有實在的身體。希臘時代尚無「鬼」的觀念，也無業報之說，總之人類死後，不管生前是好人或是壞人，英雄或是懦夫，都要流落冥界。但是神話中對冥界的描述大都模模糊糊，只知道是一個黑暗的地方。

　　所以說死亡也是一種存在狀態。不過這種狀態是很模糊的，沒有什麼實在性，只是一堆陰影似的存在。在哈底斯統治下的冥界，人就是如此這般存在著。

3.2 希臘神話的死亡之神 —— 塔勒托斯

希臘神話之中，還有掌管死亡的神祇：塔勒托斯。根據荷馬《神譜》的記

---

2. In Homer. *Odyssey*, trans. Robert Fagles (New York: Penguin Books, 1997), p.265. 中譯本見荷馬著；王煥生譯：《荷馬史詩（二） 奧德賽》（臺北：貓頭鷹出版社股份有限公司，2000），頁261。中譯本以「阿基琉斯」翻譯 Achilles，筆者為統一行文，以「阿基里斯」代之。下稱英譯本為 *Odyssey*，中譯本為《奧德賽》。

3. In *Odyssey*, p.265.《奧德賽》，頁261。中譯本「也不想統治即使所有故去者的亡靈」之「即使」疑為錯簡，筆者刪之。

載，黑夜女神倪克斯（Nyx）生了一對孿生兄弟，分別是塔勒托斯與許普諾斯（Hypnos）。許普諾斯是睡眠之神，將之與死亡之神掛勾，可見希臘人認為睡眠與死亡有關。人的死亡，大概就是一場更深入更漫長的睡眠而已。《神譜》所表達的正是這個觀念：

> 黑暗夜神之子 —— 可怕的睡神與死神也住在這兒。金光閃閃的太陽神無論在升上天空時，還是在從天空下行時，從不用亮光照向他們。睡神和平地漫遊陸地和寬闊的海面，對人類友好和善；死神則心如鐵石，性似青銅，不知憐憫，無論什麼人，他只要一抓住，就決不放手。即使不死的神靈看見他也惱恨。（行763-771）[4]

除了許普諾斯這名孿生兄弟，塔勒托斯還有一眾兄弟姊妹，都是負面東西的象徵，包括革勒斯（Geras, 象徵「高齡」）、奧匊斯（Oizys, 象徵「悲慘」）、摩羅斯（Moros, 象徵「命運」）、阿帕忒（Apate, 象徵「欺騙」）、摩墨斯（Momus, 象徵「指摘」）、厄里斯（Eris, 象徵「不和」）、涅墨西斯（Nemesis, 象徵「復仇」）等等。如果以為神話只是記述神怪故事，我們很容易就會錯失箇中的意義。事實上，神話往往是先民對於自然事物與人間現象觀念的投影，觀念是模糊的，這些觀念投射而成的神話人物卻是具體的。透過考察神話系統，我們得知古人之於死亡有何看法。例如死神的塔勒托斯，其兄弟姊妹都是象徵負面事物的神祇，反映希臘人對於死亡的負面態度，死亡會聯繫到「高齡」、「悲慘」、「命運」、「欺騙」、「指摘」、「不和」、「復仇」等東西之上。

---

4. Hesiod, *Theogony* 758 ff, trans. Evelyn-White, Greek epic C8th or C7th B.C.
   In Hesiod. *Works and days ; and Theogony*, trans. Stanley Lombardo (Indianapolis : Hackett Pub. Co., 1993), p.82. 中譯本見赫西奧德著；張竹明、蔣平譯：《工作與時日；神 》（北京：商務印書館，2009 年 ），頁 50。

3.3《吉爾伽美什史詩》中的「死亡」觀念

希臘傳統以外，《吉爾伽美什史詩》(*The Epic of Gilgamesh*)也是一部影響西方世界至鉅的作品。雖與柏拉圖沒有直接關係，但作為西方死亡觀的基礎是毫無疑問的。我在此簡單介紹一下。

《吉爾伽美什史詩》來自四大文明之一的美索不達米亞，史詩記述的歷史時期約在公元前2700前，很可能是世界上最早的文字作品。《吉爾伽美什史詩》原載於銘刻用的泥板，就像中國人的象形文字本來刻於龜板那樣。感謝眾多學者的功勞，將泥板上的古文字轉化為現代語言，再印在紙上成為書籍，我們今天才閱讀得到。(圖3-2)

這部書的重要，只要閱讀一下就會知道。平日我們讀《聖經》的舊約部份，原來不少故事的來源就是這部史詩。例如史詩有大洪水的章節，與《聖經》記述的「挪亞方舟」故事如出一轍。又如蛇的形象，在《吉爾伽美什史詩》與《聖經》同樣都是罪惡的，牠破壞了人獲取永生的可能。凡此種種，印證了《吉爾伽美什史詩》的奠基性質，即使後來的經典作品如《聖經》都有著它的影子。而我重視《吉爾伽美什史詩》，因為它極有可能是人類反思死亡問題的第一部作品。書中對於死亡的探求與不忍，現在讀來還是深刻動人。

《吉爾伽美什史詩》的故事，以主角吉爾伽美什與半人半獸的恩奇都(Enkidu)之間的友誼為中心而展開。兩人不打不相識，在戰鬥之中彼此結為好友。兩人歷經患難，合力殺死樹怪與天牛，成為了眾人心目中的英雄。後來恩奇都因殺死樹怪與天牛而被諸神懲罰病重而死，吉爾伽美什卻沒有受罰。恩奇都的死，令他開始反思死亡的意義，探索生命的奧秘。他的反思內容，都一一記載於這部史書之中。

在第八個泥板裡面，他因思索恩奇都而悲鳴：

聽吧，老人們，【而且傾耳聆聽】我來奉告！我朝著我的朋友

恩奇都哭弔，像個悲啼的婦女那樣激烈地哀號。斧在身邊放，【弓？】在手中操，眼前擺【盾牌？】，腰昌佩短刀。我的華貴衣服，我的豐富【的】惡鬼下了手，從我這兒搶跑。[5]

吉爾伽美什一句一句說出他的內心感受，字裡行間流露出強烈的不忍與痛苦。他在追問：為什麼一個人好端端的會突然死亡呢？

人生中，我們總有可能目送摯親離別。大概中學一年級時，我第一次見到親人死亡，那人就是我的祖母。那已經是數十年前的事，但至今我仍清楚記得祖母嚥下最後一口氣的樣子，之後一切停頓。原來，生命就是這樣了結。而我感受最深的倒是跟祖母同房的病人，他是位老人家，看到我祖母死亡的情況，他流露出一個怪異的表情。那表情既是悲哀，又是痛苦，我真的不懂如何準確描述。彷彿在說，自己離世之日亦復如是。這種感覺跟在殯儀館瞻仰遺容並不相同。「殯」是指入殮未落葬，是死和葬中間的那個階段。因此，殯儀館的世界已經粉飾過了，跟死時一刹的衝擊大不相同。那時我開始想到，人的生命真的會終結，日子走完了就步向死亡。為什麼會這樣的呢？當時我的這種感覺，跟吉爾伽美什的扣問大抵相類。

吉爾伽美什說到有個惡鬼下了毒手，從他身上取走了恩奇都的生命。這個惡鬼到底是誰？答案很簡單，就是死亡。死亡奪去了我朋友的性命。事實上，一切神話都會嘗試解釋一個問題：為什麼人要死？人應該可以不死的，但為人類確確實實是會死的，因此古人認為人死肯定是犯了某些錯誤。《吉爾伽美什》有這樣的想法，直到基督宗教也是這樣，《創世記》就嘗試解釋人類應該可以不死的，死亡是因犯錯而來的懲罰。

吉爾伽美什希望恩奇都的死是假的。他等待恩奇都復活，一天、

---

5. In *The Epic of Gilgamesh*, trans. Maureen Gallery Kovacs (Stanford, Calif.: Stanford University Press, 1989), p.70. 中譯本見趙樂牲譯著：《吉爾伽美什：世界第一部史詩》（瀋陽：遼寧人民出版社，1981 年），頁 69。下稱英譯本為 *Gilgamesh*，中譯本為《吉爾伽美什》。

兩天、三天……直到第七天蛆蟲自屍體中鑽了出來，他才無奈離開，然後發誓去找一樣東西：不朽。他展開迎的旅途，向烏特納比西丁（Utnapishtim）—— 大洪水的唯一生還者 —— 探索生死奧秘，但是烏特納比西丁卻對他說：

> 【睡著了的人】和死者是那麼近似難分。他們豈不是正將死的影像描摹，無論主人、奴僕誰也不知注定的【命運】，都是諸大神阿奴恩那奇（Anunnaku）到一起集會，分派他們命運的是瑪母梅瑙母，那司掌命運的女神。是他們把死亡和生命注定，因而，不可能知道死亡在哪天降臨！（行302-309）[6]

有句諺語這麼說道，"*mors certa, hora incerta*"（death certain, hour uncertain）的觀念。這句諺語的意思很簡單，就是說死亡是確定的，死亡的具體時間卻不確定。我們知道自己會死，但不知道是什麼時候會死。這是神在創造萬物時，留給人類一個神秘的謎題。雖然我們都肯定自己會死，但是都不會想到明天就是死期。可是我們任何時刻都有可能會死亡，死亡的時間不由人定。不說天災人禍，可能輕輕捽了一跤，就捽掉了生命；也可能汽車的煞車器失靈或輪胎沒氣，發生交通意外。死亡的時間，我不知道，你也不知道。神告訴你，你是不會知道什麼時候的。這是神給予我們的最大謎題。

3.4 希臘悲劇的人生觀 —— 以奧狄浦斯為例

既然死亡是負面的，那麼希臘人是否認為生命才是正面的呢？透過閱讀希臘的悲劇作品，我們知道答案是否定的。對於希臘人來說，尤其在悲劇裡，生命本身就是悲哀。

---

6. In *Gilgamesh*, p.93-94.《吉爾伽美什》，頁81。

古希臘劇作家索福克勒斯（Sophocles）創作了著名的戲劇《奧狄浦斯王》（*Oedipus the King*），這個劇作完全展示了希臘人的悲劇觀。用最簡單的說法，索福克勒斯的悲劇表現了命運與個人意志之間的衝突，而在這場衝突之中獲勝的肯定是命運。例如奧狄浦斯（又譯為伊底帕斯）被命運決定了弒父娶母，劇中人物大都不服命運安排而故意另謀出路，結果反而趨向了命運本身的安排，而奧狄浦斯一如命運決定殺了自己父親，娶了自己的母親並生兒育女。後來水落石出，事情真相漸露，奧狄浦斯知道自己真的弒父娶母之後，決定自挖兩眼、放逐自己離開國土以作懲罰。

《奧狄浦斯在科洛諾斯》（*Oedipus at Colonus*）是《奧狄浦斯王》的續篇，故事說的正是奧狄浦斯放逐之後的情況。其中一節，「歌隊評論」的文字確切地表達了希臘悲劇的生命觀：

> 一個人最好是不出生，既出生了，求其次，早死早好。因為，輕浮的青年時期一過去，什麼痛苦他能倖免？什麼勞累他能不受？嫉妒、內訌、紛爭、戰鬥、謀殺，最後，那個極端可恨的老年到了，衰弱無力，沒有親戚，沒有朋友交往，各種各樣的不幸，糾纏著他。（行 1227-1238）[7]

在希臘悲劇的世界裡，生存是痛苦而無奈的。既然如此，希臘人的生死觀即是生存既苦，死亡亦悲，人類的命運彷彿就是無盡的痛苦，直至死後世界也不得超脫。於是柏拉圖死亡觀帶來的革命性實在不容忽視，他肯定了人類（理性）的地位，在他的理論下，人雖然會死亡，卻可達致靈魂不朽。死亡不是什麼值得恐懼的事情，我們可以憑藉自身的努力，昇華到更高的境界。

---

7. In http://www.textetc.com/workshop/wt-sophocles-3.html. 中譯本見張竹明譯：《古希臘悲劇喜劇全集（2）索福克勒斯悲劇》（南京：譯林出版社，2007 年），頁 206-207。

3.5 奧菲士教與畢達哥拉斯學派 —— 被肉體禁錮的靈魂

柏拉圖的學說同時也承襲了當時一個重要的想法：Soma Sema。Soma 是肉體，Sema 是監獄，Soma Sema 說的是「肉體是靈魂的監獄」，靈魂在肉體裡被禁錮著。這個想法源自奧菲士教（Orphism），他們相信人有兩個部份：靈魂與肉體；而兩者的關係正如上述，肉體是靈魂的監獄。柏拉圖的死亡觀，可說是這個教派的變型。

奧菲士教約於公元前六世紀誕生，以神話人物奧菲士（Orpheus）為宗。因為奧菲士曾經下達冥界而又能回到人間，這與奧菲士教的「轉世」（reincarnation）相合。為什麼奧菲士能夠下達冥界而又重回人間呢？故事是這樣的：奧菲士是出色的音樂人，他的演奏能夠讓草木動情、野獸馴服，諸神都妒忌他的才能。他有一位絕色的愛人歐利蒂斯（Eurydice），卻不幸被毒蛇噬足而亡。奧菲士極度傷心，走到冥界用琴聲打動哈底斯，並懇求哈底斯贖點歐利蒂斯的性命。哈底斯答應他，但有一個條件：離開冥界之前不可回望。冥界之途將盡，他為求確定愛人真的就在身後，回望了一眼，就是這一眼，歐利蒂斯重墮冥界的無底深淵，永遠永遠地消失了。（圖3-3）

這個教派亦以狄奧尼索斯（Dionysus）與珀耳塞福涅（Persephone）為尊。跟赫西俄德的《神譜》的略有不同，狄奧尼索斯是宙斯與珀耳塞福涅的嗣子，兩人都打算傳位給他。泰坦（Titans）眾神謀害這位嗣子，將狄奧尼索斯嚼成碎片。雅典娜（Athenas）及時搶回狄奧尼索斯的心臟，交給宙斯，由宙斯再造一個新的狄奧尼索斯出來。其後泰坦神受到宙斯用雷電擊射而成粉末，這些粉末再經揉搓就成為了人類。因此，人類同時具體神性與獸性的部份，神性的部份源自狄奧尼索斯，獸性的部份源自泰坦眾神。我們的靈魂是神性的，肉體是獸性的，人類就是靈魂與肉

體的給合。

概括而言，奧菲士教的教義重點有二：第一是相信轉世之說，第二是相信肉體是靈魂的監獄。柏拉圖的死亡哲學則同時具備了這兩大元素。

影響柏拉圖的還有畢達哥拉斯學派（Pythagoreanism）。著名的畢氏定理（Pythagorean Theorem）就是由畢達哥拉斯所創立，也就是直角三角形的直角兩邊長平方之和等同於斜邊的長度平方。有趣的是，畢達哥拉斯開創的不僅是談論知識的學派，還可以說是一個宗教。

他們相信靈魂的輪轉（transmigration of souls）。在宇宙萬物之中，人的靈魂會不斷流轉。如果被扣留在某個環境之中，就要靠一些特殊的力量將靈魂解放出來的。他的殘篇有說：狗在吠，他卻覺得是自己的朋友囚禁在狗的肉體之中而哭訴著。總之，這個學派認為人的靈魂是周圍流轉的，人在死亡的時候，靈魂就流轉到其他事物身上。那麼，如何能逃避肉體的囚禁呢？我們所依靠的，就是某種神秘的方式，讓靈魂得以潔淨，藉此擺脫肉體的羈絆。這個說法，可謂柏拉圖「靈魂不朽」理論的先聲。

以上就是有關柏拉圖死亡哲學的背景。

第4章
柏拉圖《斐多》中的死亡思想

4.1 蘇格拉底之死

閱讀柏拉圖的作品，首先要注意他身處的時代。那個時候，神話世界
與現實是相融的，希臘人走到神廟之中，不會覺得那是怪力亂神。對
於他們來說，神祇是確實存在的，並會介入他們的生活。神人關係牽
涉到一個極重要的哲學問題，那就是自由意志（free will）與決定論
（determinism）的問題。人是自由的？還是被決定的？如果人類的行為
早已被決定，我們本身的行為還有意義可言嗎？在決定論之下，我們需
要為自己的行為負責嗎？倒過來說，如果說人有自主性，那麼我們面對
各種不由自主的情況，又該如何解釋呢？是否有神祇在人類背後操控世
事，而人類只是神的棋子而已？

蘇格拉底的審判

在這場討論之中，蘇格拉底肯定了人的地位。公元前399年，他被控迷
惑年輕人，教唆他們不信其他神祇，而引進了新神。這個「新神」到底是
什麼？蘇格拉底不是耶穌，沒有引進耶和華統治希臘城邦；他引進的「新
神」，其實就是作為主體的「人」。作為主體，人有獨特的主宰性，可以自
主個人生命，成就不朽。這種「人」的觀念是前所未有的。就算是畢達哥
拉斯，他肯定的輪迴終究是神秘力量，人類無法掌控當中的法則。蘇格
拉底最大的貢獻，就是將哲學的討論從宇宙拉到人間，確定人的地位。
柏拉圖繼承他的說法，進而肯定人的命運可以自主，人類可以超越自

我，成就不朽。這種轉變是革命性的，他令人覺得自己可以把握未來的人生路向，命運非由神祇決定。柏拉圖正是扭轉神人關係的關鍵人物。

雖然蘇格拉底有偉大的貢獻，但是在雅典的公開審訊下，多數裁判投票決定判蘇格拉底死罪。對於柏拉圖來說，這是個極大打擊。他認為從中可見民主制的缺點，因為民眾大都是沒有理智的，以無理智的民眾決定城邦的命運，是愚蠢的決定。城邦的統治應以理性為依歸，而理性的體現正是學習哲學經年的哲學王（philosopher king）。城邦若以哲學王為統治者，必然大治。這是柏拉圖《理想國》的要旨。現在我們主要談論死亡，關於政治的課題也就按下不表。

蘇格拉底在公元前399年受審，受審的過程後來經柏拉圖重構，成為了流傳後世的《申辯》（*Apology*）。我重申一次，"*Apology*"不是英文的apologize。蘇格拉底並非道歉、認錯。若這樣理解的話，就會與蘇格拉底的意思相反。在這裡，"*Apology*"意指辯護，乃是蘇格拉底據理力爭，申論自己的立場。細心閱讀這篇《申辯》的講辭，蘇格拉底的語氣絕無半分歉意，反而甚多委婉的諷刺說話，奚落對手，刺激裁判團的思考，也刺激了他們的情緒。如果在今天，有人在法庭申辯時表現如蘇格拉底一般，肯定也會被判有罪，因為這種表現過分囂張。然而，這裡所謂的「囂張」恰恰是他的表現方式，他故意以反諷的語氣展示他那種「無知之知」的哲學態度。

蘇格拉底的無知與反諷

蘇格拉底在答辯時開宗明義說明，他蒙上了不信神的惡名，原因在於他具備了某種智慧。這種智慧就是「無知之知」。某日，他跟朋友走到德爾菲神廟，朋友藉祭司問神明：到底有沒有人比蘇格拉底更有智慧？女祭司答沒有。結果蘇格拉底疑惑，他自問無大智慧，卻又深信神祇不會存心欺騙，那麼「最有智慧的人」當作何解？於是他抱著懷疑的態度逐一

訪問各式號稱有智慧的人，例如政治家、詩人、工匠等等。最後他明白了，原來他優於別人的地方在於他清楚自己的無知，其他人雖然同樣無知，卻強以為有知。他比較自己與政治家的分別：

> 我們兩人都無任何知識值得自吹自擂，但他卻認為他知道某些他不知道的事情，而我對自己的無知相當清楚。在這一點上，我似乎比他稍微聰明一點，因為我不認為自己知道那些我不知道的事情。（21d）[1]

這就是著名的「無知之知」。這個概念有何特別？其實就是知道的事說知道，不知道的事說不知道而已，這是三歲小孩也懂的事，有何哲學意涵？蘇格拉底當然不是這個意思。表面上看，政治人固然懂得修辭、詩人當然懂得寫詩、工匠肯定會做各式木工；但是他們知道什麼是「知」嗎？當我們問到「知不知道」某樣東西／某件事物的時候，我們追問的是有普遍性的定義。例如問到「什麼是公義？」，如果答「不偷竊就是公義」、「欠債準時還錢是公義」等等，固然我們可以表示認同，但是上述的答案都是個別的，沒有觸及「公義」的本質。蘇格拉底所追問的，正是事物背後的本質，這是決定事物之為事物的真理。一般人往往知其然，而不知其所以然；只知道事物的表象，而不知道事物背後的理據。蘇格拉底關心的都是普遍的問題，例如「什麼是善？」、「什麼是美？」、「什麼是勇敢？」、「什麼是公義？」等等，這些問題都不可以靠指陳的方式就能完滿解答。

關於《申辯》的內容，我不能一一詳細講解。我的重點還是「死亡」。當時蘇格拉底假設有人問道：

---

1. In Homer. *The Iliad* (vol. 1), trans. A.T. Murray (Cambridge, Mass.: Harvard University Press; London: W. Heinemann, 1976-1978), p.393. 中譯本見荷馬著；羅念生、王煥生譯：《荷馬史詩（一）伊利亞特》（臺北：貓頭鷹出版社股份有限公司，2000 年），頁 246。中譯本以「哈得斯」譯 Hades，我以「哈底斯」代之，以求行文統一。

有人或許會說，蘇格拉底，你做了一系列事情使你面臨死刑的
危險，你不感到懊悔嗎？（28b）

面對這種質詢，他回答得斬釘截鐵：

對此我會公正地回答說，我的朋友，如果你認為一個人要在掂
量了生存與死亡之後才決定是否值得做某件事上花時間，那麼
你錯了。他在採取任何行動時只考慮一件事，這就是他的行動
是否正確，無論善人還是惡人都一樣。（28b）[2]

顯然，蘇格拉底考慮的不止於生死，生死之外還有合宜與否的問題。直
道而行，生死可以置諸度外。他繼續說：

先生們，讓我來告訴你們，怕死只是不聰明而以為自己聰明、
不知道而自以為知道的另一種形式。沒有人知道死亡對人來說
是否真的是一種最大的幸福，但是人們害怕死亡，就好像他們
可以肯定死亡是最大的邪惡一樣，這種無知，亦即不知道而自
以為自己知道，肯定是最應受到懲罰的無知。（29a）[3]

他的話如針一般刺激著希臘人。我們讀過希臘傳統的死亡觀，無論是哈
底斯或塔勒托斯的死亡形象，都是邪惡的象徵。現在蘇格拉底貫徹「無知
之知」的立場，問到「為什麼死亡是邪惡呢？」不知道死亡的意義而強以
為知，是最無知的表現，蘇格拉底更以強硬的語氣表示這是「**最應受到懲
罰的無知**」，可見他對死亡問題的重視。在他以前，死亡都是邪惡的，屬
於人生的負面，死亡即是人生的清除；在他以後，加上柏拉圖的影響，
死亡有了正面的意義。在《申辯》中，蘇格拉底的死亡觀尚未完全表現出
來，只有零碎的說法。較完整的說法在《斐多》，稍後我們會討論得到。

假設希臘人不判他死刑，只是要求他安安靜靜不再騷擾他人，蘇格

---

2. 《申辯》，頁 16。

3. 《申辯》，頁 17。

拉底說這也不能接受。他的意志堅定，不肯放棄個人的生活方式，如有機會仍會繼續在街頭跟年輕人討論哲學問題。《申辯》的記述寫得相當精彩：

> 也許有人會說，沒錯，蘇格拉底，你離開我們以後，不要多管閒事，安安靜靜地過你自己的日子。（蘇格拉底答）如果我說這樣做違背神的旨意，那麼要使你們中的某些人明白這一點是最困難的事，這就是為什麼我不能「不管閒事」，你們不會相信我是認真的。另一方面，不可一日不談論善和其他各種主題，你們聽到我和其他人談論和考察這些事情，這確實是一個人能做的最好的事，不經受這種考察的生活是沒有價值的，如果我把這些話告訴你們，那麼你們更加不會相信我。無論如何，先生們，事情就是這樣，我說過，要你們確信是不容易的。此外，我並不習慣認為自己該受懲罰。如果我有錢，我會提議一筆我付得起的罰金，因為那樣並不會給我帶來任何傷害。可是事實上我不能這樣做，因為我沒有錢，除非你們把罰金的數量定在我能付得起的範圍內。我想我可能付得起1明那。我提議罰款1明那。等一會兒，先生們。柏拉圖在這裏，還有克里托；克里托布盧和阿波羅多洛，他們要我提議罰款30明那，他們願意為我擔保。那好，我同意，你們可以信賴這些先生，他們付得起這筆錢。（37e-38c）[4]

柏拉圖在作品之中出現，這是第一次。柏拉圖的形象是位年輕人，而且出身富庶，又願意花錢拯救蘇格拉底。可惜他願意付錢也沒有用，蘇格拉底已被判處死刑。

---

4. 《申辯》，頁27-28。

以理性態度面對死亡

在西方文化史上，蘇格拉底是第一位以理性的態度面對死亡的偉人。所謂理性態度，是說他客觀地分析死亡的各種可能情況，最後發現所有情況都不值得懼怕，面對死亡也就坦然無懼。根據他的分析，死亡只有兩個可能：

> 死亡無非就是兩種情況之一。它或者是一種湮滅，毫無知覺，或者如有人所說，死亡是一種真正的轉變，靈魂從一處移居到另一處。（40c）[5]

一種是無夢之眠，一種是靈魂轉移，兩者都不值得恐懼。

如果死亡是無夢之眠，那就是一場不會作夢的大睡眠。平日我們都會睡覺，睡覺本身沒有什麼大不了，死亡只是延長了睡眠的時間，令人不會醒來而已。人生在世，活夠了，好好睡一場覺，這是多令人高興的事！人死如燈滅，死後歸於無有，如是而已。如果死亡是靈魂轉移，那麼就像輪迴一樣，人會流轉到另一個地方。在我以前已有無數的人類死過了，他們都會在那個地方，我死後可以重遇他們，跟他們聊聊天，這是多麼有趣的事！死亡或是無夢之眠，或是靈魂轉移，兩者都是好的東西。因此，死亡並不值得懼怕。

從道德的觀點看死亡

蘇格拉底可將生死置諸度外，但有一樣東西一直默存於心，那就是公義。他不害怕死亡，死亡既屬必然，而兩種可能情況既為好事，根本無事可怕；他擔心的倒是自己的生命活得有無意義，能否踐行公義。若然，則更安然無懼。對於蘇格拉底來說，罪惡比死亡更值得人類重視：「先生們，逃避死亡並不難，真正難的是逃避罪惡，這不是拔腿就跑就

---

5. 《申辯》，頁 30。

能逃得掉的。」（39b）[6]用中國人的話說，這就是「平生不作虧心事，半夜敲門也不驚」。好人是不怕死的，不是因為好人有好報，惡人有惡報，那是福報問題；蘇格拉底展現的是道德問題，即是一個正義的人，即使面臨死亡也坦蕩蕩無所畏懼。就算蘇格拉底死後要落地獄，亦無減損他的人格一絲價值。

就在《申辯》的最後，蘇格拉底的話還是貫徹了自己的個人風骨與哲學立場：「我們離開這裏的時候，我去死，你們去活，但是無人知道誰的前程更加幸福，只有神才知道。」（42a）[7]蘇格拉底被判死刑，死亡是肯定的了。是否這就是不幸？他貫徹「無知之知」的立場，不置可否；不過言語之間展現的傲骨已經充分說明他沒有一絲懼怕。死亡就是死亡，坦然面對即可。

《申辯》以此作結，其中的蘇格拉底並無一套完整的死亡哲學理論。他有的是（無懼的）態度而已。直到柏拉圖繼承種態度，再賦以理論的證成，一套完整的死亡哲學才告誕生。其具體內容就在《斐多》（Pheado）。

4.2 柏拉圖的《克里托》——生命與正義的衝突

在討論《斐多》之前我們先說《克里托》（Crito）。

《克里托》是《申辯》之後的篇章，故事論述蘇格拉底被判刑之後的情況。蘇格拉底被判刑之後，坐在船上靜靜等待死亡的來臨。當時希臘的朝聖大船出發往外在這艘船回來之前，任何犯人都可暫緩處死。因此蘇格拉底有大概一個月的間隙，這時他的朋友也設法營救蘇格拉底。其中一個朋友就是克里托。他計劃用錢賄賂獄卒，之後接濟蘇格拉底到雅典

---

6. 《申辯》，頁 29。

7. 《申辯》，頁 32。

以外的地方生活。整篇文章，就是克里托不斷遊說蘇格拉底逃獄、而蘇格拉底以理反駁的故事。

克里托的言辭既誘之以利，又動之以情。他指出蘇格拉底應該保留自己活命，不能讓敵人隨意就毀掉自己。繼而他說蘇格拉底這樣死掉的話，朋友會傷心，兒子年幼乏人照顧，亦有負於妻子。克里托進而指出收買獄卒不難，他可以收買那些獄卒，讓蘇格拉底逃走。面對朋友的好言相勸，蘇格拉底依舊是以道理行事處世。他說：「**真正重要的事情不是活著，而是活得好……我們必須考慮未經官方許可就逃走是否正當。**」（48b）[8]接著，蘇格拉底環繞「正當」概念，逐步反駁克里托的說法。他說自己既然被判死刑，無法再照顧妻兒，城邦自會負責他們日後的生活，這是城邦的律法所肯定的，所以關於妻兒的事不用擔心。最關鍵的是罰金的問題，蘇格拉底當然感謝朋友的設法營救，但是這種營救方式對他來說是不正當的。他熱愛希臘城邦，極度重視城邦的法律，所以不願自己出走而破壞了城邦的律法，即使城邦的判決是不對的。既然城邦依足程序判處死刑，他就不能推翻（古希臘城邦的法律沒有上訴機制，不像現代社會）。逃走是不當的行為，蘇格拉底堅決不肯離開。

蘇格拉底展現了人類的尊嚴，也展示了道德的價值所在。正如他的話：「**真正重要的事情不是活著，而是活得好。**」這種態度與中國的儒家思想相類，同樣認為正義的價值高於生存。面對生存與正義的兩難困局時，儒者會毫不猶豫捨生取義。為正義而死，勝於逃避責任而苟且偷生。同理，如果那是合宜的話，蘇格拉底絕不會逃避死亡。

生命與正義的衝突，蘇格拉底已經有了選擇。接下來仍然要面對死亡的意義問題。就當我們不懼死亡，但我們仍然會追問死亡的意義：一

---

8. 柏拉圖著：《克里托篇》，收於王曉朝譯：《柏拉圖全集（第一卷）》（北京：人民出版社，2002），頁 41。以下簡稱《克里托》。

個人在世，短短數十年寒暑之後就歸於無有，那麼我們的生存又有何意義？

　　這個問題，柏拉圖沒有在《克里托》回應。他將答案寫在《斐多》。

4.3 柏拉圖的《斐多》——靈魂不朽

在西方哲學上，《斐多》是第一部提出「靈魂不朽」（immortality of soul）的哲學著作。《斐多》更是首部以哲學論證方式肯定靈魂不朽的著作，論證共有四個，以下我會講到。坦白說，我們現時分析這些論證，會發現它們其實不太有力。說到最後，靈魂不朽還是很難以經驗驗證，終歸要訴諸信念。

靈魂不朽與肉身復活

我想首先澄清某些誤解。有人以為「靈魂不朽」出於《聖經》，這是錯誤的。查核整部《聖經》，我們也不會找到靈魂不朽的說法。基督教徒以為靈魂不朽是《聖經》的說法，原因是奧古斯丁受到柏拉圖的思想影響，將柏拉圖的想法融入於《聖經》的詮釋之中。因此以「靈魂不朽」詮釋《聖經》是後出的，《聖經》本身無此說法。耶穌復活是「肉身復活」（resurrection of the body），不是靈魂不朽。根據《聖經》記載，耶穌為世人的罪而死，死後三日復活。他復活後，身體還是存在的，十字架上的釘痕仍然清晰地留在他的手上，門徒可作見證（路加福音24：38-40）。對於基督宗教來說，人的死亡並非終點，死亡是等待另一次生命的出現，那是耶穌基督第二次來臨世界，也就是大審判。根據《啟示錄》的記載，被審判後的信徒，宣佈為義人之後，就會有新的形象，新的身體。這個「身體」是什麼？不知道。這個身體需要吃飯嗎？不知道。還需要呼吸嗎？不知道。《聖經》記述不多，我們只是知道我們仍有這具身體，不是靈魂不朽。

西方文化史上兩大偉人之死 —— 耶穌與蘇格拉底

現在我們解讀《斐多》。柏拉圖以一貫的回憶手法展開文章，由厄刻克拉底（Echecrates）提問斐多開始：「蘇格拉底死的時候，斐多，你當時與他在一起，還是從別人那裏聽說這件事？」（57a）[9]斐多說自己當時在蘇格拉底身旁，並將詳細情況一一告知厄刻克拉底。

文章記載了蘇格拉底的妻子，十分有趣。

> 我們走到裏面，看到蘇格拉底剛剛卸去鐐銬，（蘇格拉底之妻）克珊西帕（Xanthippe）坐在他身邊，你們知道她是誰，膝上還坐著他們的小兒子。克珊西帕一看到我們進去，禁不住大聲哭泣起來，「噢，蘇格拉底，這是你最後一次與你的朋友在一起談話了！」你們可以想像得出來，女人都是這個樣子的。（60a）[10]

或許大家聽聞過蘇格拉底跟他的妻子的故事：蘇格拉底的妻子太惡，他每次說話都被妻子潑水，只好到市場流連，與青年人談論哲學問題，終於成就了一代哲人的不朽傳奇。當然這是不可信的。事實恰恰相反，蘇格拉底是權威，他要說話就會趕走女人。這與《會飲》一樣，宴會開始講話，女人也要全部離開。因為這是成年男人的話題，「死亡」和「愛情」都是嚴肅莊重的課題，只有男人可以討論，女人是不用參與的。這是希臘典型的性別觀念：女人哭哭啼啼，根本無力面對死亡，只有男人有勇氣有智慧坦然面對死亡。如果男人也哭哭啼啼，根本就與女人無異。眾人為蘇格拉底的死而哭泣，唯獨蘇格拉底本人表現出哲學人的不屈。這個形象，後來成為了哲學人的典型。

西方文化傳統之中，有兩個人的死亡很重要：一是蘇格拉底的死，另一個則是耶穌的死。蘇格拉底是人，但死的時候是神；耶穌則是神，

---

9. 《斐多》，頁 52。

10.《斐多》，頁 55。

但死的時候是人。

耶穌被釘十字架上，表現的是承擔人類罪孽的痛苦。2004年，由梅爾‧吉勃遜（Mel Gibson）執導的電影《受難曲》（*The Passion of the Christ*），完完全全暴露了耶穌死時的慘況。被鞭打全身的傷痕、被釘十字架的痛楚、死時斷氣的掙扎，電影一一呈現出來，彷彿要告訴讀者，耶穌經歷過人的痛楚，祂也是個人，嘗過了人間的最痛。雖然是神，但是祂死的時候是人。

與此相反，蘇格拉底死的時候是神。眾人都為蘇格拉底的死而哭泣，唯獨他一個人充滿信心。芸芸畫作之中，以雅克-路易‧大衛（Jacques-Louis David）的最為形象鮮明。當其他的人在神傷、哭泣的時候，蘇格拉底卻堅定地一手指天，一手拿毒藥。這顯出蘇格拉底的信心，深信死後不是滅亡，而是生命的轉型。這也是《斐多》的信息，甚至在《理想國》也不曾如此清楚而強烈。這個信息是什麼？信息就是明確說明哲學家的天職。《斐多》表現得斬釘截鐵，哲學家的天職，就是學習面對死亡；而死亡只是靈魂離開肉身而已。透過蘇格拉底，我們知道一個哲學人應該如何面對自己的生命，如何面對自己的死亡。有了理性的態度，死亡不再可怕，我們面對死亡即可變得坦然。

說到耶穌與蘇格拉底的死，我們還可以他們臨終的話為線索，探討兩者有何差別。根據《路加福音》記載，耶穌臨終時是這樣的：「**耶穌大聲喊著說：父阿！我將我的靈魂交在你手裡。說了這話，氣就斷了。**」（路加福音23：46）耶穌死時說到交托靈魂給天父，反映耶穌對死亡的看法：死亡的終結並不在我，而是在神的那方。因此推論，世人的生命也是掌握於上帝手上，甚至身為人子的耶穌亦不例外。蘇格拉底不同，死亡的終結就在自己。《斐多》記述蘇格拉底死時的狀態，他拿著毒酒的時候，還向監刑官半開玩笑說要用作奠酒，因為他要向諸神謝恩。玩笑過後，他鎮靜地拿起酒杯一飲而盡。監刑官說吃藥後腳會慢慢麻痺，慢慢就會

失去知覺，蘇格拉底果然如此，漸漸失去知覺躺了下來。當大家以為他死了，有趣的事情發生了：

> 蘇格拉底的臉上被蓋了起來，但當他的腰部以下都已冷卻時他揭開了蓋頭，說出了他最後的話：「克里托，我們必須向阿斯克勒庇俄斯（Asclepius）祭獻一隻公雞。注意，千萬別忘了。」「不會忘，我們一定會這樣做的」，克里托說，「你肯定沒有別的事了嗎？」蘇格拉底沒有回答，過了一會兒，他微微地動了一下。當那個監刑官揭開他的蓋頭來看時，他的眼睛已經無光了。
> （118a）[11]

死亡之前，蘇格拉底還是不忘希臘祭典的儀節，顯示了他對希臘城邦的熱愛，至死仍然堅守希臘祭典的儀節，至死亦不可廢。由始至終，蘇格拉底沒有求諸外力，憑藉的是自身的理性，坦然而對自身的死亡；耶穌則憑藉上帝的力量，堅忍地捱過各式煎熬。一個求諸上帝，一個純憑自力，這就是神子與英雄的分別。

　　無論是神子式的死亡，或是英雄式的死亡，兩人都是不朽的。為什麼我可以在香港中文大學講授蘇格拉底與耶穌的哲學？他們不是已經死了嗎？不錯，他們真的已經死亡，但是他們的言行卻有不朽的價值。我相信50年後仍然有人講授他們的哲學，100年後亦然，只要人類尚未毀滅，數百年後仍然會有人教授他們的哲學。因為他們展示了人類文明之中的價值。

死亡 —— 靈魂離開肉體

現在我們回到柏拉圖的《斐多》。他藉蘇格拉底的口，為「死亡」下定義：

> 死亡只不過是靈魂從身體中解脫出來，對嗎？死亡無非就是肉

11.《斐多》，頁132。

> 體本身與靈魂脫離之後所處的分離狀態和靈魂從身體中解脫出
>
> 來以後所處的分離狀態，對嗎？除此之外，死亡還能是別的什
>
> 麼嗎？（64c）[12]

這就是說，死亡是我們的靈魂和肉體完全分開。這種死亡觀跟《申辯》的不同。《申辯》之中，死亡是無夢之眠或靈魂轉移；《斐多》卻從人的結構討論死亡，認為死亡是靈魂離開肉體。確立了這種死亡觀點之後，柏拉圖順勢為哲學家的天職下了定義：

> 普通民眾似乎無法理解，那些以正確的方式真正獻身於哲學的
>
> 人實際上就是在自願地為死亡作準備。如果這樣說是正確的，
>
> 那麼他們實際上終生都在期待死亡。（64a）[13]

在西方哲學史上，這是首次有人定義哲學家的天職。哲學是什麼？就是學習如何死亡。哲學家的天職即在以理性的態度分析死亡，之後坦然而對。如果我們以希臘神話那種負面的態度看待死亡，柏拉圖的定義顯然是荒謬的，他好像說讀哲學的人就是等死。但請注意，柏拉圖並不認為死亡是生命的終結，他認為死亡是真正生命的開始。哲學就是學習死亡，學習如何進入一個真的生命。一日你未離開自己的肉體，你的生命還不是純淨的；哲學活動就是將未純淨的部份，進行清洗與淨化。當死亡來臨的時候，一個哲學家應該是欣然接受的。就在死亡的當下，靈魂久經哲學的淨化而變得美善，現在永遠離開肉體，而邁向一個永恆幸福的世界。

　　有趣的是，蘇格拉底的朋友都不相信他。根據柏拉圖的記述，圍繞著他的人都神情哀傷，悲痛欲絕。為什麼？這正是柏拉圖對話錄有趣的地方，就是柏拉圖本人對某些問題仍然未有定案。死亡之後，靈魂可以

12.《斐多》，頁 61。

13.《斐多》，頁 60。

在不朽的國度裡，這個說法與其說是知識，不如說是信念。這個信念是否成立？柏拉圖留下了一個伏筆，沒有作出一錘定音的論述。畢竟人的死亡會為周圍的朋友帶來痛苦，這是人性使然。即使蘇格拉底超越了人之常情，但是否這樣就可以不朽呢？或許就像《申辯》的記述，答案無人知曉。

即使靈魂是否可以不朽尚有爭論，「身體」的理論地位卻早被柏拉圖貶視了。這個靈魂／身體的二元框架，決定了往後二千年哲學的發展路向。《斐多》記述蘇格拉底與西米亞斯（Simmias）的對話：

「那麼好吧，我的孩子，來看看你是否會贊同我的意見。我想這會幫助我們找到問題的答案。你認為一個哲學家關心與飲食相關的快樂是否正確？」

「肯定不正確，蘇格拉底。」西米亞斯說。

「關心性事方面的快樂又怎麼？」

「這樣做不對，不可能正確。」

「我們會關注的身體的其他方面需要嗎？你認為一名哲學家會強調這些需要的重要性嗎？我指的是漂亮衣裳和鞋子，以及其他身體的裝飾品，你認為哲學家會看重這些東西還是輕視這些東西？我指的是在他並非真正需要的範圍內去追求這些東西。」

「我想真正的哲學家會輕視它們。」西米亞斯說。

「那麼這就是你的基本看法，哲學家並不關心他的身體，而是盡可能把注意力從他的身體引開，指向他的靈魂，對嗎？」

「對，是這樣的。」

「所以事情很清楚，在身體的快樂方面，哲學家會盡可能使他的靈魂擺脫與身體的聯繫，他在這方面的努力勝過其他人，對嗎？」

「似乎如此。」(64d-65a)[14]

整段文字說的都是身體的問題。他先從哲學家的定位著手，指出身體的各式欲望都是不必要的，身體的欲望只會拖累靈魂，令人的理性不能如常運作。我們認真想想，這種想法是很有趣的。如果有一種存在者是沒有手腳、不用吃飯、不用睡覺的，純粹是精神的存在，那會是怎樣的呢？想著想著，我們現今已經存在著這種東西，就是我們的電腦。例如我們說到的「網上空間」，那是個怎樣的空間呢？事實上他不佔我們的具體空間，但是卻能存放大量的資訊，好像圖書館會將四庫全書轉為電子檔，既方便儲存，亦方便查閱。而且電腦不會鬧情緒，不會因為一時心情不快而影響表現，一切都是依程式而決定，而程式的運作都是以理性為根據。我只想問：如果人類可以活得像電腦一樣，生活是否就會變得美好？

或許說得遠了。柏拉圖的年代還沒有這樣的問題。他關注的是身體的負面影響。身體所帶來的七情六欲會影響靈魂如理運作，因此一個理性的人（哲學家）絕不應該受感性／身體影響，而應該堅守自己的理性／靈魂，讓理性／靈魂變得純粹，這樣人類才能達致絕對的真善美。就像蘇格拉底所說：

> 首先，身體在尋求我們必需的營養時向我們提供了無數的誘惑，任何疾病向我們發起的進攻也在阻礙我們尋求真實的存在。此外，身體用愛、欲望、恐懼，以及各種想像和大量的胡說，充斥我們，結果使得我們實際上根本沒有任何機會進行思考。……我們實際上已經相信，如果我們想要獲得關於某事物的純粹的知識，我們就必須擺脫肉體，由靈魂本身來對事物本身進行沉思。從這個角度判斷，只有在我們死去以後，而非在

14.《斐多》，頁61。

今生，我們才能獲得我們心中想要得到的智慧。（66c-66e）[15]
簡而言之，肉體就是拖累，它帶來的欲望與情緒都是理性的敵人，妨礙人類作出正確的決定。在這種理性主義的觀點下，感性是負面的，免除一切感性的干擾是必不可少的目標。只有在這種情況下，人類的生命才得以變得純淨，才有機會獲得真正的智慧。

關於「靈魂不朽」的四大論證

在否定身體的理論地位之後，柏拉圖進而肯定靈魂是可以不朽的。他先後提出了四個不同的論證。在以下的段落裡，我會逐一說明清楚。

第一個論證：對立循環

蘇格拉底的第一個論證是「對立循環」（the cycle of opposites）。克貝（Cebes）提到自己害怕死後的靈魂會煙消雲散，消失得無影無蹤。為了排解他的擔憂，蘇格拉底就提出了這個論證。他指出世上的事物都是以對立的方式而生滅：

> 讓我們來看，一般來說一切有世系的事物是否總是以這樣的方式產生，而不是以別的方式產生，凡有對立面存在之處，對立的事物產生對立的事物，例如美是醜的對立面，正確是錯誤的對立面，還有無數其他事例。讓我們考慮一下，這是否一條必然的法則，凡有對立面的事物必定從其他對立面產生，而不會從其他源頭中產生。（70e）[16]

之後蘇格拉底以冷與熱、睡與醒為對立循環的例子，說明兩者相生的道理。由此類比，他指出生死亦復如是，也是兩者相生：生而後死，死而後生，這樣循環往復不斷下去。最後蘇格拉底下結論說：

---

15. 《斐多》，頁 63-64。

16. 《斐多》，頁 69。

> 所以在這一點上也有了一致看法，生出於死，就像死出於生一
> 樣。但是我想，如果我們肯定了這一點，那麼足以證明死者的
> 靈魂一定存在於它們再生之處。（72a）[17]

事實上，這個論證建基於自然現象的觀察。我們會看到自然界中，有些花草在最繁盛的時候播下種子，當這些花草一一死去，新的花草又再茁壯成長，這樣循環往復，生而後死，死而後生，形成了大自然的規律。蘇格拉底的對立循環，跟大自然生滅枯榮的現象有相合的地方。

第二個論證：回憶說

第二個論證很重要，跟柏拉圖整體的學說有關。在這個論證中，他藉克貝的口再次提出自己的回憶說：

> 蘇格拉底，克貝又說道，「除此之外還有一種你經常說給我們聽
> 的道理，我們所謂學習實際上只是一種回憶。如果這種說法是
> 正確的，那麼我們現在回憶的東西肯定是從前學過的，除非我
> 們的靈魂在進入人體之前在某處存在，否則這是不可能的。所
> 以按這種方式來理解，靈魂也好像是不朽的。」（72e）[18]

以現代人的眼光來閱讀，「回憶說」可謂充滿神秘主義色彩，無甚說服力可言。其實不然。柏拉圖藉此揭示我們的知識如何可能。舉一個例，我們說到「蘇格拉底」與「柏拉圖」時，顯然是兩個不同的東西，為什麼我們可以用「人」的概念統攝上述兩者？在「人」的概念下，蘇格拉底也是一樣的。現在我們說的「概念」（concept），以柏拉圖的說法就是「理型」（eidos）。理型有普遍性，首先有了「人」的理型，之後再有具體的、個別的人存在，是作為理型的「人」決定了各個在經驗世界裡存在的人。我們可以把握理型，依憑的正是「理性」。僅憑感官觀察，我們看到的是人的

---

17. 《斐多》，頁 71。

18. 《斐多》，頁 72。

體型不同，聽到的是人的聲線不同，觸到的是人的質感不同，為什麼在確立各種不同之後我們還可以說他們都是人？根據柏拉圖的說法，那是因為人類的理性把握了「人」的理型，因此了解枝節差異不影響人之為人的本質。

柏拉圖以「回憶說」來論證知識的來源，後來的康德脫去其神秘主義的面向，提出了「先驗」（*a priori*）概念。何謂「先驗」？先驗，即是先於經驗之意。它說的是我們人類的知識有不待經驗而來的元素，並非一切知識都從經驗而來。對於康德來說，先驗的知識就是感性的時空形式與知性的十二範疇，這些都不是憑藉後天學習所得，而是人類生而有之的認知架構。

柏拉圖肯定人有先驗的知識，進而追問源頭所在。他認為我們出生的時候，靈魂已經具體把握理型的能力。只要透過回憶，就可以重新認識事物的本質。既然這樣，柏拉圖認為靈魂是不朽的。因為人在出生之時已經具體某種知識，而這種知識不是後天學習回來的，即是說在出生之前已經具備了這種知識。這個現象所以可能，原因就是我們生前靈魂已經存在：

> 如果所有這些絕對的實體，比如我們老是在談論的美和善，真的存在，如果被我們重迎發現的我們從前的知識是關於它們的，我們把我們身體的所有感覺的對象都當作是對它們的範型的摹本，如果這些實體存在，那麼由此豈不是可以推論出，我們的靈魂甚至在我們出生之前也必定存在，如果它們不存在，我們的討論豈不是在浪費時間？（76d-e）[19]

即是說，「善」、「美」、「公義」等理型已經先驗地賦予我們，我們是靠回憶而重新獲取這些知識，把握這些理型。我們每次學習時，不是被

19.《斐多》，頁79。

給予一些東西，而是被帶出一些東西。柏拉圖在《美諾》（Meno）化身蘇格拉底，以引導方式帶領小童學習數學。小童不是被強制灌輸某些教條，而是藉蘇格拉底的引導而一步步推論出答案。換句話說，學習不是外在的灌輸，而是內在的孕育，將人本來已經具備的知識導引出來。

然而，回憶說真的可以肯定靈魂不朽嗎？表面上，「回憶說」與「靈魂不朽」似乎是相輔相成的一對理論，兩者互相印證對方；事實上，回憶說不能肯定靈魂不朽為真，假設回憶說是真的，也只可說明靈魂在生前已經存在，但不能證明靈魂死後一定存在。這個論證，最多只可以說明生前情況，死後如何並無保證。

第三個論證：親和論證

第三個論證是「親和論證」（The Argument from Affinity）。

他說一切東西都是複合的（composite），而複合的東西都是可以再分割的。例如我們的身體，身體包括了我們的手腳、我們的骨頭、我們的血等等不同元素，這些元素相合就是我們的身體，此之謂「複合物」。蘇格拉底繼而提問：什麼東西不是複合物呢？他的答案就是靈魂，因為靈魂不能看見，亦不能再分割。

柏拉圖很謹慎，他說靈魂並不是「心」。我們說到「心」，所指的往往是心靈（mind），之後我們很容易就將之化約到我們的大腦（brain）。於是抽象的靈魂一下子就化約為具像的大腦，變成了一件實物。然而，柏拉圖認為靈魂不是實物，也不是複合物。既然不是複合物，而是純粹的存在，它就不會毀壞，因為它是最原初、最根本的東西，不能再化約成為其他東西：

> 當一個人死的時候，儘管對他的可見的、肉體的部份來說是很
> 自然的，我們稱他的這個部份為他的屍體，躺倒在這個可見的
> 世界上，腐爛，化成碎片，消散……但是不可見的靈魂去了
> 另一個地方，那個地方像靈魂自身一樣輝煌、純粹、不可見，

那才是真正的哈底斯或不可見的世界，如果神願意的話，靈魂會出現在善的和智慧的神面前，我的靈魂一定會很快就會去那裏。如果靈魂具有我剛才描述過的這些性質，那麼它還會像流行看法那樣，在從肉身中解脫的那一刻被驅散和摧毀嗎？（80c-e）[20]

以前我在大學讀書的時候，曾經質疑這個論證。大家設想一個情況：我們以播音機收聽巴哈的《無伴奏大提琴組曲》（Cello Suite）。根據柏拉圖的定義，巴哈的音樂也是看不見而摸不到的，那麼音樂是否同樣可以不朽？如果我關掉收音機，或者把它擊毀，巴哈的音樂是否就沒有了？開了播音機，音樂在空氣傳播；一旦關了，音樂就沒有了。以柏拉圖的觀點來理解，巴哈的音樂本身不可化約為播音機的零件，音樂只是藉著播音機這件工具來傳播而已。但是我要追問，沒有任何播放器材與光碟，是否就有所謂「巴哈」的靈魂呢？他真的存在嗎？

所以我想，與其說柏拉圖的說法是論證，不如說是信念。這些信念不是柏拉圖憑空想像出來，人類很早以前已經相信自己是不會死的，死亡之後應該尚會存在。因為人類具備「自我意識」。我們知道「我」不就是身體本身，例如我們不能隨意控制心跳、也不能控制毛髮伸長縮短，於是我們想像自己有靈魂，這個靈魂跟身體不一樣。我之為我，就在於有靈魂。事實上，這是一個形而上學的問題，因為「我」不能依據經驗驗證。假如你斬斷我的左手，「我」依然存在。手可以斷，「我」不可分。「我就是我」是最容易明白、卻又最難理解的事情。我不能夠指陳某樣東西是「我」，經過解剖也找不著「我」的。因為「我」不是物質的存在，而是形而上的存在，不可化約為具體的物質。就算我們可以證明沒有大腦就沒有自我意識，也不能證明大腦即是自我意識本身。大腦是物質性，而意識

20.《斐多》，頁84-85。

是精神性的，不可見亦不可分，卻又確實存在。

後來笛卡兒的《第一哲學沉思錄》（*Meditations on First Philosophy*）就用了柏拉圖的觀點論證自我的存在。笛卡兒以懷疑的方法著手，一層一層否定各式可被懷疑的東西，直至最後發現一樣東西無庸置疑，那就是懷疑著的「我」：當我懷疑的時候，「我」已經存在著。這個「我」是不能剔除的，一有意識即會出現，因為「我」正是自我意識，而不是肉身的存在。顯然，這個論證的基本立場是柏拉圖式的。

柏拉圖以「純粹」來界定靈魂，理論上會帶來不少問題。最少，這會造成他的哲學系統內部矛盾。在《斐德羅》，心靈一分為二；在《理想國》，靈魂三分天下；在《斐多》，靈魂卻是純淨為一。到底靈魂是一、二、還是三呢？後世的學者對此亦無定論。既然柏拉圖自己亦未搞清楚靈魂是純粹或複合，這個論證的力量也就減弱了許多。

第四個論證：靈魂即不死不滅

第四個論證是「靈魂即不死不滅」（The Soul as both deathless and indestructible）。可以說，這個論證最有說服力亦最無說服力。為什麼？這個論證是從事物自身的性質來界定。就如他說到對立循環時的例子，冷的東西可以變熱，但是冷本身不可以是熱的。冷，根據其自身性質只可以是冷，而不可以是熱。所以我們不能說，有一種東西叫做「冷的熱」，或者「熱的冷」；冷與熱兩種性質是互相矛盾的。他用的例子是「高與矮」。道理也是一樣，所謂「很高的矮子」、「很矮的高個子」都是荒謬的。

由此推論，靈活是不朽的。蘇格拉底說，令身體有生機的是靈魂，因此靈魂本身即是生命；而生命本身不可以同時是死亡，因此靈魂據其本性不可以有死。結論就是：靈魂，根據其自身的性質，是不朽的。他說：

> 所以在不朽的事物這個事例中，如果承認不朽者也是不可滅

的，那麼靈魂和不朽者一樣也是不可滅的。……我想每個人都會承認，…神、生命的型，以及其他不朽的事物，是決不會停止其存在的。（106d）[21]

這可能是柏拉圖最簡單、最富哲學意味的論證。既然靈魂是不朽的，那靈魂在生前死後都同樣地存在。靈魂在我們出生之前已經存在，死亡之後也不會消失。所以靈魂一定是存在的，超越一切具體的形軀而永遠地存在著。他說：

所以當死亡降臨一個人的時候，死去的是他的可朽部份，而他的部份在死亡逼近的時候不受傷害地逃避了，他的不朽部份是不可滅的。……那麼非常明確，克貝，靈魂是不朽的、不可滅的，我們的靈魂真的會存在於另一個世界。（106e）[22]

這個論證方法，後來得到基督宗教發揚光大，成為了著名的「存在論論證」（ontological argument）。這是個證明神存在的論證，論證由中世紀神學家安瑟倫（Anselm）提出。論證的策略很簡單，他說我們不能想像有任何東西比神更偉大。一個不能更偉大的神，教人如何可能相信祂不存在？偉大的神若是不存在的，怎可能是偉大的？祂的偉大，包括了祂的（必然）存在。根據其性質（偉大），神是不可能不存在的，神不存在的話就是矛盾。結論就是：神存在。

關於靈魂不朽的論證，說到這裡為止。

---

21. 《斐多》，頁 119-120。

22. 《斐多》，頁 120。

4.4 柏拉圖哲學的貢獻 —— 從死亡到不朽

在柏拉圖之前，整個古希臘傳統都可以說是神秘主義的，柏拉圖卻標舉理性，奠定了理性主義的地位。因為柏拉圖深信，只有理性保證我們能夠把握真理。如果我說甲比乙大，乙比丙大，則甲必然比丙大，這是人盡皆知的。為什麼？因為我們都具備理性。「邏各斯」（Logos）在希臘哲學中扮演相當重要的角色，不但是宇宙的規律，也是人間的規律，人的理性亦與此相連。這種理性主義精神影響深遠，西方的知識基礎即以此信念為中心。1687年，牛頓出版《自然哲學的數學原理》（*Philosophiæ Naturalis Principia Mathematica*），發表著名的「牛頓運動定律」。這些定律不為牛頓一人所獨佔，只要我們具備同樣的理性，都會明白當中的道理，即使處身於三百多年後的今天。世界是以理性原則運作的，我們以理性就可以把握宇宙與人事的規律。柏拉圖認為理性是永恆而普遍的，非為一時一地而設，只要我們善用自己的理性，就能走往正確的方向。

所以柏拉圖的「靈魂不朽」理論，不是為了個人，而是為了每一個人。不是說我死後靈魂可以不朽，而你的靈魂就會消散，所有的靈魂都是不朽的。柏拉圖挑戰他的讀者，追問他們：願不願意培育自己成為一個美好的靈魂？還是要做一個墮落的靈魂？我已證明給你看，每個靈魂都是不朽的，若你自甘墮落做卑鄙的靈魂，隨你喜歡，你是不會死的，你不能逃離這個宇宙。餘下的問題只是你想不想永遠做一個不善的靈魂罷了。這個時候，我們的人生目標就是如何處理自己的靈魂，避免靈魂之外的困擾，例如肉體給我們的壓迫。柏拉圖繼而保證，好的靈魂是可能的，有法可依，有例可循，那就是讀哲學。讀哲學可以訓練你的理性，讓你學識算術，懂得分析，靈魂得以培育，這樣就可以慢慢免除肉體的干擾，達致純粹的狀態。

以理性為依歸，柏拉圖開創了個人的哲學系統，亦為生死愛欲的討論奠下了基礎。我們一併閱讀《會飲》與《斐多》，就是為了突顯兩者的相同之處：兩篇文章都肯定了人可以從死亡到不朽。透過人類自身的能力（而非外在的神祇幫忙），我們可以踏上愛的階梯，一步一步向上，把握到純粹的真善美；同樣我們可以讀哲學，淨化自己的靈魂，避免受肉體的束縛。具體內容雖然有別，指示方向實屬一致，同樣肯定人是有力自救，可以轉化自己成為不朽的存在。

　　經過柏拉圖的整理，愛欲的地位、死亡的意義都有了談論的基礎。往後談論生死愛欲問題，無論是支持還是反對（以反對的居多），都不能繞過柏拉圖，都是以柏拉圖為起點的。柏拉圖扭轉古希臘時代那種負面的死亡觀，轉化為正面樂觀的思想。死亡是生命的轉化，不是終斷。這種轉化所以可能，源於我們具備追求真善美的欲望，這種追求智慧的熱愛，就是哲學。在追求哲學的過程中，我們的靈魂得以淨化，慢慢上升到一個階段，以至超越我們身體的有限性，而達到一個無限的境界。

　　在這個理論框架下，「靈魂」的地位重要得無以復加。根據柏拉圖的定義，死亡是靈魂離開肉體，肉體可以朽壞，靈魂是不滅的。因此，肉體和靈魂具有**存在論與價值論上的區別**（ontological and axiological distinction）。從存在論的觀點看，肉體和靈魂是兩種完全不同性質的東西，不可互相化約。後來到了笛卡兒的時代，他也持守同樣的哲學立場。從價值論的觀點看，貶低肉體而高舉靈魂的想法亦確立了。因為肉體是腐朽的、是變化的，沒有恆常性，所以是低下的；連帶肉體涉及的活動也變得不重要，例如吃喝、玩樂、性愛，都只會帶來肉體的悅樂，卻妨礙靈魂的培育。人不應該關心這些低層次的事情，而應該關心靈魂的純淨。總而言之，一切屬於靈魂的都是好的，一切屬於肉體的都是不好的。

　　由此引申出了禁欲主義（Asceticism）。對於柏拉圖來說，肉體帶

來的享受並不是負面的，它們只是低層次的東西，不值得追求而已。後來的柏拉圖主義者，有些提倡禁欲，其實是按照柏拉圖思想的進一步發揮。《斐多》的蘇格拉底，已經勸導我們不要將生活放在肉體的享受中，而應該放到我們的心靈。禁欲主義只是加強這個說法，進一步排斥感性，令我們變得更加純粹。在這個意義下，清教徒跟禁欲主義有理論上的親和性，因為最純淨的狀態就是拒絕所有肉體的欲望。

　　擺脫了神秘主義的影響，理性成為了西方文化的重心。人類表現理性的，就在其靈魂。關於靈魂，西方哲學有各式不同的說法：心靈、精神、意識、主體性……。一般而言，西方的哲學家以此仍為「真我」，即是可以自覺主宰的部份，相對於肉體而言，靈魂具備了優先性。從柏拉圖到黑格爾，都強調靈魂／心靈／意識的優先性。這是一種廣義的觀念論（idealism）。所謂廣義的觀念論，不是大家都認同柏拉圖的理型，而是大家都肯定實在性跟觀念的關聯。真實的世界不是感官所能把握，只有理性才能真正接觸到實在。直至20世紀，整個現象學運動（Phenomenological Movement）重新檢視柏拉圖的哲學遺產，才帶來真真正正的反叛，擺脫（廣義的）柏拉圖式觀念論的影響。

　生死愛欲

第5章
亞里士多德《尼各馬科倫理學》的德愛

5.1 人如何成爲眞正的朋友？

2010年筆者到德國魏瑪城（Weimar），拍下了歌德（Goethe）與席勒（Schiele）的雕像。歌德與席勒雖然年齡有點距離，但兩人卻屬至交。（圖5-1）

西方傳統裡，向來重視友情，甚至歌頌友情。友情也是愛的一種，但不同於我們在第2章提到柏拉圖的欲愛（*Eros*），而是一種德愛（*Philia*）。

中國文化傳統鮮有對情愛現象作有系統的討論與分析。中國人不講愛，卻會講情。「愛」可以是動詞，但「情」不是一個動詞。我過去搜索1900年前的所有中國文獻，並未見過「我愛你」這種表述。雖然中國人不講愛，但「友情」此一現象，中國人並未忽略。有關友情的表述並不少，如知心、知交、相交等等平常可見。所謂「恩德相結」者為「知己」，「腹心相照」者為「知心」，「聲氣相投」者為「知音」。人生「得一知己，死而無憾」此想法，一直為人稱道。

然而有什麼理由，會讓兩個不相識的人，成為朋友？朱熹曾說：「以義合者。」荀子亦說：「友者相有也，道不同，何以相有也。」也有云：「同師曰朋，同志曰友。」這些說法都有其洞見，但卻不足以成為一篇「朋友論」。

上世紀英國神學與哲學家路易斯（C.S. Lewis, 1898-1963）曾分析，友情是最不需要的愛：

友情是一種最不「自然」的愛，與本能、生理、社交、生活方式、生活需要等，幾乎無關——此乃就事論事，絕非貶損。友情也極少造成生理狀況的變化：絕不令人哽咽，也不令人血脈賁張或令臉色變紅轉白等。它純粹是個人之間的事；兩個人一旦成為朋友，此二人與群眾便多少產生距離。要是沒有愛情，就無人行生育之事；要是沒有親情，就無人負養育之責；但是，沒有友情，生育養育照樣進行。人類就生物學觀點來看，並不需要友情，若以族群即社會的觀念來看，友情甚至可能受到懷疑，並且不受歡迎。[1]

路易斯在否定友情嗎？絕非如此。從他的分析可見，友情是「非自然」的關係。父母與你的關係是「自然」的，這關係透過生殖產生；愛人與你也是「自然」的關係，因為當中涉及的是性欲性愛。友情不涉及性欲、生理、倫理等問題，純粹是兩個人自願追求的一種相互關係，是人類最高貴的情操，為著讓雙方生命變得快樂、有價值，是幸福生命存在的條件。路易斯對四種愛的分析，其實在二千多年前亞里士多德早已說及。

5.2 亞里士多德：生平與著作

關於友情，我們可先從蘇格拉底、柏拉圖和亞里士多德的關係談起。他們三人亦師亦友的關係，是人類史上鮮有的例子。

蘇格拉底（470 － 399 BCE）一生述而不作，只在街上市集裡跟人辯論，他的思想理論，主要見於弟子柏拉圖（427 - 347 BCE）的對話錄裡。柏拉圖跟隨蘇格拉底 16 年，於蘇格拉底死後創立了「學院」（The Academy, 387 BCE）。後來，17 歲的亞里士多德來到雅典，在柏拉圖

---

1. 路易斯著，林為正譯：《四種愛》（臺北：雅歌出版社，1993 年），頁 62。

的學院待了二十年之久。在柏拉圖死後，他回到自己的家鄉馬其頓，成為亞歷山大大帝（Alexander the Great）的老師。之後回到雅典，開設Lyceum（335- 323 BCE），後人稱其學派為逍遙學派，或漫步學派（Peripatetic）。

「什麼是亞里士多德的人生？」海德格曾言：「他出生，他思想，他死去。」顯示亞里士多德是個多麼勤勞又純粹的學人；《亞里士多德全集》編纂人Jonathan Barnes言，「在他之前，沒有人能為學術做出如此大的貢獻。在他之後，沒有人能希望與他的成就抗衡。」（No man before him had contribute so much to learning. No man after him could hope to rival his achievement.）[2]；為什麼亞里士多德前無古人，後無來者？亞里士多德專家Felix Grayeff 宣稱，大部份以前所沒有的學科，例如邏輯、物理學、天文學、氣象學、動物學、形而上學、心理學、政治學、經濟學、倫理學、修辭學、詩學等等，都由亞里士多德開創。[3]我認為，亞里士多德是東西歷史上，最具創造力的哲學家。

就算只是上述其中一科的開山祖師，已是不得了的成就，何況那麼多科？而且，他的遺稿其實不全，例如聽說他也曾寫過如柏拉圖的對話錄，如今已經散佚。傳說亞里士多德有150份遺稿，只有五分之一左右遺下。另外，他有很多的講義草稿，本來未打算出版，例如《尼各馬科倫理學》就是其中一份。他那個年代不消說沒有電腦，根本連紙也沒有，只是寫在莎草紙上（Papyrus）。而他的講稿本來也沒有標題，例如《形而上學》（*Metaphysics*）一書，是在公元一世紀左右，由Andronicus of Rhodes編輯，放在《自然之學》（*Physics*）[4]之後，成了現在的《形而上

---

2. Jonathan Barnes: *Aristotle: A very Short Introduction*, Oxford: Oxford University Press, 1982, p.1.

3. Felix Grayeff, *Aristotle and His School*, New York: Harper and Row, 1974, p. X.

4. Physics 來自 physis 一詞，本非指物理，而是自然滋長之物。

學》。因為 "Meta-" 此一前綴，有之後也有之上的意思，意喻討論自然背後的對象與原理。後來到1831年，由德國人Bekker為《亞里士多德全集》的希臘文和拉丁文版本分頁（Pagination），成為現時學術界公認的版本。

看看《亞里士多德全集》[5]，密密麻麻2000多頁，在那個連紙張也沒有的年代，難怪連海德格也會說亞里士多德的一生只是「出生、工作、死亡」。然而，其實這並不對，亞里士多德是很有人味的。他對他人做了很多事情，就算是寫遺書也可見他安排有道，夫人、兒女、奴僕都分配到遺產，顯出這人的縝密與關懷。相對而言，柏拉圖則是一個不食人間煙火，仰賴靈魂不朽的人。

5.3 柏拉圖與亞里士多德的關係

「Amucus Plato sed magis amica veritas（吾愛吾師，吾尤愛真理）」這一名句，大家應聽過無數次。很多人以為這句來自西塞羅，但其實應來自《尼各馬科倫理學》：

> 也許，我們最好先考察一下普遍善的概念，研究一下它的含意是什麼，儘管這種討論令人為難，因為它要談及我們自己的朋友所提出的理論。不過我們最好還是這樣選擇。的確，為了維護真而犧牲個人的所愛，這似乎是我們，尤其是我們作為愛智慧者的責任。因為，雖然友愛與真兩者都是我們的所愛，愛智慧者的責任卻首先是追求真。[6]

---

5. Jonathan Barnes ed., *The complete Works of Aristotle, The Revised Oxford Translation*, Two Volumes, Princeton: Princeton University Press, 1984.

6. 以下譯文基本上取自廖申白的譯本，主要把「友愛」改成「德愛」。頁數方面，我們根據學術界習慣，採用Bekker的分頁標示。亞里士多德著，廖申白譯注：《尼各馬可倫理學》

這就是「吾愛吾師，吾猶愛真理」這句名言的基本來源。

然而，亞里士多德和柏拉圖關係如何呢？亞里士多德著名研究學者維爾納‧耶格（Werner Jaeger, 1888-1961）也講過，柏拉圖其實對亞里士多德沒什麼印象，也絕未把他看成是自己學院的承繼人。柏拉圖在對話錄中，從未提過亞里士多德這個人。在學院裡，亞里士多德看來不是一個特別出眾的學生。

但亞里士多德又如何看柏拉圖呢？談及柏拉圖之死時，根據耶格引述，但亞里士多德說過：

> 當他來到 Kekropia 著名的土地上時，他虔誠地在那裡建立了一個莊嚴的 *Philia* 祭壇，以紀念這個壞人甚至無權讚美的人：他在凡人中唯一或第一個通過自己的生活和對他的論述的研究，向人們清楚地表明，人如果變得善良就會變得幸福。但現在，任何人都不可能達到這個目的。[7]

「人如果變得善良就會變得幸福」貫穿了柏拉圖關於德性思想 —— 人達到真善美的（理型）話，就會變得幸福。 這是亞里士多德對柏拉圖的讚賞。

亞里士多德研究學者卡洛‧納塔利（ Carlo Natali, 1948 -）在其《亞里士多德生平與學院》裡指出，雖然亞里士多德在「學院」裡待了 20 年，但不見得是最出眾的學生，原因之一或者是因為他從一開始就對柏拉圖的理論有所懷疑。他真正關心的，是如何進行一種哲學的追尋，如何培養一個人智性的方向，即是柏拉圖所給出的「人生的道路」（a way of life）。如何是一個「好的生活」（a good life）是他們共同關心的課題。[8]

他們理解的哲學，不是現今哲學所謂的 armchair philosophy；哲

（北京：商務印書館，2003 年），1096a11-15。

7. Werner Jaeger, "Aristotle's Verses in Praise of Plato", *The Classical Quarterly*, 20, 1927. p. 13-17.

8. Carlo Natali, *Aristotle His Life and School*, Princeton: Princeton University Press, 2013, p. 19.

學不是「離地」的思想，而是生活的方式。雖然有傳聞他們不和，亞里士多德也看不起「學院」中人，但至少在亞里士多德的作品中，他流露出的卻是對柏拉圖絕對的尊崇。

想想一個由17歲至37歲都在柏拉圖身邊的人，直到62歲離世，之後還有30多年人生。作為亞歷山大大帝的老師，在學生東征西討之時，一直要求亞歷山大帶來不同標本讓他研究。他對動物、植物的研究有多麼精彩記述，還不要說他對天文、物理的研究了！如果以現今的標準來說，能創造一個科目基礎，已足夠拿諾貝爾獎，以亞里士多德的成就而言，應至少可拿十多個！

從拉斐爾的名畫中，我們已可以明白兩者的學說的重點不同。（圖5-2）

柏拉圖講兩個世界，分別是 —— 我們參考陳康的翻譯 —— 相的世界（The world of ideas）和經驗世界（The world of experience）。而柏拉圖明顯更重視相的世界，相的世界才是真實的，其學說甚為「離地」。

畫中的亞里士多德是看著老師的，但柏拉圖的目光卻沒有落在他身上。亞里士多德左手拿的是《倫理學》（Ethics），右手是以五指平放，意喻「當下世界」的重要性。他關心的，不是天上的相，而是地上每個獨特的個體。以現今標準言，亞里士多德不單是廣博的科學家，也是「最不離地」的哲學家，他關心的正是日常世界。

他關心日常世界的方式，是建立理論，教我們如何做一個「好」的人。柏拉圖關心離開、超越於經驗世界的理型世界，亞里士多德卻是關心經驗人間。在本書第2、4章，我們都講到柏拉圖如何講愛。他講愛的天梯，重視Eros，追求的是一個永恆不變的向上過程，而對象就是真善美。亞里士多德雖認同真善美的價值，但那不在天上。因為世上一切都是形式與質料的結合，所以人生值得追求的，是Philia。

對亞里士多德而言，朋友是最重要的，除了神與野獸不需要朋友

外，人需要朋友，人要與他人共享生命。但柏拉圖認為只有哲學家才真正擁有愛情，或曰，真正的愛情。這是一個變成不朽的過程，是人生最高的意義。

亞里士多德認為，壞人是沒有真正的朋友的。因為「朋友」是個道德的概念，是經過深思熟慮，希望對方好，結合了德性的實踐行為。柏拉圖重視智性，透過智性才能達到最高境界，從某個意義言，他並不需要朋友。但令人深感矛盾的是，在他的對話錄中卻表現了他與很多人交談，又涉及很多關於蘇格拉底與其他人關係的討論。關於朋友，他只在一本小書《呂西斯篇》（Lysis）談及，但我們發現，無法從中得到答案：

> 不過，就在他們要離去的時候，我喊道，呂西斯和美涅克塞努，今天我一個老頭，你們兩個孩子，使自己成了眾人的笑料。因為在場的聽眾會到處去說，儘管我們自認為是朋友，我把自己也算作你們的朋友，但是我們卻無法發現究竟什麼是朋友。[9]

這是柏拉圖在《呂西斯篇》的最後一句，可見對於何謂朋友，他根本沒有結論。這個開放的結果，留給了亞里士多德去回答。

5.4 亞里士多德《尼各馬科倫理學》

何謂「倫理學」，就是追求好的人（good life）的學說。關於這點，他有兩本書，《尼各馬科倫理學》關心的是個人，《政治學》（Politics）關心的則是城邦，是人與人之間，如何得到公善的問題。兩書有一種內在關係。

《尼各馬科倫理學》共分為10卷，他用第8和第9兩個篇章來講德愛（Philia）。這個處理方式是很奇特的，在往後西方眾多關於倫理學的討論

---

9. Plato, Lysis, 223B3-6.

裡，極少看到把友誼視為討論重點。

倫理學最關心的是「幸福」（Eudaimonia / Happiness）。Eu-是好，daimonia-是精神，所以若翻譯成快樂並不好，因那不是感覺，Eudaimonia所指的是一種狀態。而回答「什麼是好的人生與如何能得到它（What is a good life and how is it to be acquired?）」[10]，就是倫理學與政治學的目的。

亞里士多德界定人是 *Zoon logistikon*，一般譯為「人是理性的動物」。這定義強調的是人的「理性」（reason）一面，但要留意，把 *logos* 譯為理性並不完整，因為 *logos* 的意味更多，包含了思想、語言、講話，所以人應該是「能言思辨的動物」。但同時，他也界定人為 *Zoon politikon*，說明人的社會性。一般譯之為「人是政治的動物」，但 *politikon* 是來自 *polis*（城邦），城邦意味著人一出生就有著人與人的關係，不可能是與人無關、獨居的狀態·。

柏拉圖講《理想國》也是關乎人與人的關係，但還是講有一個最高的理念在背後，不是關乎我們的日常生活的世界，這也與之後的基督宗教相吻合，因兩者都關心生命之外、之後的事。亞里士多德之不同，在討論幸福時，他所關心的不單是能思的個人，也是與人一起生活的群體，如何一起達到幸福。所以個人的幸福是社會之善的一部份：倫理學是政治學的一部份。

雖然在《尼各馬科倫理學》第10卷，他談最高的生命形態時指出，「沉思的生命」（contempative life）是最高的幸福。但他立即指出，這是人不可能達到的，只是諸神能做到。所以他回到平凡生活裡，所有的事情。他關心的是「此生」。如果柏拉圖是 Idealist，亞里士多德則是 realist。亞里士多德對「超越性」（transcendence）、「不朽」（immortal）

---

10. Aristotle, *Eudemian Ethics*, 1214a15.

等問題並沒有答案，他關心的是人生，以及如何達到這種人生。

那麼，人生的幸福是什麼？

先要討論人的功能（*ergon*）。人的功能表現在他的行為。而人最獨特的功能，就是理性。所以幸福就是「根據理性的靈魂活動（the activity of the soul according to reason）」，此中的「根據理性」也可理解為「根據德性」的活動，因為「靈魂的良好運作（good functioning of the soul）」就是德性（virtue）。

靈魂合符德性，就是好。所以幸福不幸福，就關乎我們能不能活在德性之中。那麼德性又是什麼？亞里士多德說：

> 我們說人的活動是靈魂的一種合乎邏各斯的實現活動與實踐，且一個好人的活動就是良好地、高尚〔高貴〕地完善這種活動；如果一種活動在以合乎它特有的德性的方式完成時就是完成得良好的；那麼，人的善就是靈魂的合德性的實現活動，如果有不止一種的德性，就是合乎那種最好、最完善的德性的實現活動。不過，還要加上「在一生中」。一隻燕子或一個好天氣造不成春天，一天的或短時間的善也不能使一個人享得福祉。[11]

一切的德性是需要學習的。雖然我們有理性的能力，但並不保證能有一個有德性的生命。合德性不是短時間的，是要持續一貫的實踐。

然而，如何保持德性？那是要不停的學習的。德性是在活動之中體現的。例如勇敢，不是概念，是在行動中才能理解勇敢。所謂「善」（good），是行事的善。哲學不是口說的，而是做出來的。柏拉圖會認為，只要通過理性，心靈就會知道並得到善。但亞里士多德則認為，知識的知，與行不可分割。勇敢、慷慨、禮讓要在行動中才能得到，所以這是關乎選擇的事：

11.《尼各馬可倫理學》，1098a14-20。

所以德性是一種選擇的品質，存在於相對於我們的適度之中。這種適度是由邏各斯規定的，就是說，是像一個明智的人會做的那樣地確定的。德性是兩種惡即過度與不及的中間。在感情與實踐中，惡要麼達不到正確，要麼超過正確。德性則找到並且選取那個正確。[12]

所以亞里士多講求「中庸之道」（golden mean）。所謂勇敢，是在魯莽（rashness）和懦弱（cowardice）之間的事，而理性是負責指引我們如何達致中庸。例如你看到一個人掉到水中，如果你不管自己懂不懂游泳就立即跳下去救人，那只是魯莽；但當你懂游泳、甚至學過急救，都不去救人，那就是懦弱。所以這裡需要判斷（judgment）的能力，亦即實踐智慧（*phronesis*），指導我們如何拿捏準繩。

5.5 德愛（*Philia*）

我們先看譯者廖申白對 *Philia* 一字的解釋：

φιλία 來自動詞 φιλέω，意義十分豐富，詞典意義一般為愛、喜愛以及出於這類愛的感情的行為，如款待、求愛、吻，等等。但是詞典解釋提供的主要是 φιλέω 的可理解的感情傾向意義與動作意義，這些動作與傾向的那些共同特性則難以提供。這些特性中至少包含以下幾個主要之點：1）動作者或傾向者是主動的；2）動作者或傾向者有意願；3）動作者或傾向者在做事情；4）動作者或傾向者是出於習慣而在這樣做事情。所以 φλα 在希臘語中的最初的意義是指具有上述性質的愛與行動，指一個人對某種生命物或某種活動的主動的、出於意願與

12.《尼各馬可倫理學》，1106b36-1107a5

習慣的愛與關護、照料，例如愛馬、愛父、愛智慧等等，其動詞詞根 φλ ——通常作為首碼用於詞頭，表示愛……，既可以用於對人，對各種生命物，也可以用於對無生命物，對各種活動的喜愛以及出於此種感情而作出的行為。所以，從動詞 Φλέ 引申出了述說愛者的愛的行動的名詞 φιλ σι（愛，喜愛）。[13]

Philia 一字代表愛，所以 Hong Kong Philharmonic Orchestra 譯「香港愛樂」就很恰當。但這個字也聯繫到很多負面的概念，例如 lactophilia（嗜乳癖）、pedophilia（戀童癖）等等。Philia 放在字尾，代表著一種喜好，簡單來說，就是對某些事的追求。這和柏拉圖的 Eros 不同：

在古代希臘語的使用中逐步地變得專指對另一個人的愛。φλα 這種感情的行動有著自然的本性上的原因。在柏拉圖的對話中，Φuλúα 與 ĕpωs（性愛，情愛）有著最為自然的聯繫，是由美的對象激發的對智慧的愛：當愛者的盲目的愛被理智所馴服並帶著崇敬與畏懼去追隨美的對象時，愛者稱之為 εpωs（性愛），被愛者則把它叫做 φλía（友愛）。（《會飲》204，《菲德羅》〔Phaedrus〕253-5）在亞里斯多德的以下的討論中，Φλúα 則與共同生活有最為自然的聯繫。父母同子女的共同生活與產生於這種共同生活的愛的行動是 Φuλα 的最原本的形式。這種友愛是因對方自身之故而發生的、為著對方的善的。不過由這種共同生活派生的兄弟的共同生活與愛似乎是所有其他 Φuλía 的更為直接的母體形式。從這種愛中派生出我們同夥伴的基於快樂的，乃至同一般公民（同邦人）的基於用處的、感情聯繫變得弱化，因而需要以法律的契約作為它的主

13.《尼各馬可倫理學》，廖申白注，頁 227-228。

要的維繫管道的友愛。[14]

　　愛原先在柏拉圖時是 *Eros*，後來到亞里士多德時則成了 *Philia*，看到一個概念在哲學家的用語中慢慢改變，亦同時見到他們理解愛的不同。然而，*Eros* 若應譯成欲愛，那 *Philia* 又應如何翻譯呢？

　　廖申白把它譯成「友愛」，這是很明白的。但綜看全書，亞里士多德並不止談朋友，他亦講其他人與人之間的不平等關係，例如父子、夫婦。直觀而言，朋友這種關係是相對平等的，父子之間有一定層級之別，所以這種關係才不稱為朋友。因此，把 *Philia* 譯為友愛著實有點問題。

　　另一本值得讀的亞里士多德著作，鄧文正先生在《福樂的追求》（2011）中認為，*Philia* 應譯為「情誼」。他說：

情誼當是個稍算合理的叫法。一般英譯本，把這兩卷叫作「友誼」。亞氏原文是 *philia*，通常譯成英文的 love，是最直截了當。愛，當然包括了友情，或者說友愛。譯者往往在 love 和 friendship 間，跳來跳去是因為原文都是 *philia*。當然是語意表達不同的緣故。問題是，亞氏在文中所說的，牽涉到不同類型的人際關係，包括兩代的、同輩的、家庭裡面的，等等。而不僅是友朋間的。在中文來說，我們通常不會把那些叫作「友誼」。友，固然是友情；兩代的，我們叫父子親情；兄弟的，我們叫手足之情，夫婦的，我們叫男女之情。都是一種情誼。（情，也可以說是愛。）而情誼，涵蓋面較廣；友誼，較狹。我就把這長篇論文的題目，稱為「情誼」。（這類解說，作者多會放在注文中。但我覺得，後面整個討論，都離不開 *philia* 一字，

14.同前注。

十分重要，就放在內文了。)[15]

鄧文正用情誼，最不同的地方，在於用情這個字，不單代表人與人之間，也代表了城邦與城邦之間的關係，但我認為這裡還是有問題。

當我們問，為何我愛你？從欲愛的角度，我愛你，是因為有某些品質，例如美、善等等。但如此理解，我愛的不是「你」，而是你擁有的某些品質，是單向的。但從 *Philia* 的角度，同樣因為你有某些品質，因為你有「德」（virtue），所以是雙向的。如此看，*Philia* 是 *Eros* 的進一步發展。

我不喜歡用「情誼」一字，原因是「情」不是一個動詞，沒有人會說「我情你」。情是一種現象，一種結果，當兩個人有情，才會有相思、相念。情是兩個人、兩件事之間的關係，不是動力，而是相互交際後的結果。而在另一章裡，我們談到 *Agape*（神愛），相對另外兩種愛，神愛則是無條件的。因此，不是「我愛你，因為你美」，而是「我愛你，因此你美」。所以並列而言，可以把三種愛稱為「欲愛」、「德愛」和「神愛」，以理解西方三種愛的原型。

5.5.1 德愛的意義

那麼，何謂德愛呢？我們順著《尼各馬科倫理學》第8和第9卷的內容來討論：

> 我們來談談德愛。因為，它是一種德性或包含一種德性。而且，它是生活最必需的東西之一。因為，即使享有所有其他的善，也沒有人願意過沒有朋友的生活。實際上，富人、治理者和有能力的人看起來最需要朋友。因為，有好東西給朋友是最

---

15. 鄧文正：《福樂的追求》，香港：花千樹出版，2011 年，頁 253。

多見也是最受稱讚的善舉，倘若沒有朋友可以給予，縱有財產又有何益處？而且，若沒有朋友，財產又如何享有和保持？因為，財產越多，危險就越大。而陷入貧困和不幸時，只有朋友才會出手相援。而且，青年人需要朋友幫助少犯錯誤；老年人需要朋友關照生活和幫助做他力所不及的事情；中年人也需要朋友幫助他們行為高尚〔高貴〕。因為「當兩人結伴時」，——無論在思考上還是做事情上都比一個人強。其次，父母對子女或子女對父母的感情似乎是天性，不僅人類如此，鳥類與多數獸類也是如此。同種類存在物的成員間，人類尤其如此，都存在此種感情。所以我們稱讚愛他人的人。[16]

到第8卷的時候，他談及朋友。年青人、中年人、老年人也需要朋友。人與人之間需要的是廣義的關係。即使《莊子》講逍遙，也有惠施為朋友。他講「無待」，追求絕對自由，是不是就不需要朋友？不是的。

當人與人之間都是真正的朋友時，其實不需要公正，因為每個人之間都是為了他人著想的好人。[17]然而事實上，不是每個人都是可愛的，不是每個人都會喜歡每個人的。「並不是所有事物都為人們所愛，只有可愛的事物，即善的、令人愉悅的和有用的事物，才為人們所愛。」[18]人與人之間的交往有一個目的在其中，就是追求「對於他顯得是某種善的東西。」[19]因此，他進而分析三種德愛，三種不同的朋友關係。

16.《尼各馬可倫理學》，1155a4-10。

17.「而且，若人們都是朋友，便不會需要公正；而若他們僅只公正，就還需要德愛。人們都認為，真正的公正就包含著友善。德愛不僅是必要的，而且是高尚〔高貴〕的。我們稱讚那些愛朋友的人，認為廣交朋友是高尚〔高貴〕的事。我們還認為，朋友也就是好人。」《尼各馬可倫理學》，1155a26-32。

18.《尼各馬可倫理學》，1155b27-31。

19.《尼各馬可倫理學》，1155b27-31。

5.5.2 三種德愛

在日常生活裡，我們有無數的「朋友」，當中包括功用性與享樂性的朋友。這些關係，都是令人愉悅的，但都是「偶性」的，那是因為這種關係於我而言「有用」，才會維持這種關係。例如一起共事二十年、差不多每天相見的朋友，但退休之後就不再相見，因那是功用性的關係。對於功用或享樂的朋友，亞里士多德並不會責備這種關係，因為一起工作而又快樂，也是一種善。只不過，這種關係會因為工具關係的改變而消失，「所以，這兩種德愛是偶性的。因為，那個朋友不是因他自身之故，而是因能提供某種好處或快樂，才被愛的。所以，一旦哪一方有所變化，這樣的德愛就容易破裂。」[20]這種工具性的德愛容易破裂，因為「有用不是一種持久的性質，它隨著時間的遷移而變化。因此，隨著德愛的原因的消逝，德愛本身也就隨之解體，因為這種友愛就是為著那個目的的。」[21]

亞里士多德還會談及完美的德愛，但他知道那是極為罕有的。完善的德愛，是好人和在德性上相似的人之間的愛。大部份人人生中的德愛關係，都是工具性。一般人交朋友往往只是為了利益和快樂，在日常生活中，朋友多為我們的同事。所謂「友誼」，只限於工作上的合作。「萬事好商量」，可謂互惠互利，互相裨益。這種朋友建基於功用條件，它是偶然的。當一方不能再給予另一方利益時，所謂「友誼」就會終結。中國古人早已提出類似的論斷：「以財交者，財盡而交絕；以色交者，花落而愛完」、「今日烏合，明日獸散」、「相識滿天下，知己能幾人」。

在現實世界中，建基於快樂關係的友情似乎更為普遍。它以大家互相給予大家快樂來決定友誼，一旦遊戲完結，友誼也隨之結束。越年長的人，其功用性的朋友便越多，越年輕的人，其為快樂的朋友則越多。

20.《尼各馬可倫理學》，1156a6-27。

21.同前注。

功用性及為快樂的朋友都是偶然性的，古語有云：「以勢交者，勢傾則絕；以利交者，利窮則散。」亞里士多德並非反對這兩種朋友關係，只是他認為完善的德愛，其實是很罕有的。

5.5.3　德愛品質和德愛的活動

「完善的德愛是好人和在德性上相似的人之間的德愛。」[22] 完善的德愛不同之處，在於德性是一種持久的品質，因此，德愛自然地是持久的。朋友之間也要是相似的，因為一個勇敢的人，朋友也是勇敢的人，才較易互相欣賞。一個喜歡飲咖啡，但另一個人卻愛喝茶，則較難成就完善的德愛，因為難以經常一起行動。另一個例子，如果兩個朋友身家不同，對錢的觀念又大大不同，很難可以經常一起平等、相互取樂。但以上的例子只是物質條件上而言，但真正的德愛，在這些基礎之上，追求的是「德性」的交換。

要講完善的德愛，則雙方都必須要是「好人」，才能達到完善。因此，「壞人之間可以做快樂的或有用的朋友，他們在這方面相似。好人則因自身之故而是朋友，因為他們是好人。後一種人是嚴格意義上的朋友。前面兩種在偶性上、在與後者的類比意義上是朋友。」[23]

除了有相近的德性，朋友之間也要願意一起消磨，願意一起共同生活：

> 因為，人最強烈的本能就是躲避痛苦和追求快樂。那些相互客客氣氣，但是不共同生活的人，所具有的是善意而不是德愛。沒有什麼比共同生活更是德愛的特徵的了：窮人希望得到他們朋友的幫助，甚至那些享有福祉的人也願意有朋友一起消磨時

---

22. 《尼各馬可倫理學》，1156b8-15。

23. 《尼各馬可倫理學》，1157b1-4。

光（他們其實是最不願意過孤獨生活的人）。然而，如果相互之間沒有快樂，或者不能從相同的事物上得到快樂，人們就不可能一起共度時光。夥伴似乎就是這樣的。[24]

完善的德愛，是平等的。「因為，對無生命物也可以產生愛，回報的德愛則包含著選擇，而選擇出於一種品質。人們在因所愛的人自身之故而希望他好時，這種善意不是基於感情而是基於一種品質。愛著朋友的人就是在愛著自身的善。因為，當一個好人成為自己的朋友，一個人就得到了一種善。所以，每一方都既愛著自己的善，又通過希望對方好，通過給他快樂，而回報著對方。所以人們說德愛就是平等，這在好人之中表現得最為明顯。」[25]互相喜愛對方的德性，同時是愛自己的德性，才能達到真正的德愛。然而，為了自己的善，是自私嗎？自愛不是自私。自愛是一種德性的基礎。朋友之間講求回報，不等於是自私。朋友之間的平等，是講平等交互的完善對方希望得到的善。勇敢是德性，我喜歡對方的勇敢，也是我想要的德性，那是一種自愛。

但一個人不可能是許多人的朋友。因為當我們說，愛朋友等於愛自己的時候，那麼，我們又有幾多個自己呢？其實在世上，你找不到幾多個跟你一樣的人。因此，「在完善的德愛的意義上，一個人不可能是許多人的朋友，正如一個人不能同時與許多人相愛（因為，愛是一種感情上的過度，由於其本性，它只能為一個人享有）。而且，一個人也不可能同時被人愛。此外，好人也沒有那麼多。」[26]

5.5.4 不平等的德愛

24.《尼各馬可倫理學》，1157b18-25。

25.《尼各馬可倫理學》，1157b30-1158a2。

26.《尼各馬可倫理學》，1158a9-21。

亞里士多德還認為，有另一種不平等的德愛，他分析：

> 還存在另一類德愛，即包含一方的優越地位的德愛，如父親與子女的，以及廣義地說，老年人與青年人的，男人與婦女的，治理者與被治理者的。這些德愛之間也有區別。父母與子女的友愛同治理者與被治理者的友愛不同，父親對兒子的德愛不同於兒子對父親的，丈夫對妻子的不同於妻子對丈夫的。因為在這些人之中，每個人的德性與活動都不同，他們愛的動機也不同，因而愛與友愛也就不同。每一方從另一方得到的和尋求的東西也都與另一方的不同。不過，如果子女對父母做了他們所應做的，父母對子女做了他們所應做的，父母與子女的德愛就是持久的、公道的。然而，在所有包含一方優越地位的友愛中，愛又必須是成比例的。較好的一方，如較有用的一方，在其他例子中亦可類推，所得的愛應當多於所給予的愛。當所得到的相當於配得時，就產生了某種意義的平等。這種平等似乎是德愛的本性。[27]

有人批評亞里士多德的德愛觀是一種精英主義。例如不是知識份子，就不配有此德愛。這些批評有一定道理。

然而事實上，人世間是有不同的階級。階級差異大，確是難有交通，難以成為朋友。這確是一種不平等。但亞里士多德進一步指出，「德愛上的平等同公正上的平等不同。在公正上，平等首義為比例的平等，數量的平等居其次；在德愛中，數量的平等則居首位，比例的平等居其次。如果兩個人在德性、惡、財富或其他方面相距太遠，他們顯然就不能繼續做朋友，實際上也不會期望繼續做朋友。」[28]

27.《尼各馬可倫理學》，1158a13-28。

28.《尼各馬可倫理學》，1158b29-34。

亞里士多德重視現實，所以他也很現實地去看德愛的條件。在其他不平等的愛中，例如母親對孩子的愛，則是重視主動去愛，卻不期待被回報愛。[29] 夫妻之間也需要德愛，因為不止生育，也能提供生活滿足。[30] 但亞里士多德觀念中，男女絕不平等，因為女性的「理性」不足，因此難言平等。所以男女之間，根本不可能有德愛，最多只有欲愛。

5.5.5 德愛的基礎

因此，如果大家是以利益建立友誼，當利益失卻了，友誼就完結。另一方面，當朋友不再是原來那種人時，德愛的基礎也就消失了：

> 如果是快樂的或有用的朋友，當一個朋友不再使人快樂或不再有用時，終止這種德愛是很自然的。我們讚揚的是朋友的其他性質。一旦這些性質消失了，我們自然地就不再愛他們了。如果我們愛一個朋友是因他令人愉悅和有用，卻裝做是因他的道德，他就會抱怨。[31]

當德愛處於有用與快樂的關係中，那是功能性的。當用處沒有了，這種關係就完了。這就如柏拉圖所講，愛是一種缺乏，因此才要追求。但若是關乎完善的德愛，有趣的地方是，相互求的德性，並不是自身所缺乏的，而是自身本就有的。所以完善的德愛對象，就是「另一個自身（alter ego）」：

> 因為首先，公道的人身心一致，全身心地追求同一些事物。他希望並促進著自己本身的善（因為一個好人就是要努力獲得善），並且是因他自身之故（因為他追求善是為著他自身的理智

29.《尼各馬可倫理學》，1158a25-1159b3。

30.《尼各馬可倫理學》，1162a16-27。

31.《尼各馬可倫理學》，1165a36-1165b6。

的部份，而這個部份似乎是一個人的真實自身）。

其次，他希望他自身──尤其是其思考的部份──活著並得到保全，因為存在對好人來說是善。對他來說，每個人都願望自己的善，但是沒有人願意成為另外的一種存在，即使因此而得到所有的善（例如神現在所享有的善）。相反，他願望善是在他還是他自身這個條件之下。但是思考的部份就是他自身或其主要部份。

第三，他希望與他自身一起生活，因為他自身使他快樂。回憶令他安慰，所期望的更為美好，兩者都令他愉悅。而且，他的思想中充溢著沉思。

第四，他同他自身悲歡與共。因為，同一些事物同時──而不是不同事物不同時──使他感受到痛苦與快樂。所以，他不會悔恨。由於公道的人同他自身的關係具有所有這些特點，並且他怎麼對待自身便怎麼對待朋友（因為朋友是另一個自身），所以德愛便被說成是具有其中的這種或那種特點的，具有它們的人便被稱為朋友。[32]

當我們說「愛人如己」，如果以亞里士多德的立場而言，這個人根本就是自己。亞里士多德因此認為，一個不懂得自己的人，是不配有朋友的。

5.5.6 德愛與善意

希望別人好，即是善意，是德愛的起點。他分析：

善意是友善的，但還不是德愛。因為，對陌生人也可以有善意，並且這種善意可以不為對方知曉。德愛卻不是這樣。但這在前面已經說過了。善意也不是愛。因為，它不包含傾向與欲

32.《尼各馬可倫理學》，1166a12-33。

求，而這兩者總是伴隨著愛的。愛之中還包含著形成共同的道德，而善意則是突然產生的。[33]

一般的德愛可以是偶性的，但完善的德愛卻不能只是偶然的。因為德性是有持續性的，因此善意雖是德愛的起點，但單憑善意卻還不足成就德愛。他續論：

> 例如，我們會對某個競賽者突然產生善意，希望他獲勝，但是並不打算提供實際的幫助。這種善意如剛剛說過的是突然產生的、表面性的。所以，善意是德愛的始點。這就像視覺上的快樂是性愛的始點一樣。沒有對另一個人的形象上的愉悅感就沒有性愛。但是，有了這種愉悅感不一定就是性愛。只有對方不在場時就想念，就欲求著那個人到來，才是性愛。同樣，沒有善意，兩個人就不會成為朋友，但有了善意也不一定因此就成為朋友。因為，他們可能只是希望對方好，不打算實際地做什麼，也不因此去找麻煩。所以，在引申的意義上，善意可以說是尚未發展的德愛。如果繼續下去並形成共同的道德，善意便成為真正的德愛。[34]

因此，德愛雖然需要善意，但仍需要雙互的投入發展。

5.5.7 兩種自愛

根據上述分析，一個人沒有自愛，根本就不能去愛別人。那麼，一個困難的問題就是，一個人應當最愛自己，還是最愛其他某個人？

我們往往會視自愛為自私，但亞里士多德認為這並不對：

> 壞人似乎做任何事情都只考慮自己，並且越這樣他就越壞（所以

33.《尼各馬可倫理學》，1166b30-1167a11。

34.同前注。

有這樣的抱怨，說這樣的人從來不會想到為別人做些什麼）。而公道的人做事則是為著高尚〔高貴〕的事物，並且越這樣做他就越好，就越關心朋友而忘記他自己。但是，事實與上面的說法並不一致。這也並不令人奇怪。因為首先，人們說人應當最愛最好的朋友，而一個因我們自身之故而希望我們好 —— 即便我們並不知道這一點 —— 的人才是這樣的朋友。而這些特點，以及朋友的其他那些特點，都最充分地表現在一個人同他自身的關係中。因為前面已經說過，對朋友的感情都是從對自身的感情中衍生的。其次，所有的俗語，如「朋友心通」，「朋友彼此不分家」，「友愛就是平等」，「施惠先及親友」等等，也都與這個說法相合。所有這些俗語都在人同自身的關係中表現得最充分，因為一個人首先是他自身的朋友。所以，人應當最愛他自己。[35]

亞里士多德絕非自私自利的人。「好人必然是一個自愛者」[36]，因為愛就是在實現自己的德性，實現一個人根據德性而行事的幸福之道。懂得自愛的人，才會是好人，是好人的話，才能真正地和別人一同生活，一起追求幸福。

5.5.8 幸福的人也需要朋友的原因

朋友最高境界，是你即是我，我即是你。別人是你的 alter ego。所以，「說一個幸福的人自身盡善皆有，獨缺朋友，這又非常荒唐。」[37] 朋友似乎是人生在世最大的外在的善。而這種善，要有施予者，當然也要有承受施予的人。

---

35. 《尼各馬可倫理學》，1168a29-1168b10。

36. 《尼各馬可倫理學》，1168b30-1169a10。

37. 《尼各馬可倫理學》，1169b3-22。

如果把享得福祉的人，想像成孤獨的，亞里士多德認為這也是荒唐的：「如只能孤獨地享有，就沒有人願意擁有所有的善。因為，人是政治的存在者，必定要過共同的生活。幸福的人也是這樣。因為，他擁有那些本身即善的事物，與朋友和公道的人共享這些事物顯然比與陌生人和碰巧遇到的人共享更好。所以幸福的人需要朋友。」[38]

共享，需要是好人，好人共同過生活，才會幸福。某次世界盃，和朋友一起慶祝愛隊勝利，是偶然的。但和好人一起共同生活，所得到的幸福，卻不是偶然的：

如若感覺到自己存在著本身就令人愉悅（因為生命本性上就是善，而感覺到自己擁有一種善自身就令人愉悅）；如若生命就值得欲求，並且對於好人尤其值得欲求，因為存在對於他們是善的和愉悅的（因為他對那些自身即善的事物的感覺使他愉悅）；如若好人怎樣對待自己就怎樣對待朋友（因為朋友就是另一個自身），那麼，正如他自己的存在對於他是值得欲求的，他的朋友的存在也同樣或幾乎同樣值得欲求。但是，存在所以值得一個人欲求，是由於他感覺到自己好，是由於這種感覺自身就令人愉悅。所以，一個人也必須一道去感覺他的朋友對其存在的感覺。這種共同感覺可以通過共同生活和語言與思想的交流來實現。共同生活對人而言的意義就在於這種交流，而不在於像牲畜那樣的一起拴養。所以，享福祉的人的存在自身就值得欲求。因為，他在本性上就是善的和愉悅的。如果他的朋友的存在對於他也幾乎同樣值得欲求，那麼朋友對於他就值得欲求。而對他而言，凡值得欲求的東西就必須擁有，否則就存在匱

38.同前注。

乏。所以，要做一個幸福的人就必須要有好人朋友。[39]

5.5.9 共同生活對於德愛的意義

無論人生在厄運還是好運中，我們都需要朋友：

> 在厄運中我們需要幫助。在好運中我們需要有人陪伴，需要有
> 人接受善舉，因為我們可能希望這樣做。所以在厄運中友愛更
> 必要，更需要有用的朋友。在好運中德愛更高尚〔高貴〕，更需
> 要有公道的人做朋友。因為，對公道的人行善舉和與公道的人
> 相處更值得欲求。其次，無論在好運中還是在不幸中，朋友的
> 在場都令人愉悅。朋友的同情使痛苦減輕。所以我們有時候竟
> 弄不清，我們的痛苦是因朋友們真的分去了一份，還是因他們
> 的在場使我們愉悅或使我們感覺到了他們的同情而得到減輕。[40]

德愛不是抽象的關係，朋友要有共同生活、共同感覺，才算上德愛。「德
愛就存在於某種共同體之中。」[41]因為只有好人，才真正懂得自愛，能
自愛，才能知道他人的好，在好人之間的相互關愛，才能達到真正的德
愛。相互性（Reciprocality）才是德愛的重點：「和好人相處，人會跟著
學好。」[42]

5.6 總結

亞里士多德在第十卷講到最高善（perfect happiness），其實是沉思的生
活。但他立即指出，這種最高善，只有神才能做到。人根本上不能得到

39.《尼各馬可倫理學》，1170b1-18。

40.《尼各馬可倫理學》，1171a22-28。

41.《尼各馬可倫理學》，1171b29-1172a5。

42.《尼各馬可倫理學》，1172a10-15。

這種最高善，只能追求在人世中最好的善，而這種善，能實際做到，就是德愛。

亞里士多德認為朋友對人的幸福有幫助，因為朋友本身就是德性，它是根據德性發展出來的。所以，真正的友誼是根據德性來建立友誼。德愛的中心關乎德性的相互交往，而不只是為快樂和利益。假如兩人交往，首先是建基於德性，他們自然獲得快樂和益處。

亞里士多德說真正的朋友在於相互交換善的意志，他所做的一切都是為朋友而為，而不是為個人利益。由此推論，互相交換善意的朋友必定是好人，壞人是沒有好朋友的，他們只以自己為中心，只擁有賦予他功用及快樂的朋友，他不會為他人利益而做事。因此，每個真正的朋友必定是好人（good man）；換言之，人擁有好品德才有好的朋友。如果不以良好的性格品德與人交往，亦不會得到真正的朋友。

究竟友誼的建立是根據什麼原則呢？亞里士多德認為真正的朋友得來不易。事實上，「一個人不能有許多朋友，正如戀愛不能是多角的一樣」，因為維繫一份真正的友誼所花的時間也不少。況且朋友貴乎相互的交換性，友誼不像欲愛，它不是價值的評估或獲取；柏拉圖式的愛著重個人智性的追求，最終歸結為人根本不需要朋友。

至於所謂選擇還要經過審慎考慮的。朋友的交往是有感情的，在乎共處的投契。德愛不是激情，也不是受苦；它是和諧的。朋友間往往希望能夠一起共事，共同生活，互相分享生活上所有的一切，若能如此，真正的朋友便成為另一個自己（alter ego），從此，兩人有共有性，可以互相交換。

在中國傳統中，「同師曰朋，同志曰友」。「朋」是結朋，結黨的意思；「友」是互相幫忙，出入相投，同心合力之意。

中國人並不那麼簡單以「朋友」二字代表西方所謂的真正的朋友（perfect philia）。有云：「恩怨相結謂之知己，腹心相接謂之知心，聲

氣相投謂之知音。」中國傳統的友誼是肝膽相照的友誼。朱熹則「以義合者」為朋友的定義，由義合而有信。朋友不是由父母產生出來的關係，而是由選擇所產生的關係。中國以義氣、肝膽相照，同氣相投作為朋友的基礎，這也可說是對亞里士多德之德愛所作的一種迴響。然而，亞里士多德不單重視共有性，更重要的是在於以分享善的意志作為朋友的基礎。

友誼的真正意義乃令人生有意義、得幸福。友誼的存在把德性加以活動，令自己得以潤澤和提昇，這便是幸福生活的一個元素。可想而知，亞里士多德的德愛理論對個人幸福有最大的貢獻。它有別於柏拉圖的欲愛。欲愛的目的是對善的欲求及永恆地擁有，把欲愛提昇至最高境界，與至善合一；德愛則強調相互性，它並不要求與至善合成一體，它只是與擁有至善的人共同分享生活和生命。

亞里士多德所謂的德愛，是因為人類的德性而運作，最高的幸福也是靠自己的，是觀照的生活（contemplative life），它亦根據人最高的德性或說智性（intellect）而獲得，所以最幸福的人也就是讀哲學的人。

5.7 餘論一：西塞羅之論友誼

西塞羅（Marcus Tullius Cicero, 106 - 43 BCE），古羅馬著名政治家、哲人、演說家和法學家，人稱為「古羅馬最偉大的演說家」。他有很多著作，包括《論老年》（*De Senectute*, 44 BCE）和《論友誼》（*De Amicitia*, 44 BCE）。

他承繼了亞里士多德對友誼的歌頌，並與亞氏同樣重視關心交互之愛（mutual love），西塞羅認為神所賜與人最寶貴的東西，除了智慧以外，便是友誼：

> 友誼的好處簡直不勝枚舉。〔……〕如果生活中沒有那種在朋友間的相互親善中所能見到的安逸，活著還有什麼意思？假如

有一個人，你對他絕對信任，什麼事情都可以跟他說，就像和自己談話一樣，還有什麼比這更令人愉快的呢？如果沒有一個人能夠與你分享快樂，那麼你的成功不是失去了其一半價值？另一方面，如果沒有一個人比你自己還著急地為你分憂，那麼你有了災難就會難以承受。總而言之，其他的欲望都有一個特定的目標——財富是為了使用；權力是為了得到尊敬；官職是為了體面；娛樂是為了感官的享受；健康是為了免除疾苦和充分利用身體的各種功能。但是友誼有數不盡的好處。你無論走到哪裡，友誼永遠在你身旁。它無處不在，而且永遠不會不合時宜，永遠不會不受歡迎。[43]

正如亞里士多德所言，友誼是一種完全的相合，有彼此共同關懷之處，並誠懇希冀有益於對方。只有當一個人願意以良好的德行成為有德者，才會與另一個具有良好德行的人結為朋友。所以當兩個有德者成為朋友，好處很多，但要維持這種友誼，西塞羅提到一樣亞里士多德未有談及的，就是忠誠：

人們所尋求的、能保證友誼永恆不變的品質是什麼呢？那就是忠誠。任何缺乏忠誠的友誼都是不能持久的。而且，我們選擇朋友時應當找那種性格直爽、友善且富有同情心的人，能和我們一樣為某一事物所感動的人。所有這些品性都有助於保持忠誠。你決不能信賴一個老謀深算、城府很深的人。而且事實上，一個人如果沒有同情心，不能和我們一樣為某一事物所感動，他也就不可能是值得信賴的和堅定不移的。我們還可以補充一點：他不但自己不應當以指責我們為樂事，而且，當別人指責我們時也不應當予以相信。所有這些都有助於形成我一直

43.西塞羅著，徐奕春譯：《論友誼》（北京：商務印書館，2003年），頁54。

在試圖描述的那種忠貞的品格。而結果便是我一開始所說的：友誼只能存在於好人之間。好人（可以被看作相當於智者）在其對待朋友的態度方面總是會表現出兩個特徵。

第一，他完全沒有虛情假意，因為性格直率的人寧可公開表示厭惡，也不願意裝出一副笑臉掩蓋自己的真情。

第二，當朋友受到別人指責時，他不僅會加以駁斥，而且他本人也不會懷疑，或者說，他總是認為他的朋友決不會做錯事情。此外，言談舉止的溫厚也能給友誼增添不少情趣。陰沉的氣質和始終如一的嚴肅固然可以給人留下很深刻的印象，但是友誼應該少一點拘束，多一點寬容謙和，並且應該更趨向於各種友善和溫厚的性格。[44]

朋友之間是需要純潔的關係，因此需要忠誠。由於彼此的互利、互用、互愛、互樂的德愛關係中，當中也存在利害的關係，但真正的朋友只會做有利於朋友的事，當中的利害關係應是一致的。要長久維持這種關係，最重要的是忠誠，正如中國人所說的有信有義。西塞羅因此告誡我們：「但是，我首先必須告訴你們：他常說，終生不渝地保持友誼，是世上最難的事情。朋友之間可能會發生許多這樣的事情：利益的衝突；政見的不同；人的性格也常常會變化（有時是因為遇到不幸，有時是因為年齡增長）。」[45] 為保持友誼的純潔，他建議「〔……〕我們可以制定這樣一條友誼的規則：勿要求朋友做壞事；若朋友要你做壞事，你也不要去做。」[46] 因為德愛是要在好人之間才可以實現，若你要朋友變成壞人，那麼友誼也將不再存在。

44.《論友誼》，頁 71-72。

45.《論友誼》，頁 60。

46.《論友誼》，頁 62。

接著，西塞羅也談到絕交。他說：

和朋友絕交可以說是一種不幸。而有時這種不幸卻是不可避免
的。因為在這一點上，我們所談的不是智者的篤情，而是普通
人的友誼。有時會發生這樣的情況：一個人突然幹出一件傷害
朋友或陌生人的邪惡的事情。而他的朋友卻因此蒙受恥辱。在
這種情況下，應當通過斷絕來往而使友誼逐漸地枯萎死亡。我
聽說加圖過去常說：對於這種友誼，與其反目倒不如疏遠，除
非那種邪惡的行為確實凶殘得令人髮指，唯有立即分道揚鑣才
能符合廉恥和正直。此外，如果性格和旨趣發生了變化（這種情
況經常會出現），或者如果政見的分歧導致了感情上的疏遠（我
剛才已經說過，我現在談的是普通人的友誼，而不是智者的友
誼），那麼，當我們只是打算放棄友誼時，我們就應當格外謹
慎，防止出現公開的敵意。因為最可恥的事情莫過於同自己昔
日的密友反目。[47]

西塞羅談論友誼論時，提到更多形容具體的情況。他是基於亞里
士多德的理論出發，再思當中的問題。雖然物似類聚是很自然的事，但
他也想到，能找到一個跟你一樣的人，保持一生的友誼難如登天。根據
亞里士多德，想找好朋友，首先需要自己成為一個好人。但成為好人很
難，要遇到另一個好人，更難，要好人間要保持友誼，是難上加難，因
此，若想得到幸福：

正當的途徑是：首先自己做一個好人，然後再去找和自己品質
相仿的人做朋友。正是在這種人之間，我們所說的那種穩固的
友誼才能得到保證；也就是說，在那種情況下，由於愛慕而結
合在一起的人們，首先知道控制住那些奴役他人的感情，其次

47.《論友誼》，頁75。

喜歡以平等和藹的態度對待朋友，彼此傾心相助，決不要求對方去做任何有悖於美德和公正的事情，並且不僅相互關心和愛慕，而且還相互敬重。我主張「敬重」，因為如果沒有「敬重」，友誼就失去了它最光燦的「寶石」。〔……〕關於友誼，我就談到這裡。臨別時我還想提一個忠告。你們必須接受這樣一種觀點：美德是第一位的（沒有美德就不可能有友誼）；但除了美德之外（而且僅次於美德），一切事物中最偉大的是友誼。[48]

5.8 餘論二：Elizabeth Telfer 論友誼

另外，我們再談談對亞里士多德的德愛理論較新的回應。英國女哲學家 Elizabeth Telfer 上世紀七十年代所寫的文章〈論友誼〉是對亞里士多德德愛理論的進一步發展及批評。它以分析的方法討論友誼的問題，基本上仍是亞里士多德的立場。[49]

Telfer 的討論有更多的內容，包括友誼的條件、責任和價值。她認為，朋友之間是分享的，有共同的興趣、生活，並且朋友間還有一種喜悅的情感關係。朋友之間也有責任，彼此是有義務的。朋友遇上困難必會提供幫忙。朋友不一定是善，某方若有錯誤，也應該給予勸告；他們所做的完全是為朋友設想，絕對不會因為朋友不善而不給予幫忙，所以這是責任的問題。在文章最後，Telfer 回應亞里士多德的立場，她認為人生需要朋友才會變得豐盛，朋友不一定是跟自己相同的，正由於彼此有別才可分享更多不同的經驗，擴大更多的知識，人生才顯得更有意義。友誼不是偶然出現，而是需要努力、抉擇、理性及情感的投資，但

---

48. 《論友誼》，頁 76。

49. Elizabeth Telfer, "Friendship", *Proceedings of the Aristotelian Society*, New Series, vol. 71 (1970 - 1971), p. 223-241.

德愛仍是人的生活中最好的現象。友誼必然是一種相互交往的關係，必須雙方共同努力，方能維持。

回顧一生，兩個陌生人在茫茫的人海裡相遇，大家可能只是匆匆交換一個眼神，便要擦肩而過。可是，當中有人卻能成為好朋友。友誼能否維持，視乎兩人的努力，即兩人的相互性、共同性是否存在，情愛亦然，不是一擁有就能永遠擁有。人會不斷成長、改變，千載不變的友誼是可遇不可求的。在人生的不同階段，我們可能會交上不同類型的朋友，曾經跟他／她超越利益、快樂，成為德性的關係，或因為種種原因，朋友可能會日漸疏遠，最後分離。友情的消失，雖然可惜，但卻是無可奈何的事。

5.9 友誼德愛之可能性

愛默生（R. W. Emerson, 1803-1882）在隨筆中寫道：「友誼，就像靈魂的不朽，好得讓人難以置信。」（Friendship, like the immortality of the soul, is too good to be believed.）[50]康德曾言：「我的好友們啊，根本沒有好友！」（Meine lieben Freunde, es gibt keinen Freund!）[51]這類的說話，不止康德講過，德里達（Derrida, 1930-2004）、蒙塔涅（Montagne, 1784-1866）也講過，都似在迴響著亞里士多德的理論。

我曾在另一篇學術文章裡談到[52]，若我們要求最好的朋友都要像我一樣，那麼真正的友誼是否可能得到？我如何找到這個人？我又怎知道，這個人，真的跟我一樣？在文中我問道，要找到一個跟自己一樣的人，

---

50. R. W. *Emerson*, Essays, 1841.

51. Immanuel Kant, *Metaphysik der Sitten*, Hamburg: Verlag Felix Meiner, 1966, p. 331.

52. 參看〈德愛之現象學〉，見《生死愛欲》第 II 冊附錄。

首先我需要清楚知道，自己是個怎樣的人。在亞里士多德談自愛的時候，沒有懷疑過，這個自愛的對象（即自己），是不是真正的自己呢？

用海德格的說話，就是一個本己的我（authentic self），跟另一個本己的我在一起，這是否可能呢？我在這篇文章問：「尋找和理解真實和本己的自我是我的任務。因此，這裡存在矛盾：為了擁有一個作為另一個自我真正的朋友，我必須知道我的真實自我是什麼。但是，我們無法確定對自己的了解，更不用說我的真實自我了。因此，我如何確定自己的朋友的自我，與自己的自我相同或不同？」[53] 要完整的理解自我，才能有德愛的話，那德愛如何可能呢？因為人總是在本己和非本己的狀態下混然生活。人不能每時每刻都如亞里士多德理想中的情況，都是理性地活著。

撫心自問，我們有沒有真正的朋友呢？如果沒有，是我的問題嗎？亞里士多德跟海德格不同的地方，是整本《倫理學》都是教導式的（instructive），教我們如何過生活。友誼也是為了過幸福生活的必需品。然而，亞里士多德這天縱之才，到底有沒有朋友呢？若根據他的定義，不可能有能企及他的人，換言之，他也沒有真正的朋友。那麼，他幸福嗎？

53. Cheung Chan-Fai, "It is my task to seek and understand what my true and authentic (eigentliches) self is. Hence the paradox: in order to have a true friend as my other self, I have to know what my true self is; but there is no certainty of knowing myself, let alone my true self. Thus how can I be sure to know the self of my friend to be the same or identical self of myself?" 收於 "On the Possibility of a Phenomenology of Philia" in *Existential Questions: Life, Love and Death - Chinese and Western Answers*, Waldkirch, Germany: Edition Gorz, 2019, p. 150.

第6章
欲望的治療 I —— 伊壁鳩魯式的方案

6.1 希羅時代哲學的基本問題

希臘化時代（Hellenistic period）是希臘文化影響歐亞的時代。本來，
「希臘」所指涉的是愛琴海附近的島嶼，雅典就是希臘的文化中心。
一般史家認為希臘化時代始於公元前323年，馬其頓的亞歷山大大帝
（Alexander the Great）逝世，權力核心開始轉移，連帶文化中心亦慢慢
轉移至羅馬。希臘化時代終於公元前31（30？）年，羅馬帝國的開國君主
奧古斯都（Gaius Julius Caesar Augustus）侵佔托勒密王國（Ptolemaic
Kingdom），此後羅馬地位日隆，開啟了羅馬帝國的時代。換句話說，
希臘化時代可被認為是希臘古典時代和羅馬文化之間的過渡時期，因此
泛稱這個時期為「希羅時代」。

　　嚴格來說，希羅時代的文化不是古希臘文化的直接延續，因為古希
臘文化的傳播在各個地方有了不同的融合，這塑造了新的特色。公元前
387年，柏拉圖在雅典城外建立的「學園」是世界上第一所高等學府；其弟
子亞里士多德在公元前335年亦建立了自己的學園「呂克昂」（Lyceum）。
雖然學園由兩位宗師級的人物建立，但是其聲勢在希羅時代都不及另外
兩個學派，那兩個學派就是「花園學派」（The Garden）與「斯多亞學派」
（Stoa）。「花園學派」由伊壁鳩魯（Epicurus）在公元前307年所創，稱之
為「花園」，因為他的學派正是以他的住屋及附近的花園為研究地點；「斯
多亞學派」則由芝諾（Zeno）在公元前305年左右所創，學派稱之為「斯多
亞」，源自「屋頂的柱廊」（Stoa poikile），因為他們常在屋頂的柱廊講學

聚會，故又稱「走廊學派」。「花園學派」與「斯多亞學派」的興起，正是希羅時代哲學的特色所在。

希羅時代的哲學，所關心的基本問題是什麼呢？希羅時代始於亞歷山大大帝死亡，那時權力失了重心，雅典亦陷入崩潰，接著的是連年戰亂。柏拉圖與亞里士多德的時代相對和平，此後的人大都活於戰亂之中。在這個背景下，哲學課題的轉移也就很容易理解了。柏拉圖與亞里士多德的古希臘哲學傳統以知性探究宇宙規律與城邦政治，藉此建立客觀知識的體系；希羅時代的哲人對此逐漸失去興趣，他們最關心的是個人生活的幸福。

我以「欲望的治療」（the therapy of desire）來概括希羅時代的哲學，其實是借用了美國當代哲學家瑪莎・納斯鮑姆（Martha Nussbaum）的書名[1]。她以此為題，是因為她認為「花園學派」與「斯多亞學派」同樣重視「欲望」。欲望帶來了愉悅與痛苦，但是我們不能隨意宣洩這些愉悅與痛苦，所以要有所對治。這裡所謂「對治」，她用的字是therapy，平日我們有情緒困擾，會找心理輔導，一般稱之為心理治療（Psychotherapy）。事實上，therapy的字根是*therapeia*，有調理、看護、培養之意，並不是機械式的治療過程。兩派既然以對治欲望為中心，我們不難發現他們的哲學所提倡的是一種生活之道（a way of life）。哲學固然可以探討宇宙的本質，不過歸根究柢都要跟人的生活相關。這就是說，探討宇宙的本質是為了人生的結構，藉此探究來建立幸福快樂的人生。這樣說來，希羅時代的基本哲學問題就是：

1. 何謂幸福人生？（What is a happy life?）

2. 我應該做個怎樣的人？（What sort of person should I be?）

3. 我應該採取什麼生活方式與法則？（What life-style and polices

---

1. Martha Nussbaum. *The Therapy of Desire* （Princeton: Princeton University Press, 1996）.

should I adopt?）

這三個問題是層層遞進的。首先是確立幸福人生的標準，在這個標準下，進而說明「我」應該做個怎麼樣的人，最後說的就是具體的法則，指出「我」應該用什麼法則生活。一言以蔽之，希羅時代的哲學就是實踐哲學（practical philosophy）。哲學的目的在於解決人生的問題，說明如何可以達致幸福快樂的人生，「幸福」是討論的中心。

但是要如何達致幸福呢？這當中涉及了「實存的抉擇」（existential choice）。「花園學派」與「斯多亞學派」的主張恰好相反，伊壁鳩魯開宗明義主張享樂，斯多亞學派卻主張禁欲。雖然如此，兩者卻指向同一目標：我們要達致平靜而安寧的心境，藉此去除痛苦，得到幸福。在這個意義下，哲學不是柏拉圖式的靈魂轉化，哲學是以智慧解決痛苦，對治我們的憤怒與不幸。我們之有痛苦、憤怒、不幸，往往源自我們的錯誤判斷。很多人不幸福，因為他們追求了錯誤的對象，這源於他們的無知。哲學的作用，在於以知識解除世人的錯誤與迷信，讓我們看清楚生命的本質，這樣幸福才是可能的。他們都認為痛苦的根源在於無知，「惡」（evil）其實不在事物本身，罪惡是價值判斷之後的結果。事物本身是沒有善良與罪惡的，判斷才有對錯可言。人類有了錯誤的判決，就會產生痛苦。所謂「實存的抉擇」，就是要轉化我們的看法，改變我們對事物的理解，這樣我們做判斷時就能避免錯誤，而會選擇正確合適的方式來成就自己的幸福人生。哲學的治療作用正在於此，我們有正確的理解糾正錯誤的想法，最後可以達致內心的平靜（inner tranquility），而心境平靜就是真正的幸福。

以下我們首先從「享樂主義」（Hedonism）入手，說明這套人生哲學的基本立場，繼而闡明伊壁鳩魯的花園學派在什麼意義下其實也是一種享樂主義。

6.2 享樂主義

相信大家或多或少都會聽過享樂主義，這套哲學認為**幸福即是快樂**（happiness as pleasure）。在人生中，快樂是終極的指標，我們應該以此衡量其他事物的價值。這也是大部份人對於幸福的理解。在美國的獨立宣言中，美國人不但強調生命與自由為人民的天賦權利，而且他們強調幸福的追尋（the pursuit of happiness）。時至今日，這套以追求幸福為基本人權的想法風行全球，享樂主義成為了現今世代的特色。

泰格的四類快樂

人類學家泰格（Lionel Tiger）在《快樂的追尋》（*The Pursuit of Pleasure*）[2]指出「快樂」的感覺有不同的形式與強度，大致可分為四類：

第一類是生理快樂（physio-pleasure）。這種快樂最易理解，吃喝玩樂大部份都是生理快樂。肚子餓了，吃飯就會感到快樂；口渴了，飲水就會感到快樂；有性需要，做愛就會感到快樂。這些快樂，都跟我們的感官經驗有關，也就是跟我們的身體有關。

第二類快樂是社會快樂（socio-pleasure）。2005年，《時代週刊》有一期的專題探討快樂，指出全球最快樂的地方是菲律賓。菲律賓雖然窮困，但是他們的人民是最快樂的。有些朋友的家有菲籍傭工，月薪大抵是數千元，原來已是他們在菲律賓的家人的二、三十倍。菲律賓的大學畢業生，月薪平均只得三、四百元。這可算是個貧窮的國度了，但是他們卻是全球最快樂的人。快樂的地方何在呢？就在於他們有社會快樂。所謂「社會快樂」，就是說人在群體相處時會產生一種特殊的快樂感覺，這種感覺是獨處時沒有的。菲律賓人喜歡集體活動，一大群人唱歌

---

2. Tiger, Lionel. *The Pursuit of Pleasure* （New Brunswick, N.J.; London: Transaction Publishers, 2000）.

跳舞，所產生的快樂即是社會快樂。我們平日的活動如飲茶、打麻雀等等，都是集體活動。為什麼我們會喜歡這些活動？不就是因為這些活動帶來社會快樂嗎？倒過來說，只能夠一個人生活是最痛苦的，好像坐牢的人受到最嚴重的懲罰就是被隔離，獨自一人監禁，這是壓迫一個人的最好方法，因為你取消了他的社會快樂。

第三類是心理快樂（psycho-pleasure）。這種快樂往往建基於想像，想像我們若是做到某件事，會覺得那就好了。最後就算我們做不到那件事，單憑想像已經很快樂了。就像某些男生幻想自己跟心目中的女神相戀，單是可以面對面傾談就很高興了。又例如說，有些人幻想自己中六合彩，中了六合彩後乘飛機一定不再坐經濟客位，而會轉搭商務艙，連酒店也指明五星級。這些快樂不僅僅是肉體的，其中還有榮耀的感覺，好像自己置身於上流社會。這些快樂，就可以稱為心理快樂。

第四類是意念快樂（ideo-pleasure）。這是一種理性的樂趣，例如我們做數學習題的時候，苦苦思索都想不通，突然靈光一閃找到解決辦法，就會產生一種特殊的滿足感。這就是意念快樂。意念快樂也不限於數學，有時我們玩玩某些益智遊戲，例如魔術方塊，如果能夠將雜亂的排列還原為一面一種顏色，完成後也會有滿足感，這也是意念快樂。

這四類快樂是不是我們日常追求的東西呢？儘管我們對泰格的劃分可能有意見，但是我們很難否定這些快樂都是我們一般人所追求的。如果一個人同時具備上述四類快樂，我們也很難否定他是個幸福的人。想像一下，一個人衣食住行無憂，相識又滿天下，心態易於滿足，又有基本智能學習，這種人會不快樂嗎？

亞里士迪帕斯 —— 自我中心的享樂主義（Aristippus: Egoistic Hedonism）

泰格的理論是描述性的。那就是說，他描述了快樂的種類，而這些

種類又有何特點。當然他也有個人的理論基礎，主要是心理學式的。然而，他卻沒有申論快樂的規範意義（normativity）。現在我想指出，2500多年前，已經有人為享樂主義辯護，明確指出享樂主義是合理的，並為之提供理論根據。這一個人，就是亞里士迪帕斯。

他出身昔蘭尼（Cyrene）的富裕之家，慕蘇格拉底之名而拜師學藝。在他眼中，蘇格拉底是個快樂的人，享受生命中的種種，即使面對逆境亦坦然面對。蘇格拉底臨終的時候說過，一個人不僅要活著，還要活得好。這句話也成為了亞里士迪帕斯的生活指引，只是他認為「好」的意思，就是要過幸福快樂的生活。

亞里士迪帕斯認為人的感受可以粗略分為兩種，一是快樂，一是痛苦。人生的目的就在於追尋快樂，逃避痛苦。這個說法聽來沒有什麼特別，一般人日常不就是這樣生活嗎？箇中關鍵在於這是一套理論，他是有理論基礎的。一旦我們接受了「快樂」為人生的終極價值，隨之而來的問題就得好好處理。假設我們以亞里士迪帕斯的享樂主義為指標，則「快樂」是我們判斷是非曲直的標準，我們所做的行為符合這個標準就是好的，不符合就是不好的。這不僅是一種生活態度，也是一種道德哲學。這套道德哲學認為，符合「趨樂避苦」原則的就是好的行為，不符合的就是壞的行為。如果一個人為了滿足自己的欲望而行事，你不能批評他是不道德的，事實上他是很道德的，因為他以享樂主義為其行事的根據。

他的理論立場以個人為本，那就是以一己的快樂為行事的原則，史稱之為「自我中心的享樂主義」。他的享樂主義尤其重視生理快樂，而且是當下肉體的快樂。對他來說，剛才提到的心理快樂都是虛假的，就像「望梅止渴」的故事，梅子並不存在，只是我們幻想出來的。他反對這種不真實的快樂，認為當下肉體的快樂才是切切實實的。為什麼強調「當下」呢？畢竟世界在變，過去的事已成過去，未來的事尚未到來，唯有現在一刻可以直接把握。就像活於亂世的人，他們最希望的是今朝有酒今

朝醉，過去已經不再，未來並不確定，只有當下是切切實實的。

　　有一個故事可以充分反映他的立場。萊絲（Lais）是當時有名的妓女，亞里士迪帕斯跟她有過一段同居的日子，有人批評他跟人盡可夫的女子同居是無恥的行為，他就問批評者：「你認為別人住過的屋子一定不能再住嗎？」批評者說可以再住。他再問批評者：「你認為別人駕駛過的船一定不能再駕嗎？」批評者說可以再駕。「那麼跟妓女同居又有什麼可恥？」批評者立即啞口無言。這個故事反映他不怕旁人譏議，能夠肯定自己所追求的是什麼。而且他補充說自己佔有了萊絲，卻沒有被她所佔有。這說明了，亞里士迪帕斯重視「自主性」。他自覺可以主宰自己與他人，同時不能被他人所控制。沙特曾經說過：「**我們被自己佔有的東西所佔有。**」（"We are possessed by what we possessed."）例如我們擁有了手機，好像很方便，隨時可以打通電話，但是我們同時變成隨時候命，別人一打電話來就得接聽。進而言之，我們愈追求財富、名譽、權力，就愈被財富、名譽、權力牽著走，最後變成它們佔有了我。這不是亞里士迪帕斯的立場，他講求自主性，作主的是自己，不讓自己成為別人的奴隸，這樣快樂才是可能的。

　　因此，他不追求複雜的東西，他追求的是輕易而快樂的人生（easy and pleasant life）。只有輕易的事物，才容易有自主性。同時，活在當下也減免了不必要的顧慮與麻煩。還有一條原則，就是免除承諾，不負責任（Non-commitment, No responsibility）。一旦講求承諾或者責任，就沒有什麼自主性可言，同時也不會活得輕省簡單。亞里士迪帕斯的說法是享樂主義的雛型。時至今日，香港人大部份都是這個意義下的享樂主義者。飲飽食醉，日後再算，這不正是今天香港人的寫照嗎？今朝有酒今朝醉，明天的事明天了，活在當下才是切實要務。在這個意義下，述說他的哲學立場可說是具備時代意義的。

　　事實上，亞里士迪帕斯的理論不是憑空而來的，他的說法與幾位

希臘哲人都有關係。例如赫拉克利特（Heralitus）說過萬物都在流變之中，因此人不可能踏進同一條河兩次。因為再踏一次的話，水非前水，人非前人，水與人都在流變中，已經改變。這是亞里士迪帕斯堅持活在當下的源頭。又如普羅塔哥拉斯（Protagoras）認為人是萬物的尺度，所以事物本身沒有什麼客觀真理可言，人說什麼是真理，那就是真理。這啟發了亞里士迪帕斯只相信個人的感覺，我的感覺才是最真實的，其他的事都不能確定，因而成就了他自我中心的享樂主義。再如德謨克利特（Demoncritus）提出的「原子論」（Atomism），認為宇宙一切都是由最細微的原子所組成的，人的生命也由原子組成。生命不是由靈魂與肉體結合而成，生命就是一堆原子，死亡為原子帶來新的組合方式。人死如燈滅，沒有什麼死後世界可言，因為沒有所謂的靈魂存在。這令亞里士迪帕斯更肯定活在當下的信念，只有今生今世是真實的，死後再無什麼幸福可言。可以說，亞里士迪帕斯的學說融合了古希臘幾位哲人的思想，經過重構之後應用於人生，成就了享樂主義的原初模型。

楊朱的極端享樂主義

說到享樂主義，不得不提中國的楊朱。西方的享樂主義以亞里士迪帕斯為源頭，中國的享樂主義則以楊朱為代表。根據先秦的典籍，楊朱的活躍年代在墨子之後，在孟子之前。他的學說曾經風行天下，孟子說過天下學說不歸於楊即歸於墨，可見他的學說可與墨家並分天下，其說後來慢慢式微，至今沒有留下親筆著述，其學說內容主要見於《列子》。有言《列子》是部偽書，即不是春秋戰國時代的作品，經考證後大概認為是魏晉時代的後人偽託。因此，書中所述的楊朱雖然真有其人，書中內容卻難以保證是楊朱的真確言論。無論如何，這不影響我們的判斷，因為我們重視的是理論，而不是年代考證。就算最後證實了《列子》所記的楊朱學說不是歷史上的楊朱所述，也不影響《列子》中的楊朱那套享樂主義的

理論效力。歷史事實與哲學理論，我們關注的是後者，偽託之書不妨礙理論的強度。以下內容，即以《列子‧楊朱》為文本根據。

楊朱的基本理論立場是「重生貴己」。「重生」，即是重視生命；「貴己」，即是強調自己。這個理論立場不是純粹的論斷，他有論證過其合理性：

> 萬物所異者生也，所同者死也；生則有賢愚貴賤，是所異也；
> 死則有臭腐消滅，是所同也。雖然，賢愚貴賤，非所能也；臭
> 腐消滅，亦非所能也。故生非所生，死非所死，賢非所賢，愚
> 非所愚，貴非所貴，賤非所賤。然而萬物齊生齊死，齊賢齊
> 愚，齊貴齊賤。十年亦死，百年亦死，仁聖亦死，凶愚亦死。
> 生則堯舜，死則腐骨；生則桀紂，死則腐骨。腐骨一矣，孰知
> 其異？且趣當生，奚遑死後？

楊朱對於生死問題早有明確立場。他指出人的生存狀態各有不同，故有賢人、愚人、貴人、賤人等差異，但是不論賢愚貴賤，有一樣東西是一致的，就是他們都會死亡。死了之後也是一樣，屍體都會臭腐，最後剩下白骨一副。生存的歲月縱有長短的不同，人亦有賢愚貴賤的差異，但是說到最後都是難逃一死。堯舜與桀紂雖然有仁聖與凶愚的分別，但是死後都是白骨而已。楊朱的信息很明確：人最後都會死亡。在這個前提下，他透露自己的立場：「且趣當生，奚遑死後？」即是說，暫且以今生為樂趣，死後世界如何毋須談論。畢竟生命是短暫的，死亡是必然的，在有限的人生中，如何活得快樂有趣才是要務。關於這個問題，他有過更詳細的講法：

> 百年，壽之大齊；得百年者，千無一焉。設有一者，孩抱以逮
> 昏老，幾居其半矣。夜眠之所弭，晝覺之所遺，又幾居其半
> 矣。痛疾哀苦，亡失憂懼，又幾居其半矣。量十數年之中，迥
> 然而自得，亡介焉之慮者，亦亡一時之中爾。則人之生也奚為

哉？奚樂哉？

他指出一個享有百歲壽命的人，千中無一。這個千中無一的人，年幼無知與年老昏沉去了一半日子；晚上睡覺與白天發夢的日子又去了一半；痛苦哀愁的時間又再去了一半日子。這樣算下來，一個人快樂的日子實在寥寥無幾。在這個角度考量之下，重視今生今世實在是正常不過的事情。

這就是「重生貴己」立場的理論基礎，楊朱的享樂主義就在這個基礎之上建立。他認為重視生命的具體表現，在於縱情享受各式欲求。他更將最重要的享樂分為四種：住屋、穿衣、飲食、色欲。他說：

豐屋美服，厚味姣色，有此四者，何求于外？有此而求外者，

無厭之性。無厭之性，陰陽之蠹也。

楊朱所渴求的，無非是住屋、穿衣、飲食、色欲四樣事情上的滿足，於此之外再有所求就是貪得無厭，他稱那些人為天地之間的蛆蟲。換到今時今日這個時空環境，人的欲求也沒有什麼重大改變。有沒有人不追求上述四樣事情的滿足呢？

純粹以理論說明難免抽象，於是他援引「子產相鄭」的故事說明他的理論。故事比較長，我姑且簡單說明一下：子產是鄭國有名的宰相，在他治下鄭國上下皆服。可是子產的兩名兄弟中，一個好酒，一個好色。好酒的公孫朝，積聚的酒足有千鍾，而且他喝酒的時候絕不過問世事，管他天下大亂大治；好色的公孫穆則盡攬天下美女，可以在家中後庭與美女共歡三月而不出門，尚且意猶未盡。子產見情況不妙，問計於鄧析。鄧析就叫子產向他的兄弟述說「性命之重」與「禮義之尊」。之後，子產果然向兄弟述說一番儒學的大道理，指出人禽之辨在於人會思考，而懂得思考的才知道禮義之道，才不會耽於各式欲望，這樣性命方可得保。結果，兩兄弟恥笑子產的無知，其實他倆早經思索，現在的行為是思索後的成果。他們指出生難死易，而他們確知自己的樂趣所在，如果

不在有限的生命享受快樂，那才是真正的愚蠢。禮義之尊都是矯情的人編說的鬼話，最重要的是知道快樂的所在。他們所擔心的，不是禮義是否得到彰顯，而是自己的肚皮容不下世間美酒，自己的精力享不盡天下美女。名聲對比快樂，根本毫不重要。

這種重視快樂多於名聲的觀點，遍佈整個篇章。楊朱又以聖人禹舜周孔與暴君桀紂對比，再次申明名聲之虛與快樂之實。舜、禹、周、孔均為聖人，生時奔波勞碌，死後雖有美名亦無法享用。他說：

> 凡彼四聖者，生無一日之歡，死有萬世之名。名者，固非實之
> 所取也。雖稱之弗知，雖賞之不知，與株塊無以異矣。

生而無歡，死後加封什麼名號也好，就好像給枯葉獎賞一樣，再無意義。反觀桀紂兩位暴君，生前作惡多端，卻享盡榮華富貴，權傾天下，最後身死受盡天下罵名，但是死後的臭罵毫不影響他們倆人，就好像給枯葉懲罰一樣，亦無意義：

> 彼二凶也，生有從欲之歡，死被愚暴之名。實者固非名之所與
> 也，雖毀之不知，雖稱之弗知，此與株塊奚以異矣。

在這個背景下，你會選擇做聖人還是暴君？做了聖人，就與玩樂無緣，吃喝亦成問題，而且任重道遠，肩負天下之憂；與聖人相比，暴君只需關心自己的逸樂，生前享盡天下之樂，死後已是另一回事。楊朱的信息很清楚，選擇做聖人是不智，選擇當暴君是聰明。背後的原因，在於名聲之虛幻，唯有利益與快樂才是實實在在的。以我閱讀過的篇章，《列子‧楊朱》可謂享樂主義者的極致，它明顯反對哲學傳統的主流，無論是中國的儒、道、佛，還是西方的柏拉圖與基督宗教。對於楊朱來說，道德不過是矯情的表現，贏得的是虛名。只有生前的快樂是實在的，因為死後有無快樂並無保證可言。

享樂主義的問題

楊朱的論證是否真的如此牢不可破？驟看之下，他的說法極具說服力，一生人短短數十年，如果不縱情享樂不就是浪費了嗎？事實上，中國人的思想雖以儒家為宗，但是落在庶民生活之中卻是切切實實的享樂主義。我敢宣稱，全世界所有民族都不及中國人那樣注重飲食。我曾經到過歐洲留學，最難吃的國家首推英國，其次就是德國。這是基督宗教影響下的遺風，因為基督宗教重視的不是此世，而是彼岸，因此人間的享受都及不上天國，基督徒甚至不應該享受人間的東西，因為這些欲望往往跟邪惡有關。食色之欲，在基督宗教都涉及到「罪」，也成為了「七宗罪」的其中兩項。學者李澤厚卻指出中國人有別於西方「兩個世界」的觀念，我們只有一個世界，我們生活的意義就是在這個世界快樂生活。他宣稱中國思想以「樂感文化」為代表，注重的是此生之樂。這樣說來，享樂主義既有傳統根源，又有理論根據，的確是牢不可破的論說。

但其實問題沒有這樣簡單。享樂主義本身有各種理論困難，很難成為我們的人生指標。

第一個問題在於享樂主義者往往沒有區分欲望（desire）與欲望對象（object of desire）。舉一個例，如果我現在肚子餓，想吃漢堡，你給我一個巨無霸（Big Mac）我就會很滿足。咬一口，牛肉的油香與生菜的清爽混合得天衣無縫，這種口腹之欲的滿足應該不難理解。可是，到底是巨無霸本身讓我快樂，還是我對巨無霸的欲望得到滿足讓我快樂？想一想就能夠明白，如果我吃一個巨無霸會快樂，吃十個巨無霸是否就有十倍的快樂？顯然不是，而且吃了十個還會反胃，那不是享受，而是懲罰。因此，不是巨無霸本身令我快樂，而是我對巨無霸有欲望，這個欲望得到滿足，所以我感到快樂。再舉個例，你將天下間的絕色美女用來引誘一般男人不難，因為男人往往對女人有欲望，但是絕色美女引誘不了一種男人，就是男同性戀者。理由很簡單，就是男同性戀者對於女人

沒有欲望。在這個意義下，快樂是一個負面概念（negative concept）。人有欲望，欲望得不到滿足則痛苦，得到了滿足則快樂，但是痛苦與快樂並非平等的，因為人肯定會有欲望，但是欲望不一定可以滿足，因此痛苦的情況遠遠大於快樂。而且苦先於樂，快樂只是痛苦的暫時免除。快樂之為負面概念，就是在「暫時免除」這點上說。

後來弗洛伊德對欲望的分析就很精彩。他指出問題所在不在欲望對象，而在於我們本身的欲望。欲望本身卻是難以言詮的，不像理性分析那樣可以鉅細無遺表達清楚。例如有些男人顯然愛上了某個女人，但他口裡說不；原來他愛上的是女人頸後滲出來的香水味，聞到這種氣味才有性快感，但是這個女人本身並不吸引他。弗洛伊德的學術貢獻，在於他顯示了欲望的複雜與瑣碎，這些都與我們的心理有關。欲望往往不是指向某個具體的對象，好像楊朱所肯定的「豐屋美服，厚味姣色」。一旦我們擁有了這四者，我們也不會滿足並就此快快樂樂生活下去。欲望會繼續以不同的方式刺激我們，楊朱式的享樂主義顯然是過分簡單了。

第二個問題是身體的限度。子產的兩兄弟好酒好色，他們也指出最大的問題在於自己的酒量與身體不足以享盡天下美酒與美女。很簡單，如果今天我請你吃鮑魚、燕窩，但你今日疴嘔肚痛。在這個情況下你可以吃什麼？疴嘔肚痛令你今日對鮑魚、燕窩完全沒有食欲，不是鮑魚、燕窩決定你有沒有食欲，而是身體有其限度，容不下無限量的快樂。子產的兩兄弟，如果一個肝臟有事，一個變成性無能，酒色對於他倆就由享受變得難以忍受了。這是我們身體的限制，而且往往不由自主。

第三個問題涉及「當下」的理解。無論亞里士迪帕斯或楊朱，都肯定當下的快樂。所謂「當下」，其實是難以界定清楚的。我們說這一刻是「當下」，但是它立即就過去了。事實上，「當下」難免要放到更廣闊的背景之下理解，脫不了跟過去與未來的關係。如果所謂「活在當下」就是忘記過去與否定將來，我們貪一時之快就後悔莫及了。後來伊壁鳩魯與斯多亞

學派都指出,「活在當下」的說法是愚蠢的。這裡可以有兩個說法:第一種是「**人永遠都活在當下**」,我們不能回到過去,穿越未來,所以說「活在當下」是無謂的講法,人根本不可能不活在當下;第二種是「**人不能活在當下**」,因為人的存在方式是超越於當下,而與過去、未來有聯繫,所以人可以規劃未來,也可以回憶過去,從而指導自己當下的生活。人是時間性的存在者,因此人的當下亦無隔絕過去、將來的可能。

第四個問題關於「不朽」與「責任」的地位。享樂主義者大都否定「不朽」的存在,關於這點楊朱表現得很明顯,他的享樂主義正是建基於「重生貴己」的觀點之上,否定了「不朽」的存在。如果真有不朽存在,死後有公義的審判,享樂主義者的下場應該十分慘淡,因為他們是不講責任的。對於他們來說,「快樂」是人生的目的,其他的人與事都是這個目的之下的工具而已。好像楊朱所述的暴君桀紂,一般人有這種權力不講責任嗎?就算擁有,被推翻後的桀紂如果沒有身死,被活捉後的懲罰應該相當慘重。這樣的生活可算是快樂嗎?在人倫社會之中,一個不講責任的人,很難獲得什麼真正的快樂,因為他不會得到其他人的信任。在沒有信任的基礎之上,很多利益與享受都談不上了。

6.3 伊壁鳩魯式的「享樂主義」

說伊壁鳩魯是享樂主義者,多少有點誤導。他的學說的確是以「快樂」為目標,但是有別於上述亞里士迪帕斯與楊朱式的享樂主義。一般人望文生義,見到「伊壁鳩魯式」(Epicurean)就以為是享受奢侈欲望,這是誤解。伊壁鳩魯並不鼓勵放縱欲望,恰恰相反,他提倡節制欲望。

伊壁鳩魯開創了「花園學派」,在他的花園門外佇立了一段文字,大意是說這個學派以「快樂」為至善,園內會有足夠的麵包與清水提供,但是花園不會刺激你的欲望,反而會遏止它。這段話可謂簡括點明了伊

壁鳩魯學說的宗旨，他的確是以快樂為宗，但是快樂的達致不在刺激欲望，而在內部控制欲望。從內部控制欲望，就是不以外在條件為快樂的依憑。剛才說到的亞里士迪帕斯與楊朱都從外在的事物著手，藉以滿足我們的欲望，例如好酒的公孫朝，滿足他的方法就是提供天下間的美酒給他。問題卻是，一旦無酒供應給他，他會否快樂呢？就算有酒提供，若然那是劣質的酒，帶來的恐怕也不會是快樂。再如亞里士迪帕斯，他說到快樂要有「自主性」，但是他肯定的欲望對象都是求於外的，以外在的東西來滿足自己的欲望，說到底也是有所倚靠，不能做到真正的自主。伊壁鳩魯指出真正的自主不在追求外在的事物，而在內在欲望的控制。控制如何可能？那就要讀哲學了。《致美諾寇的信》（*Letter to Menoeceus*）說道：

> 不要因為年輕就耽擱了學習哲學，也不要因為年紀大而感到學習哲學太累了。因為一個人在靈魂的健康上不會時機尚未成熟，也不會時機已過。說還沒有到學習哲學的時候或是說時機已經錯過的人，就等於在說在獲得幸福上時機未到或已經錯過一樣。所以，無論青年人還是老年人，都應當學習哲學。對於老年人，可以通過美好的經歷而立即變得年輕；對於青年人，則可以由於不再對未來懼怕而變得成熟。我們要關注的是在一切實踐中追求幸福。如果我們獲得了它，我們就有了一切；如果尚未獲得，我們要盡一切努力去獲得它。[3]

讀哲學永遠不會來得太遲。無論是年青或是年老，都需要智慧的潤澤。所以哲學不會來得太早，也不會來得太遲，哲學總是適時的。我們的心靈有時受到蒙蔽，令我們想不通某些迷茫與痛苦，這個時候哲學就

---

3. 中譯本見包利民等譯：《自然與快樂：伊壁鳩魯的哲學》（北京：中國社會科學出版社，2004 年），頁 30。下稱《伊壁鳩魯的哲學》。

是指引我們解除痛苦的明燈。對於伊壁鳩魯來說，哲學的最大作用在於治療，他經常以此兩者作對比：

> 若無法治療心靈的苦難，哲學只是空話；情況就如，若無法解
>
> 除身體的疾病，醫學可謂毫無助益。[4]

醫藥不能治病是無用的；類比言之，哲學不能解除心靈疾病不過就是空言。哲學能夠對治心靈疾病，在於哲學以理性的分析驅除心靈各式紛擾而煩亂的意見，讓我們得到真正的快樂。關鍵是我們的心靈。人類會感到痛苦，其中大部份並非源自直接的感官經驗，而是我們的心靈有病。心靈接受了迷信之說、虛假意見，這些都為我們帶來痛苦。在這個意義下，哲學對治的正是心靈的疾病。他肯定說，只要知道人生之中的限制，明白有些事情是可以的，有些事情不可勉強，那麼我們就會快樂得多：

> 知道好的生活的限度的人，也知道由於匱乏而來的身體痛苦是
>
> 容易消除的，完滿的生活是容易達到的，所以他不需要那些必
>
> 須通過苦苦爭鬥才能獲得的東西。（《主要原理》21條）[5]

快樂不自外求，名利權都沒有絕對的保證，唯有內在的快樂可以憑自己的工夫控制。這是向內而求，快樂因此有了保證。

因此，伊壁鳩魯相信人是自主的。他的花園歡迎所有人士，包括女人與奴隸。西方哲學史上，伊壁鳩魯是第一位強調「所有人皆平等」（All men are equal）的人。即使柏拉圖肯定正義，他的理想國度也是要區分等級的。伊壁鳩魯之所以強調眾人平等，在於他認為每一個人都有權利與能力獲得心靈的平靜，這裡無所謂階級之別，後來美國的獨立宣言，

---

4. "Empty is the word of that philosophy by whom no affliction of men is cured. For as there is no benefit in medicine if it does not treat the diseases of the body, so with philosophy, if it does not drive out the affliction of the soul." Frag. 54.

5. 《伊壁鳩魯的哲學》，頁 40。

可謂這種主張的一項注腳。花園學派不分貴賤，不論男女，因此從者甚眾，慢慢成為了一時顯赫的學派。後來羅馬帝國建立，基督宗教成為了國教，伊壁鳩魯學派受到嚴重打壓。就像中國獨尊儒術，先秦時代諸子的學說自此埋沒，伊壁鳩魯在西方文化也面臨相類的情況，其學說隱沒於歷史之中。

直至18世紀啟蒙運動的興起，開始有人重新注意伊壁鳩魯。以邊沁（Bentham）與穆勒（John Stuart Mill）為代表的效益主義（Utilitarianism），同樣肯定追求快樂和避免痛苦是人生最重要的兩大原則。時至今日，效益主義仍然是極重要的哲學思想，無論是自由主義還是資本主義，都跟效益主義有相當密切的關係。在效益主義帶動下，伊壁鳩魯的學說開始重新受人注目，因為他同樣強調快樂與痛苦之於人生的位置。雖然伊壁鳩魯與效益主義有著相當的理論差異，但是伊壁鳩魯能夠重新受到注視，或多或少得益於效益主義的正面影響。

近代中國哲學研究學者張東蓀（1886-1973），曾經以詠懷的方式為西方哲學家寫詩。這些詩歌現由復旦大學的張汝倫教授重新編著並加案語出版成書。[6]其中有言及伊壁鳩魯的七言絕句。詩云：

> 生宜尋樂死休憂
>
> 動樂終差靜樂優
>
> 解縛便能除俗苦
>
> 臨危殘札幸遺留

張東蓀「詠西哲詩」的特色不僅在於感性地緬懷逝去的哲學家，他還會精簡地點明那位哲學家的立說要旨。這亦是我挑選的原因。透過簡短的七言絕句，伊壁鳩魯哲學的精粹盡在其中。第一句「**生宜尋樂死休憂**」，點

---

6. 張汝倫編著：《詩的哲學史：張東蓀詠西哲詩本事注》（桂林：廣西師範大學出版社，2002年）。

出伊壁鳩魯學說的兩大要旨：一、以快樂為目標；二、去除對死亡的憂慮。第二句「**動樂終差靜樂優**」針對他的欲望理論。所謂「動樂」，即是那些外在刺激攪動我們欲望而引起的快感，雖有一時之快，終歸都差於「靜樂」。所謂「靜樂」，即是內在控制我們欲望之後的快感，得到的是心靈平靜之樂。第三句「**解縛便能除俗苦**」基本上是重複上述講法，指出去除痛苦之道在於解除欲望的束縛。第四句「**臨危殘札幸遺留**」與其學說無關，說的是伊壁鳩魯的遺作。本來他的學說卷帙浩繁，可惜他的作品絕大多數已經散佚，遺下的只有三封書信及一些斷簡殘編。三封書信包括：

（1）《致希羅多德的信》（*Letter to Herodotus*），中心內容是自然哲學；

（2）《致畢陀克勒的信》（*Letter to Pythocles*），闡述他對天象之類問題的見解；

（3）《致美諾寇的信》（*Letter to Menoeceus*），是其倫理學的綱要。

　　三封書信之外，《主要原理》（*Principal Doctrines*）匯集了伊壁鳩魯基本觀點四十條。成書者很可能是伊壁鳩魯的忠實弟子，在他的作品中摘錄精華編寫而成。如果說三封書信從不同方面提出了觀點綱要，《主要原理》則是伊壁鳩魯哲學最全面的總綱。以下內容，我們會首先環繞他的知識論與自然哲學略作申說，最後將重點放於他的倫理學說。

伊壁鳩魯的知識論

說伊壁鳩魯的知識論，或許會帶來誤解。他用的字眼是「準則學」（Canonics），所探討的不僅是認知條件的真假，而且包括生活的虛實。這就是說，準則學既涉及認知中的真假判斷，亦涉及實踐中的虛妄與真實。以「知識論」言之，只是權宜的說法，這點希望大家留意。

　　根據第歐根尼・拉爾修斯（Diogenes Leartius）的說法，伊壁鳩魯及其學派拒絕邏輯學與辯證法，他們認為判斷真理的準則有三：（1）感覺（sensation）；（2）前概念（preconception）；（3）苦樂感受（feeling of pain and pleasure）。

感覺準則是伊壁鳩魯知識論的基石。感覺是認識世界的起點，以感覺為基礎才能夠建立知識。伊壁鳩魯的知識論可說是經驗主義式的，知識的建立都源自於感官經驗。

在這個基礎上，伊壁鳩魯提出了「前概念」。所謂「前概念」，希臘字根是 *prolepsis*，*pro* 指「以前的」，*lepsis* 指「取得」，兩者合併即是「以前取得的」。以前的取得的就是我們感覺經驗所累積的知識，以別於當前直接經驗到的事物。我們接觸到當前直接經驗的事物，會轉化這些感覺到記憶之中，並以語言為其命名。後來我們說到關於這個事物的名字，就會喚起相關的回憶，事物的感覺形象也就同時喚起。在這個意義下，我們以「概念」、「語言」來翻譯 *prolepsis* 都是權宜，這點大家需要注意。

苦樂感受是伊壁鳩魯及其學派的根本準則。這不是知識論上的認知準則，而是其人生哲學的終極根據。感覺與前概念只是外緣，最後都是為了追求快樂逃避痛苦。苦樂感受是自明的（self-evident），不用什麼解說都可以明白。肉體不想饑餓、不想口渴、不想感到寒冷、不想感到酷熱，這些感受都是很真實的，不待理性認知告訴我們。在這個意義下，肉體成為了中心，因為苦樂感受都源自肉體。沒有肉體的話，亦無所謂苦樂感受。這種說法跟柏拉圖完全不同。柏拉圖將人分為「靈魂」與「肉體」兩個部份，伊壁鳩魯雖然維持這個區分，但是他宣稱靈魂不能離開肉體，兩者根本不能分離。所以他不相信「靈魂不朽」，獨立於肉體的靈魂是不存在的。

在這些準則之下，哲學所擔當的角色是什麼？伊壁鳩魯認為哲學就是我們能夠合理追求快樂之道。哲學最大的作用，在於理性剖析我們的（廣義的）認知條件，明白了這些認知條件，我們才能夠進一步追求快樂避免痛苦。剛才提到的三項準則，感覺構成我們對事物的感性認識，前概念構成我們對事物的概念把握，兩者幫助我們在實際生活之中抉擇，

從而達致趨樂避苦的大原則。三條準則之中，苦樂感受處於核心，感覺與前概念構成的知識有無意義都由苦樂感受決定。這不是說，我們行動的根據最後完全臣服於主觀的苦樂感受，那只是一個受感受擺佈的人。哲學的作用在於疏導我們的感受，讓我們獲得真正的快樂。

伊壁鳩魯的自然哲學

> 如果不清楚地認識整個自然，一個人就不能在最關鍵的事情上
> 消除恐懼，就會生活在神話造成的懼怕中。所以，如果沒有自
> 然科學的話，就不能獲得純淨的快樂。(《主要原理》12條) [7]

伊壁鳩魯重視對「自然」的研究，因為研究自然可以消除我們對於事物的無知，免除無謂的恐懼，讓我們獲得真正的快樂。

伊壁鳩魯的自然哲學，以原子論(atomism)為中心。原子論是以「原子」(atom)為基礎解釋宇宙萬物之生成，其說有兩大基本預設：

1. 事物不能無中生有，亦不會變成虛無

> 首先，沒有任何東西可以從無中產生。否則，一切東西都可以
> 從任何其他事物中產生，而不需要[相應的]種子。再者，如
> 果事物的消失意味著毀滅為無，那麼世上的所有東西就會消失
> 了。然而，事物的總體過去一直是現在這樣，而且將永遠是這
> 樣，因為在事物的總體[宇宙]之外不存在它可以變化到其中的
> 別的東西。因為在事物的總體之外什麼也不存在，從而也就沒
> 有東西可以侵入總體並引起變化。[8]

「事物不能無中生有」是伊壁鳩魯自然哲學的起點。換句話說，他承認的是「事物只能有中生有」。伊壁鳩魯以一貫的立場申述他的自然哲學，

---

7. 《伊壁鳩魯的哲學》，頁 39。
8. 《伊壁鳩魯的哲學》，頁 4-5。

就是從感覺著眼，肯定感性事物為「有」，進而論述其生成變化。有中生有，就是從種子生成變化為成熟的東西，例如從蝌蚪變成青蛙的整個歷程，都是有跡可尋、有法可依的；如果事物從無中產生則無甚道理可說，例如從虛無中變出青蛙，那就無什麼法則可依，純粹就是神跡。倒過來說，事物的死亡不是說歸於虛無，而是形態的轉變，例如落葉歸根，樹葉的生命是完結了，但是它卻滋潤泥土，不是從此消失於世界之中。在這個意義下，伊壁鳩魯的世界由始至終都是有中變有的世界，平日我們眼中以為由生到死是從有到無的過程，在他的分析下原來是錯誤的，由生到死也是有中變有。因此，伊壁鳩魯推論出「事物總體（宇宙）永恆存在」的結論。事物總體構成了宇宙，在宇宙內部的事物縱有變化，都是在同一系統之下的形態轉移，總體來說沒有東西毀滅也沒有東西創造。

2. 宇宙萬物只是物體與虛空

其次，存在總體由物體和虛空所構成。物體的存在處處都可以得到感覺的證明。理性在推論不明白的事情時，也必須根據感覺。然而，如果不存在「虛空」或「地方」或我們稱為「無法接觸者」的東西，則物體將無處存在，也無處可以運動；然而，很明顯事物是在運動。除了物體和虛空之外，我們無論是通過觀念還是通過觀念的類比，都無法想像還存在著其他完整的、獨立的實在事物（而不是獨立實體的偶性或屬性）。

這裡所說的「虛空」不是空無一物的意思，「虛空」指物體在其中活動的空間。沒有物體佔據了整個宇宙，則沒有空間可言，也就無所謂運動（motion）。現在我們的確發現事物運動，因此也有「虛空」存在。在這個意義下，「物體」與「虛空」就是宇宙存在的兩大基本元素。

兩大預設都沒有直接涉及原子。這不是說，原子是不重要的，而是伊壁鳩魯的推論方式以當下的感覺出發，所肯定的就是「物體」與「虛空」。原子是不能直接感知的，那是在感覺的基礎上再加推論得出的結

果。感覺能夠直接肯定的是「物體」，而物體能夠運動需要空間，由此再推論出「虛空」。這是論證程序的先後，而不是理論地位的輕重。

在兩大預設之後，伊壁鳩魯終於說出他的「原子論」：

> 在物體當中，有的是組合物，有的是組成組合物的元素；元素是不可再分割的（atom「原子」）和不可變化的，只有這樣，萬物才不至於毀滅為無，組合物在瓦解後還會有些東西能夠保存下來。這種原子具有「充實堅固」之本性，無處消滅，也無法消滅。因此，本原必然是不可分割的、物體性的東西。[9]

伊壁鳩魯區分事物為基本元素與組合物。組合物由基本元素組成，因此剖析的重點落在基本元素之中。元素之為基本，有一項最重要的特質，就是它必然是不可分割的，否則就不是基本。「不可分割」源自希臘字詞 *atomos*，後來意譯之為「原子」。因此，不可分割之物／原子就是事物的基礎，在這個基礎之上才有各種組合物。必須申明，雖然原子是事物的基礎，但是原子本身不能憑著感覺直接觀察得到，原子之存在是由理性推論得來的。

一旦確定了原子論，宇宙萬物的生成變化就有了理論的基礎。我們的肉體與靈魂也是由不同性質的原子所組成的。我還記得1991年上映的《魔鬼終結者2》（*Terminator 2: Judgment Day*），阿諾・史瓦辛格（Arnold Schwarzenegger）飾演的T-800迎戰天網派來的液態金屬生化人T-1000。那個T-1000有的時候是液態，可以隨時變成另一個人的模樣。說來好像天方夜譚，但是仔細想想，我們人類不過也是由原子組成而已，只是我們不能隨意變換形態。我相信終有一日人類的科技可以發展到一個地步，可以將我眼前書本的原子重新組裝，變成一個漢堡。在理論上是可行的，原理不過就是重新排列原子而已。宇宙萬物不是都由

---

9. 《伊壁鳩魯的哲學》，頁 5。

原子組成的嗎？所謂「事物」，不過是原子以不同的排列方式呈現，我們的世界就是這樣運作。

在伊壁鳩魯的理論中，「靈魂」也是由原子所組成。靈魂以某種方式與肉體結合，因而產生感覺；一旦身體的原子結構分解，靈魂亦隨即分散，身體與靈魂是相即不離的。因此他的說法有別於柏拉圖式的非物質性靈魂。他說：

> 我們還要考察一下「非物體」是什麼。在通常的說法中，它指的是一種自身存在的東西。然而，能夠自身存在的非物體的東西只有虛空。虛空既不能作用、也不能被作用，只能讓物體穿越其中運動。所以，那些說靈魂是非物體的人是在說胡話。如果靈魂真是非物體的，那它就不能作用，也不能被作用；但是很明顯靈魂擁有這兩種能力。[10]

伊壁鳩魯斷然否認有非物質的靈魂存在，靈魂亦由原子構成。在這個理論下，肉體與靈魂再非為兩種不能互相化約的存在物，它們沒有存在論上的差異，同樣可以還原為最基本的元素 —— 原子。

四重療法 —— 神無懼，死無憂，樂可得，苦可忍

斐洛德莫斯（Philodemus, 110BCE-40/35BCE）是後來伊壁鳩魯學派的代表人物，他綜括伊壁鳩魯的《主要原理》首四條為「四重療法」（*Tetrapharmakon*, The Fourfold Remedy）。 所謂「四重療法」， 就是從四個不同層面治療人類心靈的憂慮或痛苦，從而達致幸福。四重療法，最簡單的說法就是：「神無懼，死無憂，樂可得，苦可忍。」（"God presents no fear, death no worries; and while good is readily attainable, evil is readily endurable."）「四重療法」可說是伊壁鳩魯的

10.《伊壁鳩魯的哲學》，頁14。

倫理學大綱，現在我們逐步說明其具體內容，透視伊壁鳩魯學說的理論核心。

1. 神無懼

《主要原理》的第一條就是關於神的：

> 幸福和不朽的存在者自己不多事，也不給別人帶去操勞，因此他不會感到憤怒和偏愛，所以這些情緒都是軟弱者才有的。[11]

伊壁鳩魯針對當時重視神祇的宗教傳統，提出新的「神」的觀念。當時的人雖然信奉宗教，卻陷於迷信之中，結果神為他們帶來更大的恐懼。對於伊壁鳩魯來說，神不干涉人間事務，卻是世人值得模仿的對象。雖然人不能像神那般可以永垂不朽，但是人卻可達致與神同等的境界，只要我們聽從伊壁鳩魯的教導就可以了。一般人以為宇宙萬物都由神所決定，我們的人生都由上帝主宰。伊壁鳩魯卻認為神不干涉人間事務，我們的生活還是由我們自己負責。這是他的理論重點。關於這點，他在《致美諾寇的信》也有述及：

> 首先，要認識到神是不朽的和幸福的生物，正如關注神的通常觀念所相信的那樣；你不要把那些與不朽性和終極幸福性格格不入的事情歸之於神。要用你的一切力量維護神的永恆幸福的觀念。……不虔敬的人不是否認大眾關於神的看法的人，而是信奉大眾關於神的看法的人。因為那些看法不是真實概念，只是錯誤的假設，比如他們認為神會給惡人帶來最大的惡，會給好人帶來最大的好處，因為神垂青自己的同類，喜歡與自己近似的人，而排斥和自己不一樣的人，視其為異類。[12]

---

11. 《伊壁鳩魯的哲學》，頁 38。

12. 《伊壁鳩魯的哲學》，頁 30-31。

神自己是不朽而幸福的，值得我們效法。神卻不會干預人間善惡，善惡賞罰都與神無關，那是人世間某些人對於神的投射形象。對於伊壁鳩魯來說，那些人的心靈是特別脆弱的，因此才會渴求神靈庇佑。

這種關於神的論述，有別於基督宗教《聖經》的描寫。《創世記》第一章就說神創造天地萬物，第六章描寫人類開始走上邪惡之路，上帝後悔創造了人，所以用洪水滅世，只餘下挪亞得保性命。我們發現，原來基督宗教的上帝是會憤怒的，祂是會後悔的。這是一個怎樣的神？如果神是全知全能的話，為什麼會造出一個次等質素的人類？為什麼祂要生氣？跟伊壁鳩魯的說法比較一下，他會說神不負責人世間的事務，神歸神，人歸人，神的不朽與幸福值得人類仿效，但是神與人不會直接接觸，兩者處於不同的世界。關於神的論述，伊壁鳩魯貢獻之處在於他首次將神與「惡」（evil）拉上關係，日後成為了有名的「惡的問題」：如果神是完美無瑕的話，為什麼世界會有邪惡出現？他嘗試論證說：

> [有以下幾個可能：] 或是神想消除惡事而祂不能，或是神能夠消除惡事但祂不想；或是祂既不想又不能，或是祂既想且能。如果祂想而祂不能，那麼祂是脆弱的，這不適用於神。如果祂能夠卻不想，那麼祂是居心不良的，而這有違於神性。如果祂既不想又不能，那麼祂就是既脆弱又居心不良的，這更加不是神。如果祂既想且能，這是唯一合乎神的情況，那麼壞事從何而來？或問為什麼祂不消除壞事呢？[13]

---

13. "God either wants to eliminate bad things and cannot, or can but does not want to, or neither wishes to nor can, or both wants to and can. If he wants to and cannot, then he is weak - and this does not apply to god. If he can but does not want to, then he is spiteful - which is equally foreign to god's nature. If he neither wants to nor can, he is both weak and spiteful, and so not a god. If he wants to and can, which is the only thing fitting for a god, where then do bad things come from? Or why does he not eliminate them?" in *Lactantius, "De Ira Deorum"*, 13.19（ *[http://www.epicurus.info/etexts/epicurea.htmlEpicurus, Frag. 374, Usener]*

伊壁鳩魯嘗試列舉四個可能，而四個可能都不能有效解釋人世間的情況。而他的論述顯然啟發了休謨的思考。休謨是經驗主義者，他在《自然宗教對話錄》指出

> 伊壁鳩魯的老問題還沒有得到解答。他願意制止罪惡而不能制止嗎？那麼你就是軟弱無力的。他能夠制止，而不願意制止嗎？那麼他就是懷有惡意的。他既能夠制止又願意制止嗎？那麼罪惡是從哪裏來的呢？[14]

作為經驗主義者的代表人物，休謨站在經驗的立場否定各式宗教迷信。世界的確是有邪惡出現，為什麼神不作阻止呢？為什麼無辜的人要受到懲罰？到底罪惡的源頭是什麼？

再舉個例，關於我的親身體驗。時間是1968年，我讀中六，地點在舊啟德機場巴士站。我乘搭一號車，轉搭五號。那一天風和日麗，而我認為乘搭飛機是一樣刺激新奇的事，望著啟德機場我已經很雀躍。那時我在等車，整個車站只有我一個人，不久有部五號巴士駛到，是一部滿載乘客的雙層巴士。巴士即將駛到車站，有個拿著飯盒的女人當場被巴士撞倒，更被巴士的前輪壓著。司機的位置太高了，不知道撞倒了人，還繼續前行輾過女人，直至有人大喊，司機才驚覺往後駛。車子慢慢駛後，地下慢慢滲出紅色的液體，我知道那是血。距離現在四十多年了，至今我仍然歷歷在目那個女人如何望著我。我猜想她未必是望著我，只是我剛好站在她的眼前。那個時候我的腦海湧現很多問題：誰能解釋這件事情的發生？如何證明這件事情是神的計劃？這個計劃的理由何在？那個女人做錯了什麼事情？如果車子提前一分鐘到達，或者那個女人走慢一分鐘，事情就不會是這個樣子。為什麼會發生這樣無由的悲劇？

---

14. In Hume, David. *Dialogues Concerning Natural Religion and Other Writings*, ed. Dorothy Coleman（Cambridge, UK; New York: Cambridge University Press, 2007），p.74. 中譯本見陳修齋、曹棉之譯：《自然宗教對話錄》（北京：商務印書館，1989 年），頁 68。

唯有伊壁鳩魯的說法可以解釋這種情況。神與人間事務無關，人間的善惡是人類自己的行為所造成。委過於神只是不負責任的做法，人間的事與上帝無關。上帝會拯救世人，那是世人投射的形象而已。古希臘時代的哲學家色諾芬尼（Xenophanes, 570-480 BCE）就說過，不是神按照自己的形象造人，而是人按照自己的形象造神。如果牛有神的話，牠的神也會是牛的模樣；馬有神的話，牠的神也是馬的模樣，獅子有神的話，牠的神也是獅子的模樣。[15]我在西斯廷教堂欣賞過米開蘭基羅的《創造亞當》（*The Creation of Adam*），當時我就奇怪：為什麼神是有鬍鬚的呢？如果上帝是有鬍鬚的，那麼祂需要刮鬍子嗎？其實原因簡單不過，神的形象是當時的歐洲人投射出來的。

在這個意義下，伊壁鳩魯可以對神無所畏懼，因為神雖然是存在的，卻與人間事務無關。那些干涉人間事務的神，不過是迷信的人所投射的形象而已。

2. 死無憂

《主要原理》的第二條就是關於神的：

死與我們無關。因為身體消解為原子後就不再有感覺，而不再有感覺的東西與我們毫無關係。[16]

對於死亡的分析，柏拉圖以「靈魂不朽」作回應，那是變相的永生。在某個意義下，柏拉圖也可說是怕死的，害怕死亡之後歸於虛無。伊壁鳩魯卻直言死亡跟我們無關，死亡只是原子的散落，那個時候我們不再有所謂感覺。我們細想一下，為什麼人類渴求永生？如果人類真的不用死亡，那可能是很恐怖的事情。得罪說句，基督宗教的天堂有無限的時

---

15. Diels-Kranz, *Die Fragmente der Vorsokratiker*, Xenophanes frr. 15-16.

16.《伊壁鳩魯的哲學》，頁38。

間，我們要來幹什麼？教會說「信耶穌，得永生」，永生在天堂會是個怎樣的光景？如果天堂是完美的，我們就不需要吃飯、飲酒，因為我們不需要進食維持生命。天堂也不會興建廁所，因為並不需要。天堂甚至不應該有區分輸贏的遊戲，一有輸贏，贏不了就痛苦。一旦沒有輸贏的遊戲，那麼天堂重重複複來來去去都是同樣的活動，例如唱詩歌頌上帝。對我來說，那是懲罰多於享樂。伊壁鳩魯的死亡分析，就是針對不朽生命的渴求，指出這種想法的虛妄：

> 只要正確地認識到死亡與我們無關，我們就能甚至享受生命的
> 有死性一面 —— 這不是依靠給自己添加無窮的時間，而是依靠
> 消除對於永生不死的渴望。[17]

他還嘗試論證，死亡不會帶來痛苦：

> 所以，所有壞事中最大的那個 —— 死亡 —— 與我們毫不相
> 干，因為當我們活著的時候，死亡還沒有來臨；當死亡來臨的
> 時候，我們已經不在了。所以死亡既與活著的人無關，又與死
> 去的人無關；因為對於生者，死還不存在；至於死者，他們本
> 身已經不存在了。[18]

沒有在生的人經歷過死亡。在病床上行將氣絕不是真正的死，那時仍然是生。就算我們邁向死亡，這個「邁向死亡」的過程中我們仍然是生存著的。換句話說，「邁向死亡」也是生命的形式。當我們生存的時候，死亡尚未來臨；當我們死去了，我們已經不再存在。這樣說來，死亡對生者和死者都是沒有關係的，又有何懼？雖然死亡是必然的，但是死亡與我們當前的人生不相干。與其擔心死亡到來，不如好好活著，享受當前生活之樂。為了日後到來的事而在眼下煩惱，那是愚蠢。所以他區別大眾

17.《伊壁鳩魯的哲學》，頁 31。

18.《伊壁鳩魯的哲學》，頁 31。

與賢者的死亡觀，指出前者畏懼死亡，而後者既不逃避死亡亦不主動了結生命：

> 大眾有的時候把死亡當成最大的壞事而拚命逃避，有的時候又選擇死亡，把它看成生活中的悲慘遭遇的避難所。賢人既不苦苦求生，也不懼怕生活的終止。生活對於他既非一種障礙，死亡也不被他看成是一種惡。[19]

記得索福克勒斯在劇作透露了古希臘人的死亡觀：一個人最好就是不出生，次好就是立即去死。現在伊壁鳩魯會說，這是錯的。真正的智者不會怕死，亦不會厭生。生存是生存，死亡是死亡，兩個領域是互不相干的。生存的時候死亡還未到來，死亡的時候已經不再生存。所以，人類在生存的時候毋須懼怕死亡。倒過來說，生存的時候立即去死，以為世間只有悲慘哀痛，而不知享受人間之樂，那是愚昧。賢者有知，知生死兩不相礙，因此畏懼死亡與渴求死亡都是不智的表現。

3. 樂可得，苦可忍

《主要原理》的第三條與第四條是關於苦與樂的：

> 快樂增長的上限是所有痛苦的除去。當快樂存在時，身體就沒有痛苦，心靈也沒有悲傷，或者二者都不會有。[20]

> 持續的痛苦在身體中不會存在很久。相反，極度的痛苦只會短暫地存在。那種幾乎壓倒快樂感覺的劇烈身體疼痛不會持續許多天。久病的人甚至有可能感到遠遠超過痛苦的身體快樂。[21]

伊壁鳩魯之為「享樂主義者」，在於他的學說以快樂為最高目標。現在他界定「快樂」為「痛苦的除去」。這是什麼意思？一般以為苦與樂是相對

---

19. 《伊壁鳩魯的哲學》，頁 31。

20. 《伊壁鳩魯的哲學》，頁 38。

21. 《伊壁鳩魯的哲學》，頁 38。

的概念，它們兩者是平衡的。日常狀況處於中間，快樂則上升，痛苦則下降。伊壁鳩魯認為這種苦樂觀念是錯誤的。苦樂感受與我們的欲望相關，欲望不得滿足則苦，欲望得到滿足則樂。在這個意義下，痛苦的確是下降，把我們從日常狀況中拉下來；快樂卻不是上升，只是回到日常狀況。因此，真正而實在的快樂是痛苦的免除，而心境平靜有助達致這種快樂。他在《致美諾寇的信》說：

> 要認識到：在各種欲望中，有的是自然的，有的是空虛的。在自然的欲望中，有的是必要的，有的僅僅是自然的。在有必要的欲望中，有的有助於幸福，有的有助於身體的擺脫痛苦，有的有助於維繫生活本身。在所有這些中，正確無誤的思考會把一切選擇和規避都引向身體的健康和靈魂的無煩惱，既然這是幸福生活的終極目的。我們做的其他一切事情，都是為了這個目的：免除身體的痛苦和靈魂的無煩惱。[22]

「身體的健康」與「靈魂的無煩惱」是伊壁鳩魯的終極目標。兩者都是從反面來說明的，即是說，要避免痛苦與煩惱的干擾。若要達致以上目標，我們就要認清楚「欲望」的本質。快樂之所由生，在於欲望得到滿足，沒有欲望則無所謂快樂。伊壁鳩魯的智慧在於洞明「快樂」的實踐不在盡量滿足個人的欲望，而是反轉過來，盡量減低欲望的刺激。他簡明而扼要地區分三種不同的欲望：一、自然而必要的欲望；二、自然而非必要的欲望；三、既非自然亦非必要的欲望。茲列簡表如下：

自然而必要的欲望	維持生命與健康所必需的物質要求，如素淡食物、簡樸衣服
自然而非必要的欲望	豪宅、性欲、美味佳餚
既非自然亦非必要的欲望	財富、名譽、權力

---

22. 《伊壁鳩魯的哲學》，頁 32。

經過伊壁鳩魯的分析，只有自然而必要的欲望是可取的。這些欲望既合乎我們的自然傾向，也是生存所必須的，例如簡單的食物與衣服。自然而非必要的欲望，雖然合乎人的自然傾向，但是不追求這些欲望是不會死亡的，例如美味佳餚。至於既非自然亦非必要的欲望，則在排斥之列，這些欲望帶來的快樂都是虛妄的，例如財富、名譽、權力都是這種欲望的典型。

明白了欲望的本質後，苦與樂的關係更加明朗。在某個意義下，有些痛苦感受甚至不是壞事，只要這種痛苦日後可以克服，隨之而來的快樂足以蓋過之前的痛苦。他說：

> 正是因為快樂是首要的好和天生的好，我們不選擇所有的快樂，反而放棄許許多多的快樂，如果這些快樂會帶來更多的痛苦的話。而且，我們認為有許多痛苦比快樂要好，尤其是當這些痛苦持續了長時間後帶來更大快樂的時間。[23]

舉個例子，我們做運動時或會感到口渴，甚至體力不繼，但在運動之後所喝的水與所睡的覺往往都是最甜美的。倒過來說，過多的快樂也會帶來痛苦。有同事跟我說過，快樂其實很簡單，隨便到藥房買兩支咳嗽藥水，喝下去就會感到快樂舒暢。問題是：這種快樂真的是我們追求的快樂嗎？若然如此，為何各國政府大都禁止人民自由吸食毒品呢？因為我們知道，毒品是會上癮的，吸食的後果不是快樂，而是不得不再吸食，否則毒癮一起就會帶來極大的痛苦。我沒試過吸毒，但是試過瘋狂飲酒。開一支白蘭地，一次喝下半瓶，當下的感覺很美妙。事後的卻是痛苦，第二天起來後又嘔吐又頭痛，整天渾身不爽。以伊壁鳩魯的標準來說，這是愚蠢。快樂不應該以當下的感覺為準，應該由我們的理性決定，審慎辨明後果，否則帶來的只是後患無窮的一時之快。

23.《伊壁鳩魯的哲學》，頁 32。

現在我們終於明白伊壁鳩魯的「享樂主義」。的而且確，他的哲學以快樂為目標，但是這種快樂有別於一般窮奢極侈式的享樂主義。伊壁鳩魯認為那些享樂主義者是不會得到真正的快樂的，因為他們不明白苦樂感受與欲望的關係。快樂是痛苦的免除，達致快樂的方法不在盡量滿足自己的欲望，而是盡量減省欲望的刺激。所以他說：

> 素淡的食物與奢侈的宴飲帶來的快樂是一樣的，只要缺乏引起的痛苦被消除。麵包和水可以帶給一個人最大的快樂，如果這個人正好處於飢渴之中的話。習慣於簡單而非豐盛的飲食，就能給人帶來健康，使人足以承擔生活中的必要任務，使我們在偶爾遇上盛宴時能更好地對待，使我們不懼怕命運的遭際。[24]

快樂的重點，不在窮奢極侈。鮑魚與燕窩等奢華的食物，在飽肚的時候也毫無吸引力；麵包與清水，在飢餓的時候就是最高的享受。鮑魚與燕窩難求，麵包與清水易得，如果我們能夠滿足於後者，我們的人生就可以很快樂。哲學的作用，就在於釐清事物的本質，讓我們看清楚欲望的本質，進而明白欲望與苦樂的關係。有了哲學的輔助，我們明白到快樂並非向外欲求，而是由內控制。一支上佳的紅酒可值萬元，一支劣質的紅酒大概百元，兩者由淺嘗到吞下喉嚨不過十秒時間，兩者雖有質量的差別，但這種口腹之欲帶來的快感很快就會消失。以辛勤工作所得，換來一時快感，實在是不值得。

伊壁鳩魯對於「痛苦」的分析也很有力。痛苦是真實的感覺，這點無可否認。不過痛苦往往不會持久，尤其是極度的痛苦更是如此。我自己就有親身體驗。幾十年前，我讀中學的時候，曾經從很高的地方跌下，結果跌斷了腳，左腳的足踝完全碎了。那時的感覺先是劇痛，很快又不痛了，因為已經失去知覺。公元前二千多年的說法，時至今日

24.《伊壁鳩魯的哲學》，頁 33。

仍然適用，我們現時的醫學理論可以解釋人體為何受了痛楚之後就會休克，痛的感覺跟人的生理結構有關，而這種感覺是有限度的。一旦到了某個極限，我們的身體會自行切斷或減緩相關的感覺。細想之下，我們甚至不用擔心死後會繼續受痛苦。有些說法，說我們死後會受到地獄之火燃燒，但我們死了之後會否感到痛苦呢？痛苦其實是肉體的痛苦，沒有肉體又怎樣感到痛苦呢？假設存在肉體，但是肉體所受的痛苦是有限度的，不斷燃燒的肉體都會壞死，不會有什麼痛的感覺。因此，伊壁鳩魯所說的「苦可忍」確是真的。聞說伊壁鳩魯死於胃癌，死前肉體可謂飽受折磨，但是他真的能夠踐行自己的哲學，並不因此感到愁苦，而是平靜地迎接死亡的來臨。在臨終之時，他寫下了一封信給伊豆麥納（Idomeneus）：

> 今天是我幸福的一天，同時也是我生命的最後一天，我在今天給你寫下這些話。結可症和胃病一直折磨著我，它們的痛苦大得無以復加。但是我用回憶和你一起討論時所感到的心靈快樂來抗衡這一切。請你以你一貫地關心我和關心哲學的那樣的善意，照料梅特洛多諾的孩子們。[25]

即使面對痛苦折磨，仍然表現得平靜而安詳。在這個意義下，伊壁鳩魯確實以個人的「享樂主義」安身立命，他以個人的生命活出了自己的哲學。

這種安身立命的方式跟中國哲學有一點是相通的，就是同樣肯定個人的力量。儒、釋、道三家同樣肯定自力的重要性，成聖成佛成真人都有待個人自覺。若不自覺，根本無人可以相助。反過來說，成聖成佛成真人也是個人能力可以企及，不待於其他力量。這種想法跟基督教恰好互相對照，基督宗教正強調人是不能自救的。耶穌基督說「我就是道路、真理、生命」，人不能通過耶穌則不能通到上帝那裡；沒有上帝與

25.《伊壁鳩魯的哲學》，頁 37。

耶穌的慈愛保守，人亦不可克服個人的罪惡。若然認為僅憑自己即可克服罪惡，基督宗教認為那是「驕傲」，抬高了人類的地位，更是罪惡中之罪惡。於是我們明白伊壁鳩魯學派日後衰落的原因，就是他的學說強調自力，認為人可憑著自己追求得到快樂，成就有意義的人生。這點與基督宗教大相逕庭，日後基督宗教成為國教之後，伊壁鳩魯學派就受到打壓，說起來與兩者學理相衝不無關係。伊壁鳩魯學派強調自力追求個人幸福的哲學，就在基督宗教的打壓之下日漸式微了。

第7章
欲望的治療 II —— 斯多亞學派的方案

7.1 斯多亞學派 —— 順從自然而活

斯多亞學派與伊壁鳩魯學派都是希羅時代盛極一時的兩大學派。兩者的具體哲學主張縱有不同，但是他們同樣認為哲學的功用在於治療我們心靈的哀痛。不能擺脫人間痛苦的哲學，只是空言而已。

斯多亞學派是希羅時代的主流哲學思想，直至公元529年，斯多亞學派被查士丁尼一世（Emperor Justinian I）下令廢除，才消滅其影響力。這個情況可以類比於中國漢朝時的「罷黜百家，獨尊儒術」，因為基督宗教成為了羅馬帝國的國教之後，其他學派就成為了異端，開始受到壓迫。此後基督宗教獨大，與政權形成了密不可分的關係。

張東蓀「詠西哲詩」曾有述及斯多亞學派。詩云：

> 惟應修德與天通
>
> 家國財名一掃空
>
> 習苦過嚴前後異
>
> 帝王奴僕共開宗

第一句「惟應修德與天通」，這裡的「德」是德性（virtue），是我們人類理性的德性。憑藉修養我們的德性，我們可以與天相通，乍看來與儒家的天人合一相似。這裡所謂的「天」，嚴格來說應該是「自然」。斯多亞學派有一句重要的名言：「順從自然而活。」千萬不要誤會這是現時所謂的「綠色生活」，以為斯多亞學派是支持環保的先驅。斯多亞學派的「自然」，源自希臘字詞 *physis*，本來意指植物或動物不受外在條件因素

而自行生長的那種性質。後來輾轉引申，有「本性」的意思，這種本性是內在於事物本身的特質，並非由外強加進去。斯多亞學派的「自然」，說的是人類的本性，也就是人類的理性。順從自然而活，即是順從理性而活；而順從理性而活，即是順從神的方式而活。這個神不是超越的（transcendent），而是內在（immanent）於我們的世界。所謂內在於我們的世界，就是說我們人生裡的活動、物質世界的規律，都是神的活動。神內在於我們的世界，表現而為規律。在這個意義下，斯多亞學派持守的是一種泛神論（Pantheism）的立場。

第二句「家國財名一掃空」，指出斯多亞之於家庭、國家、財產、名譽的立場，就是認為這些東西都是多餘的，可以一掃而空。

第三句「習苦過嚴前後異」，點明了斯多亞學派禁欲的主張。現在我們查閱一般字典，Stoic解作「禁欲主義者」，這個意義就是從斯多亞學派的信徒引申出來。他們是一群清教徒，認為人生痛苦的原因在於情欲的牽連，因此主張節制忍耐，務求做到不動心的境界。

第四句「帝王奴僕共開宗」，描述了斯多亞學派的信奉者既有皇帝亦有奴隸，不限於某個階層。這不是貴族的哲學，也不是奴隸的哲學，它開放予社會各個階層人士。

克里西帕斯（Chrysippus）是早期斯多亞學派的成員，他有一段話能夠概括斯多亞的哲學精神：

> 有一種技藝叫做醫學，關注的是患病的身體；如果沒有相應的技藝關注患病的靈魂，那是不真確的。說後者差於前者，無論是在理論的把握與個案的治療中，都是不真確的。[1]

開宗明義，指出患病的靈魂同樣可以得到醫治。這個論述之為真確，

---

1. "It is not true that there exists an art (techne) that we call medicine, concerned with the diseased body, but no corresponding art concerned with the diseased soul. Nor is it true that the latter is inferior to the former, in its theoretical grasp and therapeutic treatment of individual cases."

在於他們有三個基本預設：一、每個人的心靈都可以是自足而平靜的；二、哲學就是促進人類心靈自足與平靜的技藝；三、每個人都有天賦理性（因此能夠學習哲學）。

我經常強調哲學和宗教的最大差別，往往就在於哲學家相信人類能夠把握自己的理性，並指導自己的生活。哲學家憑藉的是自力，而不是他力。很多宗教都強調上帝的力量，例如基督宗教認為人的得救不能純粹依靠自己，必須憑藉上帝的恩典與耶穌的指引，才能克服個人的罪惡。在這個意義下，斯多亞顯然是哲學的立場，他強調人類的心靈可以是自足的，因為人有理性。理性不假外求，純粹是人類生而有之的。進而言之，斯多亞甚至認為人的「理性」通於神性，人以理性而活，即是活得有規則有法度，那就是神的活動方式。這個「神」不是外在的，而是我們內在理性就能夠發展出來的東西。

由於斯多亞學派牽連甚廣，學派內部的成員不能一一詳述。我會將斯多亞學派粗分為「希臘時代的斯多亞」（the Greek Stoics）與「羅馬時代的斯多亞」（the Roman Stoics），並將重點放於羅馬時代的斯多亞，以塞內卡（Seneca）、愛比克泰德（Epicetetus）、馬可斯‧奧勒留（Marcus Aurelius）為例，集中討論。

7.2 斯多亞哲學的三個部份

斯多亞哲學分為三個主要部份。類比於人，邏輯學就如骨骼與肌腱，自然學是血肉，而倫理學是靈魂。斯多亞學派的「邏輯學」，跟我們現時的數理邏輯不同，當時的邏輯學指思維的法則，探討思維如何運作。自然學一般稱為Physics，斯多亞學派說的不是今天的物理學，而是關於自然的學問，因此我以「自然學」稱之。倫理學則是探討人類應該如何生活的學問，斯多亞比喻其為靈魂，已經充分彰顯倫理學的核心地位。這個類

比最有意思之處，在於剛才提到的邏輯、自然學、倫理學不是三種互不相干的東西，它們的性質雖然有異，但是合而構成哲學的總體。

留意斯多亞的三個部份，「形而上學」並非其中一員。對於斯多亞學派來說，形而上學是抽象的玄思，無法對應日常生活所遇到的問題。跟伊壁鳩魯學派一致，斯多亞強調哲學是實踐之學，講求應用於我們的生活之中。如果不能滿足這個要求，斯多亞學派會認為那就不是好的哲學，也就是無用的哲學。

邏輯學

再說一次，斯多亞的邏輯學與數理邏輯無關，他們的邏輯學旨在告訴我們如何分辨真假。斯多亞學派的真理觀，建基於感覺（sensation）與印象（impression）。感覺是感官受到刺激的產物，我們的心靈能夠在感覺的基礎上塑造印象，因此感覺與印象兩者是我們認識事物的源頭。可以說，他們持守的是唯物論的立場。

「靈魂」在斯多亞學派之下有了新的詮釋：靈魂是「有形的，瀰漫於整個身體」（corporeal, diffused throughout the body）。在這個定義下，死亡不是靈魂離開肉體，而是靈魂與肉體一併消失。斯多亞認為這種消失只是宇宙規律變化的一種表現而已。柏拉圖認為死亡是靈魂離開肉體，斯多亞學派明顯是反柏拉圖主義的。無論是伊壁鳩魯還是斯多亞，兩者都不渴求追尋不朽。柏拉圖與基督宗教面對同一問題，就是他們兩者同樣渴求不朽，盼望永生。柏拉圖的《會飲》與《斐多》，宗旨都在說明人是可以不朽的。達到不朽境界的，那就是神。伊壁鳩魯與斯多亞並無永生不死的盼望，恰好相反，他們寄望的是在此世活得有價值。他們認為生命有意義恰恰在於其為短暫，在短暫的一生中才能活出光輝。

在斯多亞的理論下，靈魂瀰漫於整個身體，靈魂與身體的關係是相即不離的。這個講法，直到20世紀現象學運動興起才重新受到重視。從

柏拉圖開始，西方哲學家大都相信靈魂與身體是異質的存在，兩者不能互相化約。即使到了現代，笛卡兒與康德等哲學家都堅持這個區分。這些哲學家始終認為，靈魂高於身體，因為只有靈魂才能讓我們理解何謂思想活動。

斯多亞認為靈魂是一張白紙（tabula rasa）。以「白紙」比喻我們的心靈，當然是後來的經驗主義者洛克的說法，斯多亞學派尚未用到這個比喻，但是他們的理論確有這層意思。他們指出人在出生時就有靈魂的統治部份，這部份就像白紙一樣供書寫用。書寫的內容首先源自感官，而這些感官經驗寫在我們的靈魂之上，靈魂自此有了材料可以運作。就在這裡，我們看到了日後經驗主義的雛型：知識的基礎源於感覺與印象。

自然學

根據斯多亞學派，宇宙是一個物質性的實體，宇宙的根源說到最後也是物質性的。在斯多亞學派下，「實在」（reality）是我們能夠觸摸到的世界。柏拉圖曾辯稱真正的世界不是當前眼下的經驗世界，真正的世界在天上，那是一個超越了物質與感覺的世界。斯多亞會說這個超越的世界並不存在，世界只有我們眼前這個物質世界，我們的感覺可以把握得到。

引申下去，我們會得出一個有趣的思想：宇宙萬物其實是同源的。對於斯多亞來說，這個源頭就是物質。他們認為所有事物都是物質，即使神亦是如此，沒有什麼東西是物質以外的。這是典型的唯物論的立場。在唯物論的理論中，整個世界都是物質性的，所謂純粹的概念世界並不存在，概念必然可以還原為具體的物質。物質的世界是最真實的世界，在這個世界之後沒有什麼，所謂「在這個世界之後」只是譬喻而已。因此，宇宙萬物是一，這個「一」就是物質，因為有了物質才有了一切。

在這套理論下，身體和靈魂、神和世界都一樣的，由物質所構成。靈魂即於身體而存在，神即於世界而存在。後來笛卡兒在《沉思錄》區

分靈魂與身體，兩者再次分開，結果引起很大的理論困難。靈魂是非物質性的，不佔空間，但是它可以指揮我們的身體。一種非物質的東西如何指揮非物質的東西呢？靈魂與身體，兩種異質的東西如何聯結一起運作呢？斯多亞學派就沒有這個問題，因為他們堅持宇宙萬物是一。既然無兩種異質的東西，聯結的問題亦談不上。神與世界的關係亦類似，不存在神創造世界的問題，神內於世界並為其運行的規律。這種立場自柏拉圖開始漸漸成形，他們是對古希臘傳統神話的反叛，因為他們不再接受人神之間有分隔。因為人有理性，理性所表現的力量足以令人稱之為神。在這個意義下，人的地位可以上通於天。最關鍵的，說到底還是理性。斯多亞之為泛神論的代表，在於他們肯定了神的位置，但是神並不外於當前眼下這個世界，而是表現於當前這個世界之中。整個自然世界的事物有規律，正是神明的顯現。

在這套自然學之下，「命運」的意思也有了新的詮釋。現在我們說到「命運」，往往是指偶然性，或者指某些不合理的情況。斯多亞卻認為命運是合理的，有其理序可言。他們認為事情的發生都是必然的，而必然的事都是理性的，而理性的事都是好的，所以一切發生的事情都是好的。斯多亞學派重視神的地位，不過他們的「神」其實就是理性，並且是絕對的理性，宇宙萬物都由神的規則所決定。蘋果會從樹上掉下來，飛機可以在空中飛行，方糖會在水中溶解，這些奇妙的現象其實都不是什麼神蹟，現象背後都是有理論根據的。以斯多亞學派的觀點看，這些理論根據即是理性規律，也就是神的表現。

若是這樣，我們很自然會問道：在這個情況下，人類還有沒有自由呢？當所有事物都是被決定的時候，人類作為萬物中的一員也是被決定的，因此人類亦無自由可言。不過斯多亞學派卻肯定人有一種特別的自由，這種「自由」嚴格來說其實也不是自由，那就是人類可以在被決定的情況下知道自己被決定。後來斯賓諾莎（Spinoza）也運用了這點來談論

「自由」:「我們是被決定的」這點未被決定,我們可以憑著理性知道自己被決定,或者不知道自己被決定。在知道與不知道之間,人類是有自由的。所以這種自由不是任意的,甚至在嚴格意義下也不算是自由。

延伸到整個宇宙,斯多亞學派認為世界的運作都是循環不息的。好像每天看到日出日落,循環不息地運作,但是無人知道第一天的日出什麼時候開始,亦無人知道最後一天的日落在什麼時間。事實上我們也不需要知道,人類有限的智慧根本不足以準確測量宇宙的變化。認真細想一下,我們個人在地球佔了什麼位置?地球在宇宙之中又佔了什麼位置?地球亦不過是宇宙之中恆河沙數的一顆星體而已。即使我毀滅了,世界還是如此運作;即使地球毀滅了,宇宙還是如此運作。在這種觀點下,人會見到自己的渺小與宇宙的浩瀚。宇宙並不是人力所能統治的,唯有一種力量可以駕馭宇宙的發展,那就是理性的規律,以斯多亞學派的詞彙表達就是「神」。請留意這裡所說的「神」不是人格神(personal God),祂是沒有位格的,因此也不會像基督宗教的上帝那樣會動怒、會後悔。斯多亞學派的「神」,不過是讓宇宙萬物出現、成長、毀滅、然後再生產、成長、毀滅。每一樣東西,都是會被毀滅的,然後重新再來。因此,人是無所謂不朽的。斯多亞既然認為靈魂與肉體不能分開,一旦我們身死,靈魂隨之而亡,在這個基礎上要證立「人類可以是不朽的」實在難於登天。不朽,其實是不可能的。

人在宇宙中的位置,就視乎如何運用理性。當我們理解宇宙的運作完全由神決定,人是宇宙萬物中的一員,自然也是被決定的。但是反過來說,人類能夠理解宇宙的運作,這是理性的力量,人可以憑藉理性跟宇宙之間有某種契合的關係。愛比克泰德說道:人最重要的是向內尋找,讓我們內在的靈魂以理性的方式把握宇宙。能夠把握宇宙的靈魂是神聖的,因為這個靈魂已經好像神那樣以理性的方式運作。在這個意義下,人是神聖的。

倫理學

倫理學是斯多亞的核心，邏輯學與自然學的知識都是為了倫理學的目的而存在。直接點說，倫理學決定了邏輯學與自然學的價值與意義。邏輯學是關於我們如何思維的，自然學是關於宇宙如何運作的，而倫理學就是關於人類幸福的學問。我們如何思維與宇宙如何運作，若然無益於我們幸福的增長，那也是無用的學問。如果它們有用，則必然是與我們的幸福有了關係。

事實上，明白了斯多亞的邏輯學與自然學，他們的幸福觀也就不難明白。所謂「幸福」，就是憑藉自己的理性理解宇宙的運作，順應自然而活。這句「順應自然而活」基本上是斯多亞學派的格言，有廣狹兩層意思：

1. 廣義的「順應自然而活」，指我們應該依從宇宙的法則來行事。宇宙運作有其法度，循環不息，人的生活亦理應如此。

2. 狹義的「順應自然而活」，其中的「自然」指我們人類的本性，那是我們的理性，也就是說我們應該依從自己的理性而活。

當然，廣狹兩義是相通的。廣義的自然是宇宙的法則，狹義的自然是人類的理性，兩者表現的場域雖然有所不同，但是兩者都是規律。

斯多亞學派強調宇宙與理性的同一，在其理論底下其實沒有真正的「惡」（evil）。宇宙之中所有發生的事都是有理可循、有法可依的，即是凡存在的都是合理的，那麼就不會有不合理的事情出現。惡是不合理的事情，因此惡也不會出現。一般人所謂的「惡」，在斯多亞學派的觀點下，不過就是假象。有些人天生沒有手腳、或者天生瞎眼，這些看似毫無理由的現象，其實都是有原因的。惡是假象，壞事亦不可能，所有出現的事情都是自然的、理性的，都在神的規律之下。所以斯多亞學派說的「幸福」，不過就是叫我們接受命運，接受神的規律。

斯多亞學派的「宙斯」再非奧林匹克山上的眾神之首，祂就是理性本

身。我們每一個體都是整個宇宙裡的一部份，在這個宇宙之內，每一個體都是宇宙萬物裡的成員，我們是宇宙之內的兄弟姊妹，這是西方最早關於「大同世界」的學說。在這套理論下，自然就是理性，也就是神，而順應自然而活是人類最好的生活方式。因為這代表了人類依循理性與神而生活。

斯多亞學派強調理性，這種立場會把很多非理性的元素都刪除掉，而這亦是跟伊壁鳩魯學派的不同之處。斯多亞撇除了我們的情緒與欲望，認為指導吾人幸福生活的只有理性。理性落實於倫理生活之中，表現而為德性（virtue）。事實上，這個講法跟亞里士多德有一脈相承的地方，亞里士多德亦認為幸福是根據理性指導的生活，不過斯多亞比亞里士多德更為徹底而已。在理性的指導下，斯多亞認為我們會知道什麼事情有真正的價值，什麼事情是無謂的，所謂生死、貧富、毀譽等等都變得不相干，因為這些都與幸福無關了，全部都是無分別的。根據他們的立場，幸福只有根據德性而生活才可達致。這樣，幸福是完全無待於外的，只需憑藉自己的理性，順應它而生活。幸福只是心態的轉移，純粹是一種立場，外在事物都可以是多餘的。

推而廣之，他亦應該認為工作是多餘的，文化是多餘的，那些都是浪費生命的舉動，不能增加我們的幸福。人的智慧不在於人有自由意志創造文化，而在於洞明世事都是命定的，因此懂得順應自然而活。事情總是如此發生的，發生了就是發生了，不能改變亦不可逆轉。斯多亞學派分辨智愚，正在於智者知道自己是被命定的，而愚者不知道自己是被命定的。最愚蠢的，是自以為踏進了自由的領域，想著對抗命運，卻不知道自己早被命定。

設想一下就會明白：我們能夠控制自己的身體嗎？我們能否控制腸胃不動？我們能否控制肺部不吸氣？我們能否控制心臟不跳動？這些都不是人類所能控制的事。再舉例說，癌症的出現源於身體內細胞組織的

變異，我們能否控制這些細胞不變？答案是否定的。在這個層面來說，人是沒有自由可言的。不過，我們的腸胃、心臟、細胞都有其自然本性：多吃肥膩食物，自然導致肥胖；多喝酒，自然影響肝臟；多吃糖，血糖自然上升。因為我們的身體有既定的運作規律。若然沒有規律，就不需要去看醫生。醫生的處方，在於讓身體回復正常運作。如果遵照醫生指示，仍然患上癌症，那我們也無話可說。這個時候，只好認命。如果做到不怨天不尤人，認為癌症到來是自然而然的事情，不過是細胞變異而已，這就是斯多亞學派的態度。只要順應自然而生活，就能夠泰然面對自己的生活，宇宙萬物的變化都不能使我動容、不會影響我的心態。

斯多亞學派提倡的德性，主要是以下四種：智慧（Wisdom）、勇敢（Fortitude）、正義（Justice）、節制（Temperance）。這四種德性是一個不可分、割的整體：有智慧的人懂得可以辨別善惡；勇敢的人知道何者應該懼怕、何者不需懼怕；正義的人知道什麼是個人應該得到的；節制的人知道何者可欲、何者應該避免。四者合而為一，在於它們同樣針對人的情感，以不受情感干擾為要務。智慧就是不受無理的情緒影響，勇敢就是不受驚懼的情感影響，正義就是不受個人的利欲之心影響，節制就是不受過多的欲望影響。四種德性在名義上是四，但是說到最後落實到具體生活都是一樣的。具備任何一種，理論上可以同樣具備另外三種。通過以上四種德性，我們可以達致「不動心」的理想境界，完完全全順應自然而活，依於理性而行。一個具備德性的人，能夠有足夠的知識如理而行，知道什麼可以做，什麼不能做；就像一個對於自然律有充分把握的人，會知道物換星移的理則一樣。

在這個意義下，斯多亞肯定人是平等的。無論你的出身是皇族或是乞丐，都可以憑著理性領悟自己是被命定的，憑藉理性順應自然就可以達致真正的幸福。這才是最有價值的事。貧富不是關鍵，最關鍵的是我們具備理性，可以知道自己是被命定的。這是人類唯一的自由，亦是斯

多亞的洞見所在：人生之中有很多事情不由我們自主，在這個情況下我們還可以做什麼？他們的回答是調節自己的心態，順應自然而活。外面世界如何發展，完全不會影響我的個人心態。事物的發展早已被決定，個人的心態卻可以扭轉，扭轉的關鍵正是理性。只要我們明白宇宙的法則都是如理而行，我們就會無所埋怨，即使埋怨亦沒有任何好處，只會為自己帶來不幸。如果你生來就是奴隸，那就做奴隸吧！如果你天生是皇帝，那就做皇帝吧！奴隸不是最差，皇帝亦非最好，因為好壞的標準不在於外間的遭遇，而在於我們能夠運用一己的理性面對紛紜的世事。斯多亞學派提倡的大同主義（cosmopolitanism），並非要求創立一個不分階級的烏托邦，由始至終他們重視的是以理性扭轉我們的心態順應自然而活。只要善用理性，即使生為乞丐，亦可獲得幸福；反過來說，不善用理性者，即使生為皇帝，亦難獲得幸福。

7.3. 斯多亞學派的代表人物

斯多亞學派的發展源遠流長，前後長達八個世紀的時間，要在短短的文章綜論所有斯多亞的觀點並不可能。因此我挑選了三位代表人物：

- 塞內卡（Seneca, 3BCE-65CE）
- 愛比克泰德（Epictetus, 55-135CE）
- 馬可斯・奧勒留（Marcus Aurelius, 121-180CE）

三位都是羅馬時期的斯多亞學派。我只選擇晚期的人物，理由在於這個時期的斯多亞哲學最為成熟，而且三位人物分別是大臣、奴隸與皇帝，反映了斯多亞不分階級的學派特色。

以下內容主要以他們的隨筆或雜記為根據，這些材料都不是現今學術規模下的論著。事實上，歐洲在文藝復興之後哲學才盛行長篇鉅著，例如洛克的《論人類理解》（*An Essay Concerning Human Understanding*）

與康德的《純粹理性批判》。希羅時期的哲人不好此道，他們強調哲學的實用性，寫作的重點不在於學問內部理路的嚴格精準，而在於這些學問是否適切解決人生之中實際的問題。相對而言，他們多寫札記、小品、隨筆，大部頭的著作則絕無僅有。在某個意義下，他們會認為後者的出現是哲學的墮落。

塞內卡

塞內卡，一個毀譽參半的人物。大概二十年前，我閱讀講述他生平事跡的書，書中第一句就說他是卑鄙無恥的偽君子。雖然身為斯多亞學派，但是行為與言論極不相符。他會斂財，為人荒淫，更是羅馬著名暴君尼祿（Nero）的導師。在某次刺殺尼祿的事件中，塞內卡被懷疑有份參與，尼祿因而命令塞內卡自殺。他首先選擇割脈，可是年老的他血液流動得慢，傷口流了不久就凝結了。於是他模仿哲學家的先驅蘇格拉底，選擇舌下毒汁，可是仍然未能死去。最後他在家中放暖水浴，被割開的靜脈慢慢滲出血液，暖水令傷口無法凝結，他就在眾多朋友的陪伴下走過生命中的最後一程。塞內卡不是唯一自殺的斯多亞學派，我們甚至可說「自殺」是斯多亞學派的主張，他們認為在某些條件之下，人可以選擇自殺來彰顯一己的尊嚴。

關於塞內卡的說法，我選取了他的一封短信〈論生命的短促〉（On the Shortness of Life）為主要文本。年輕的學生未必對這封短信有什麼大感受，但是對於五、六○年代的人來說，這封短信就很適合拿來思考了。信件有一個小標題「我們的時間實在寶貴得必須最好地運用它」（"Our time is so precious we must be sure to make the best use of it."），精簡點明信件主旨。信件是寫給鮑里努斯（Paulinus）的，塞內卡在信中開始向他申述一般人的抱怨：

鮑里努斯啊，大多數凡人都會激烈抱怨自然的惡毒，因為我們

生來就注定只有短暫的壽命，因為甚至這被賦予我們的短暫生命，也會那樣迅速地快速飛逝，以至於除了極少數人之外，所有人都是正打算開始生活，就發現生命已近尾聲了。[2]

他卻不認同一般人的觀點。塞內卡指出問題的關鍵不在人生本來太短，而是我們浪費太多：

然而在我看來，並非我們的壽命短，而是我們浪費的時間多。我們的壽命已經夠長了，如果我們能夠利用一生的時間，我們被賦予的壽命已經足以去完成那些最最偉大的事情。[3]

塞內卡批評一般人的生命觀念很有問題。他們對於財富珍而重之，不肯隨便揮霍；對於時間卻不懂得珍惜，任由時間流逝而無悔意。因為他們以為自己有的是時間。這個現象不限於古代，時至今日，我們見到有人為自己的退休生活打算，希望自己五十歲左右開始減輕工作量，六十歲就可以完全退休，享受人生餘下的光陰。塞內卡的話，對於這種人簡直是當頭棒喝：

你會聽到許多人說：「在我五十歲後我就不問世事，到了六十歲我就可以免於公共義務。」誰能擔保你的生命能延續得那麼久？誰會讓你的行程恰如你所計劃的那樣？況且你只把一生當中的殘餘時間留給自己，你只留出無事可做的時間用於追求智慧，你不覺得羞恥嗎？正當我們幾乎不得不停止生活時我們才開始生活，這何其太遲啊！將有益的計劃推遲到五十歲和六十歲時再來實施，打算在很少有人達到的高齡才開始生活，這是對人的有死本性的一種何其愚蠢的健忘啊！[4]

---

2. 塞涅卡著：〈論生命的短促〉，收於吳欲波譯；包利民校：《哲學的治療：塞涅卡倫理文選之二》（北京：中國社會科學出版社，2007 年），頁 1。

3. 同前注，頁 2。

4. 〈論生命的短促〉，頁 5。

以六十歲來開始自己真正的人生，塞內卡認為是愚蠢。一般人的心態就是以為自己總有時間，現在安頓當下的繁瑣雜務，日後有時間就可以好好享受人生。結果日復一日，直到六十歲時身體已經衰退，難以享受生命中的種種。何況，我們是否有六十歲或以上的壽命實在無人知曉，憑什麼可以保證我們的生命可以如此長壽？

我想藉此反思一下現今世界的體制。在資本主義之下，我們要求GDP（國內生產總值）年年增加，增長比率穩步上揚，市場要推出新的產品刺激銷路，人人要努力工作賺取營利。想想我們更換手機的頻繁程度，就知道整個世界發展到了什麼樣的情況。每一兩年，手機總會「升級」，舊的開始不合時宜，我們就會追求新的商品。在這種發展模式下，人們愈來愈重視消費，甚至借貸來享受片刻歡愉。終於，金融海嘯來了。我們重新思考自己的生活模式：以營利為第一要務的生活真的是我們最想要的嗎？

2008年6月，哈佛大學校長福斯特（Drew Gilpin Faust）在畢業典禮中，發表了一次意味深長的演講。她說哈佛出身的同學，畢業之後要過成功的人生並不困難。在她剛擔任校長的一年任期中，哈佛學生問她最多的問題就是：為什麼那麼多的哈佛大學畢業生走到華爾街工作？眾所周知，華爾街是世界金融中心，進出其中的人隨時坐擁億萬身家。既然有如此豐厚的條件，哈佛學生向校長的提問是否多餘？福斯特說，這些學生問的其實是「人生的意義」。他們或多或少已經感受得到，晉身華爾街工作可以名成利就，卻不必然過著有意義的生活。在利益與意義之間，哈佛學生感到了箇中的張力，不知如何抉擇，於是求問於校長福斯特。這位哈佛校長最後給予的答案是開放的，即是說，她沒有明確指出到華爾街工作是好是壞。因為她信任學生的理性，認為哈佛大學的人文教育在於啟發學生自主的能力，讓學生自主選擇自己的人生。經過自己的選擇，學生才能明確體驗何者比較適切自己的人生，如果聽從師長教

訓而不假思索，那是哈佛人文教育的失敗。在演講的最後部份，她說：

但是我在這兒說的最重要的是：你們在問那些問題 —— 不僅是
問我，而且是問你們自己。你們正在選擇人生的道路，同時也
在質疑自己的選擇。你們知道自己想過什麼樣的生活，也知道
你們將行的道路不一定會把你們帶到想去的地方。這樣其實很
好。某個程度上，我倒希望這是我們的錯。我們一直在標榜人
生，像鏡子一樣照出未來你們的模樣，思考你們怎麼可以過得
幸福，探索你們怎樣才能去做些對社會有價值的事：這些也許
是人文教育可以給你們「裝備」的最有價值的東西。人文教育要
求你們要活得自覺。它使你探索和定義你做的每件事情背後的
價值。它讓你成為一個經常分析並反省自己的人，而這樣的人
完全能夠掌控自己的人生或未來。從這個道理上講，人文 ——
照它的字面意思 —— 才使你們自由。人文學科可以讓你有機會
實踐理論，發現你所做的選擇的價值。想過有價值的、幸福的
生活，最可靠的途徑就是為了你的目標去奮鬥。不要安於現狀
得過且過。隨時準備改變人生的道路。記住我們對你們那些幾
近不可能的期待，可能你們也承認那些期待不太可能。不過如
果想做些對於你們自己或是這個世界有點價值的事情，記住它
們，它們將會像北斗星一樣指引著你們。你們人生的價值將由
你們去實現。[5]

為什麼我要提到福斯特呢？因為她的講辭恰好印證了哲學問題的普遍
性，塞內卡與福斯特縱使相差二千載，卻在回答同樣的哲學問題：如何
活出意義的人生？福斯特以自由主義的立場回應，尊重學生的個人意
願；塞內卡則是典型的斯多亞，認為商業交易都是毫無意義的事情，我

---

5. 中文參照以下網站，譯文略有改動：http://www.361en.com/read/speech/326_6.html。

們有更具意義的事情要做：

> 可是，相信我，一個人知曉自己一生的分類帳比知曉穀物的行
> 情會更佳。……細想一下，你早年就開始在人文學術領域中的
> 一切訓練，目的並不在此 —— 即把好幾千配克的穀物交由你
> 來掌管將會是安全的；你所希望的是更加偉大而崇高的某種東
> 西。[6]

古之穀物行情，猶如今之股票升降。對於真正的斯多亞來說，都是微不
足道的事情。塞內卡的信題為〈論生命的短促〉，重點其實不在論證生命
之短，反而是說我們如何在有限的生命之中活出意義。長短並非關鍵，
意義才是這封短信的核心。塞內卡沒有想過永生不死，他已經預設了人
之必死，如何在死亡之前活得有意義才是他的問題。他批評某些浪費時
間的人，即使有千歲壽命，活著也是毫無意義，因為他們不知道珍惜生
命，在有限的時光裡綻放光輝：

> 像你們這樣的生命，即便會超越千年，也只會縮成短暫的一小
> 段；你們的邪惡會耗盡任何長度的時限。你們所擁有的短暫時
> 限（儘管它在本性上就是快速流逝的，然而理性卻可延長它），
> 必然會迅疾地從你們那兒遛走，因為你們沒有抓住它，你們既
> 沒有阻止它，又沒有延緩這世上最迅捷的東西，你們只是任它
> 滑逝，彷彿它是某種多餘的東西，是某種可以替代的東西。[7]

事實上，塞內卡在整封〈論生命的短促〉中都在強調時間的流變，而
我們面對流變的正確態度是「適時」。這就是說，在適當的時間做適當的
事，不要浪費光陰在無謂的事情上。關鍵在於何謂「適時」。尼采《查拉圖
斯特如是說》說過一句名言：「無數的人死得太早，更多的人死得太遲。」

---

6. 同註 2。〈論生命的短促〉，頁 27。
7. 同註 2。〈論生命的短促〉，頁 8。

尼采的精警與惡毒在這句話裡表露無遺：死得太早的是天才，在他們全面綻放光芒之前卻不幸夭折，此之謂「死得太早」；死得太遲的是庸眾，他們毫無意義地活著卻久久不死，此之謂「死得太遲」。因此，尼采所強調的是「適時」之死。有些人不應死的人死掉了，有些人應該死卻又死不掉，如何在適當時間中終結自己的生命，那需要極高的哲學智慧。塞內卡勸勉我們，時間長短其實不是關鍵，壽命多寡亦非重點，他諷刺某些老生常談之輩，以壽命之長來誇耀自己，在塞內卡看來只是愚蠢：

> 所以，在此你沒有理由認為，任何人因為有著花白的頭髮或滿
>
> 臉的皺紋，就已經活得很長了 —— 他只是存在了很長時間。[8]

歸根究柢，生命長短與意義大小無關。香港有句老話：「食鹽多過你食米」。意思是說，老人的年紀比較大，吃過的鹽也比年輕人吃過的米更多。這個說法，好像吃多一點鹽就能夠為人生添上更多的色彩。塞內卡會說這是錯誤的。老人純粹存在了很長時間，至於他們是否真正過著生活實在是未知之數。這些人中，浪費時間的在所不少。

塞內卡在〈論生命的短促〉提出一個判別賢愚的標準：不能夠善用時間者為庸人，能夠善用時間者為偉人。前者徒勞而無功，後者勞而有獲。他說：

> 最後，所有人都認為，一個忙東忙西的人，沒有一樣事情能幹
>
> 好 —— 這樣的人既不能從事雄辯，也不能從事人文學術的研
>
> 究 —— 因為當心靈的興趣被分割開來，心靈就不能很深地領
>
> 會任何東西，而是將任何宛如勉強擠入的東西拒之門外。……
>
> 相信我，只有偉人和遠遠超越了人類弱點的人才能不允許他的
>
> 任何一點時間被竊走。所以這樣一個人的生命就是非常長的，
>
> 因為他把所有的時間都留給了自己。沒有任何時間被忽略或虛

---

8. 同註 2。〈論生命的短促〉，頁 11。

度；沒有任何時間是在另一個人的掌控之下，這是因為，他至
為吝嗇地守護他的時間，於是他就發現沒有什麼東西值得拿時
間去交換。[9]

在短促的生命裡，如何令生活有意義呢？很簡單，就是讓自己掌控自己
的生活，而不是由別人掌控。具體來說就是不讓別人浪費自己的時間，
不做多餘的事。俗世的欲望不用理會，我們盡管專心做自己的工作。這
裡所謂的「工作」亦有別於今天的理解，斯多亞不是鼓勵你認真到辦公室
好好工作，對於他們來說這也是浪費生命。真正的工作，在於過著寡欲
而清淡的生活，觀賞生活中美好的東西。活在當下，而不為未來擔憂。
斯多亞式的幸福人生，如是而已。

在這個意義下，斯多亞的學說跟中國的道家哲學確有相通的地方。
他們都不是從正面立說，肯定人生中某個方向，再鞭策世人向前邁進；
他們都從反面立說，指出人生的幸福在於解除束縛，無所作為，以一種
觀賞的態度看待萬物，這樣才能活出自己的真生命。同樣，兩套學說都
肯定了人沒有長生不死的可能，因而並不渴求永垂不朽；生命的意義就
在此世，不在彼岸。我不是道家哲學的權威，現在這種比較肯定是粗糙
的，所以只能蜻蜓點水略說一二。我故意並列上述兩者的原因，一是我
看到了兩者的相類性質，二是我看不到兩派的權威學者認真看待對方的
哲學。日後有否學者如此比較，就要看機遇了。

愛比克泰德

現在我們轉到愛比克泰德。他是一名奴隸，典型的畫象都會畫出他的枴
杖，因為他是跛腳。愛比克泰德跛腳的故事，可謂體現了斯多亞學派的
精神。故事是這樣的：

---

9. 同註 2。〈論生命的短促〉，頁 8。

> 愛比克泰德從小就具有非常的忍耐能力，有一次他的主人在他
> 身上發洩自己的狂怒，狠命的扭小愛比克泰德的腿，但愛比克
> 泰德一聲也沒有叫喊，只是像沒有似的一樣，非常平靜對他的
> 主人說：「你要再用力扭，我的腿骨要斷了。」但他的主人更加
> 用力的扭，只聽「咔嚓」一聲，腿真的斷了，而愛比克泰德仍然
> 非常平靜的對主人說：「你看我已經告訴你了，現在不是斷了
> 嗎？」

這個故事體現了斯多亞學派的核心，就是身體的痛與心靈的苦並不相同，扭斷了腳會帶來身體的痛，卻不必然帶來心靈的苦。關於這個故事，我可以多舉一個例子說明。很多年前，我系的勞思光先生跌傷了腳，需要入院留醫。我前去探病，他述說自己跌傷的過程，那個過程好像漫畫情節一樣，原來他在沙田新城市廣場踩到蕉皮，跌個四腳朝天。其後他在醫院接受治療，他的腳被吊起，並且插著很多東西。我探病的時候，他一一交代自己的情況，他的態度就像愛比克泰德那樣冷靜，客觀地描述某件事情是如何發生的，宛如事不關己。光聽他的描述，你不會感到他的痛楚。其實，勞思光先生的身體已經五癆七傷，他自己亦笑說身體每個部位都曾病過、都曾壞過：他的胃割了一半，他的肺穿了小孔，他的腸有過問題，他的腳亦斷過了。但他補充自己自己有兩個地方從未壞過，就是腦和心。這當然是哲學人的驕傲，「腦」代表的是智力，「心」代表的是良知，勞先生即使病中亦不掩自己重視知識與道德，活脫脫就是一個康德式學人。或許，意志力真的可以克服身體的許多病痛。

　　愛比克泰德在他的《手冊》（*Encheiridion*）說明這種立場是如何可能的。他開宗明義地說，有些東西是我們能夠控制的，有些東西是我們不能夠控制的：

> 有些東西是我們權能之內的，而其他的則不在其內。在我們權
> 能之內的，是理知、驅動力、好惡的意欲等等，一句話，我們

自己的行為所能達到的一切。不在我們權能之內的，是身體、財產、名望、官職等等，一句話，我們的行為不能達到的一切。[10]

他的整套哲學並不複雜，歸納來說就是我們要知道有什麼是可以做的，什麼是不可以做的。可以做的屬於自由的範圍，那是我們內部的理性、意志、欲望、感覺，這些都是我們可以控制的東西。不可以做的屬於我們能力範圍之外的事情，例如我們的身體，沒有人能夠控制自己的腸胃不消化、沒有人能夠控制自己的心臟不跳動、沒有人能夠控制血液不流動。身體已經如此，更不要說我們之外的財產、名望、官職，這些都是求之在外者。這些東西，擁有固然是好，沒有也不要緊。

在這個論旨之下，他提出了不少有洞見的說法。個人認為以下一句最為精彩：

不是事物自身攪擾人，而是關於這些事物的判斷攪擾人。例如，死亡並不可怕，或者蘇格拉底已經這樣想了，但是「死亡是可怕的」這個判斷令得死亡是可怕的。[11]

愛比克泰德指出事情本身怎樣並不重要，我們如何判斷這件事才最重要。當有人侮辱你的時候，說你是愚蠢、無知、淫邪、貪心……，這些形容詞本身不能產生什麼作用，直至它們成為了判斷的內容，將「你」與這些壞的特質聯繫起來，才產生了作用。亦即，如果有人侮辱你，其實這個人本身不能觸怒你，觸怒你的是因為你判斷了「他侮辱你」。如果你

---

10. "Some things are under our control, while other are not under our control. Under our control are conception, choice, desire, aversion, and in a word, everything that is our own doing; not under our control are our body, our property, reputation, office and, in a word, everything that is not our own doing."(1)

11. "It is not the things themselves that disturb man , but their judgments about these things. For example, death is nothing dreadful, or else Socrates too would have thought so, but the judgment that death is dreadful, *this* is the dreadful thing."(5)

判斷「他在發出某些聲音」，你就不會放在心上，何必如此緊張？他又說道：「沒有你的同意，無人可以傷害你；你備受傷害是因為你認為你受傷了。」[12]愛比克泰德針對的是言論，不是行動。用刀當時可以刺傷你，用口卻不必然，如果有人出口可以傷你，那是你自己容許他傷害你。一個人有基本的自尊與自信，知道人生有什麼可以做什麼不可以做，他就可以不為萬物所動，更反過來定義身外之物之於自己的意義。

> 不要這樣說話：「我失去了。」要這樣說話：「我歸還了。」你的兒子死了嗎？他是歸還了。你的妻子死了嗎？她只是歸還了。……看待事物好像不是你的，就如旅人看待旅館那樣。[13]

以上所說，確是智者之言。假設你的人生就像一趟旅程，你到一間酒店入住一晚，最後都要歸還房間。現在我們不過是在天地之間留宿，最後終歸死亡。我們所謂「擁有」的東西，都不是真正的擁有，例如我的金錢、名譽、地位等等，說到最後都是暫借而已。一旦身死，必須歸還。從這個角度出發，你不會覺得現在是擁有著而後來是失去了，你會覺得現在是暫借著而後來是歸還了，你會更珍惜現在的一切。出生於世上，就像一份禮物。在世上能夠讀書識字、升學就業、娶妻生子，都是借來的福分，我們應該心存感念之情好好活著享受。享用過後，歸還於天地，不必執著亦不能執著事物為我所有。所以我經常說，斯多亞學派與道家哲學有共同之處，同樣重視自然，同樣放開生死。莊子妻死鼓盆而歌，其情懷與愛比克泰德的歸還說可謂不謀而合。

---

12. "For no one will harm you without your consent; you will have been harmed only when you think you are harmed."(30)

13. "Never say about anything, "I have lost it," but only "I have given it back." Is your child dead? It has been given back. Is your wife dead? She has been given back...take care of it as of a thing that is not your own, as travelers treat their inn."(11)

馬可斯‧奧勒留

最後一位斯多亞學派是皇帝馬可斯‧奧勒留。如果你到過羅馬的卡比托利歐山（The Capitoline Hill），那裡就有奧勒留騎著馬的銅像。

現在我們簡述他的《沉思錄》（*Meditations*）。這本書是個人日記，本來是寫給自己閱讀的。事實上，論述方式的不同可以看到時代的差異。古希臘時代，柏拉圖以對話方式書寫哲學，表示他重視的是人與人之間的對話，哲學智慧的累積就是在人與人之間互相對話而來的。中古時期，奧古斯丁的《懺悔錄》（*Confession*）以宣告的方式向上帝申說自己的罪惡，為自己所作的懺悔，這種撰寫方式有了上帝的介入，哲學也要在上帝的帶領下才能彰顯真理。後來現代哲學之父笛卡兒撰寫《第一哲學沉思錄》（*Meditations on First Philosophy*），就變成了安樂椅上的沉思，這時他的探討對象是他自己，他不必與人對話，也不必有神介入，哲學表現為個人的內部反思。而且他不會認為這是限於個人的說法，笛卡兒會認為這是普遍的真理，思索的起點是個人，思索的結果卻適用於所有人類。

奧勒留的《沉思錄》有別於上述的哲學家。他既不運用對話，亦無引用上帝，也沒有建立普遍真理的欲望。最簡單的說法，可以說這本書是一本用以自我勉勵的日記。本書並不預設讀者，唯一的讀者就是他自己。書中的宣稱不著重普遍性，他反而重視從經驗歸納出來的某些洞見。相對於笛卡兒的《第一哲學沉思錄》，奧勒留毫無野心為哲學奠立新的基礎，他重視的是個人生活的體驗。

我們直接閱讀《沉思錄》就會明白，卷二的開首就記錄了：

一日之始就對自己說：我將遇見好管閒事的人、忘恩負義的人、傲慢的人、欺詐的人、嫉妒的人和孤僻的人。他們染有這些品性是因為他們不知道什麼是善，什麼是惡。但是，我——作為知道善和惡的性質，知道前者是美、後者是醜的人；作為

知道做錯事的人們的本性是與我相似，我們不僅具有同樣的血統和皮膚，而且分享同樣的理智和同樣的一分神性的人——決不可能被他們中的任何一個人損害，因為任何人都不可能把惡強加於我。我也不可能遷怒於這些與我同類的人，或者憎恨他們。因為，我們是天生要合作的，猶如手足、唇齒和眼瞼。那麼，相互反對就是違反本性了，就是自尋煩惱和自我排斥。[14]

他的語氣是平和的，而且是以理性的分析說服自己。不要發怒，也不需要發怒，理性的人會明白善惡的標準，發怒只是道行不夠的表現。既然人類同時分有理性，我們可以指望他們終會明白道理。

奧勒留是典型的斯多亞學派，所以他十分強調「不動心」。外在的事物不會影響心志，只要心志堅定，愁苦哀傷通通不能入：

人們渴求隱鄉自身，他們隱居於鄉村茅屋，山林海濱；你也傾向於渴望這些事情。但這完全凡夫俗子的一個標記，因為無論什麼時候你要退入自身你都可以這樣做。因為一個人退到任何一個地方都不如退入自己的心靈更為寧靜和更少苦惱，特別是當他在心裏有這種思想的時候，通過考慮它們，他馬上進入了完全的寧靜。我堅持認為：寧靜不過是心靈的井然有序。那麼你不斷地使自己做這種隱退吧，更新你自己吧，讓你的原則簡單而又基本，這樣，一旦你訴諸它們，它們就足以完全地淨化心靈，使你排除所有的不滿而重返家園。[15]

這種說法頗似中國道家「大隱隱於市，小隱隱於朝」的講法。隱居於鄉村茅屋只是小道，需要外在環境的協助才能修心養性；隱居到自己的心靈才是真功夫，因為心靈一旦寧謐安靜，外在的環境根本不能影響我的思

14.馬可・奧勒留著；何懷宏譯：《沉思錄》（北京：中央編譯出版社，2008年），頁14。

15.同前注，頁36-37。

緒，這時根本不需要平靜的環境協助。心靈平靜，即使處身鬧市亦不為所動；心靈紛亂，即使處身郊外亦不得安靜。從中可見，奧勒留完完全全把握了斯多亞學派「不動心」的精髓。

在「不動心」的態度下，奧勒留說出了他對「死亡」的看法。對他來說，死亡就是生命的終結，人類在死亡面前是平等的。個人認為他說得最精彩的，是他指出死亡之於年輕與年邁的人並無分別，死亡都可奪走他們的生命。奧勒留說：

> 雖然你打算活三千年，活數萬年，但還是要記住：任何人失去的不是什麼別的生活，而只是他現在所過的生活；任何人所過的也不是什麼別的生活，而只是他現在失去的生活。最長和最短的生命就如此成為同一。⋯⋯這樣你就必須把這兩年事牢記在心：一是所有來自永恆的事物猶如形式，是循環往復的，一個人是在一百年還是在兩千年或無限的時間裏看到同樣的事物，這對他都是一回事；二是生命最長者和瀕臨死亡者失去的是同樣的東西。因為，唯一能從一個人那裏奪走的只是現在。
>
> [16]

死亡之於青年與老人沒有分別，不會因為後者人生閱歷豐富而減損死亡的威力。死亡即是生命的終結。縱使老人背負數十年的歷史，但是他跟青年之間可以比較的就是他們同時活在當下，擁有現在。過去的事已經過去了，在這點上老人不比青年優勝，兩者所有的只是現在而已。因此，一個人活一千年或一萬年都是沒有分別的。他真正擁有的只有當下，死亡帶走的亦只有當下。我們死的時候一切歸無，當下的東西沒有了。當下是我們唯一擁有的，但同時又是轉瞬即逝的東西。死亡所拿走的只是我的當下而已，又有什麼可怕？死亡本身並不可怕，是我們判斷

16.同前注，頁，20。

死亡為可怕，才令得我們以為死亡可怕。在這個意義下，對死亡的懼怕只是迷信而已。死亡是自然的一環，人會出生，亦會死亡。人類能夠生活應該心存感激，如果活得不好則死去亦無妨。總而言之，毋須懼怕死亡。

7.4 總結 —— 完全順任自然與理性而活

伊壁鳩魯學派與斯多亞學派是希羅時代哲學的代表。在這個時期裡，柏拉圖與亞里士多德的哲學光芒都被上述兩個學派所掩蓋。尤其是柏拉圖，他在《會飲》與《斐多》分別強調「愛的階梯」與「靈魂不朽」，排斥了肉體的位置，而指向一個永恆而普遍的形上世界。伊壁鳩魯學派與斯多亞學派的具體主張縱有不同，但是兩者同樣否定靈魂不朽，亦不指向形上世界。此生才是重點，他們所渴求的是如何在有限的生命裡活出光輝。倫理學成為了哲學的中心，所有形而上學的玄思都被排斥於外。

　　斯多亞的宗旨是順應自然而活。在這個宗旨下，生死問題有了安頓，因為生死都是自然的一環，人類有生亦有死，不必強求永生，活出生命的意義才是關鍵。由於斯多亞所肯定的「自然」與理性掛勾，而理性與感性欲望是對立的，因此斯多亞式的情欲觀很簡單，就是要以理性的態度排斥感性欲望的干擾。對於他們來說，感性的作用純粹是負面的，只會影響我們的心境。只有完全順任自然 / 理性而活，我們才能活出真正的意義。

第二部分
基督宗教

第8章
情欲 —— 基督宗教的回答

8.1 七宗罪

公元590年，教宗額我略一世（Pope Gregory I）為基督宗教定下了「七宗罪」（The Seven Deadly Sins）。七宗罪的英文有"deadly"的字眼，意指這七宗都是致死的罪行。這七宗罪分別是傲慢、妒忌、暴怒、懶惰、貪婪、貪食、色欲（Pride, Envy, Wrath, Sloth, Greed, Gluttony, Lust）。額我略一世以愛為標準，評核上述七項是違離上帝的最大罪行。其中居首位的是傲慢，人就是以自我為中心，不聽從上帝的話，因傲慢而墮落。荷蘭畫家希羅尼穆斯・波希（Hieronymus Bosch, 1450-1516）曾經以七宗罪為主題，把七宗罪逐一以形象的方式表達出來。（圖8-1）

我的重點是情欲（Lust）。情欲是一種欲望，而基督宗教的傳統對情欲特別敏感，限制也特別嚴格。他們認為這種欲望往往會過分到令人沉溺，不能自拔。無論是使徒保羅，還是奧古斯丁，兩人對於「性」都帶著敵視的態度。尤其是奧古斯丁，有一樣東西差一點令他責罵上帝，那樣東西就是陽具。他問道：「為什麼上帝創造了一樣我不能控制的東西？」男性的性器官是不聽使喚的。當遇上誘惑的時候，即使自己心裡抗拒，陽具還是不由自主地勃起。因此，奧古斯丁認為陽具是不應該出現的，正是情欲令人埋沒良心與理性。

但丁（Dante Alighieri）的《神曲》（*Divine Comedy*）當中以形象的方式描繪了七宗罪。但丁描寫，煉獄宛如一座高山，靈魂都在這裡懺悔，以求洗滌罪過，山分七層，分別代表七宗罪，每上升一層就會消除

一種罪過，直到山頂就可以升入天堂。我們讀到，犯了情欲罪的會如何受罰，如何被火燒所煎熬。犯罪的結果令人恐懼，其實反映了基督宗教之於情欲的恐懼。我的核心問題就是：為什麼性欲在基督宗教文明之中變得如此可怕？

8.2 基督宗教的情欲觀──敵視性愛

我們先從耶穌的話說起。馬太福音記載祂說：

> 你們聽見有話說：「不可姦淫。」只是我告訴你們，凡看見婦女
>
> 就動淫念的，這人心裏已經與他犯姦淫了。（馬太福音5:27-28）

耶穌的話很嚴格，情欲不止是身體的罪行，也是心靈的罪行。就算沒有身體力行犯了姦淫，只要一念所及也是犯罪。

遙想當年，我曾經問香港中文大學的圖書館為什麼不可以放置美國成人雜誌《花花公子》（*Playboy*）？不過，雖然《花花公子》有很多精彩的東西，曾經訪問過名導演，甚至訪問過哲學家沙特。只是這些都不是《花花公子》的核心，核心一定是中間彩頁的美女裸照。而我們為什麼會看《花花公子》？因為情欲。按照耶穌的話，我們若是看了《花花公子》的美女裸照，已經等同犯了姦淫。無論是否身體力行，心裡懷此念頭已是一樣。就算不是信奉基督宗教的團體，一般的圖書館也不會擺放色情雜誌，其原因大概相同：有傷風化，令人犯罪。

那麼我要追問：為什麼「貪食」罪沒有受到同樣待遇？貪食就是過度的飲食，沉迷於吃喝之中。對於大部份的人（以至基督徒）來說，現在貪食已經不是什麼大罪，最少罪惡程度比之情欲低得太多。事實上，重視飲食文化的西方國家不是很多。根據我的個人經驗，德國與英國的飲食文化並不昌盛，食物比較難吃。為什麼？韋伯（Max Weber）在《新教倫理與資本主義精神》（*The Protestant Ethic and the Spirit of*

Capitalism ）指出，清徒教的做事方式不在於享樂，他們刻苦工作以求積財寶於天，所以對現世的生活不甚著重。飲食不求奢求，足以維持生命也就夠了。貪食之為大罪，也就容易理解。一旦飲食過多，身體就想睡覺，靈魂昏昏欲睡，人會忘記理性與神聖。這是重視飲食多於敬畏上帝，所以是罪。真正的信徒雖然不至於禁食，但一定吃得不多。在修道院生活，是不能大吃大喝的，進食的都是最簡單的食物，因為食物使人傾向肉體的貪念，忘記了靈魂的培育。

無論如何，貪食的罪惡程度是減低了，情欲卻沒有同步減低。基督宗教對於性事仍然抱持敵視的態度，我們可以從兩件事談起。

第一件事是在香港發生的「麥樂倫吞槍案」。1980 年 1 月 15 日，30 歲的英籍偵緝督察麥樂倫（MacLennan）被發現在何文田山道警察宿舍內身中多槍身亡，其後警方披露接獲投訴指麥樂倫涉嫌與一宗同性戀案有關，決定拘捕麥樂倫。就在案發當日，警方持搜查令到其寓所採取拘捕行動，才揭發命案。為什麼麥樂倫要自殺呢？就算是同性戀，應該不算是什麼嚴重的罪行吧？提出這條問題的人，大概不理解香港當時的法律情況。香港沿用英國的法律，當時的法律對於同性戀者的性行為持十分嚴苛的標準。根據「侵害人身罪條例」（香港法例第二一二章），該條例之第四十九條規定：「**人與同一性別之人性交為觸犯雞姦罪，人與獸性交為觸犯獸姦罪，違者最高可被判終身監禁。上述性交行為不論私下或公開進行，皆屬違法。**」同性戀原來最高可被判終身監禁。18 世紀以前，同性戀者在歐洲更是會被斬頭。就算有人認為同性戀是嘔心的，但是同性戀的性行為再嘔心，也不過是生殖器官進入另一個生殖器官而已，為什麼足以判決一個人終身監禁呢？我用手指放進別人的口中也是嘔心的，這樣的行為會否導致終身監禁呢？英國法律有此條文，就是因為她的西方文化傳統 —— 以《聖經》為根據，而《聖經》有五處確切點明

同性戀是「罪」。[1]在所謂「上帝已死」的時代，基督宗教的道德觀仍然以法律的方式治理著我們的社會。

　　第二件事是香港明光社的崛起。明光社是敢於以公開的方式表達意見的基督宗教團體。明光社強調我們不能閱讀色情刊物，他們堅持身體是聖靈的殿，所以不可以淪為洩欲的工具；性愛是在婚姻之約內最親密的表現，有排他性和高度私隱性，所以不可以給別人看到的。身體不是物件（object），而是具備神形象的主體（subject）。這些說法在明光社的文章俯拾皆是，在他們的網站上也可找到大量相關訊息。很久以前，我讀到一篇由明光社發表的禱文，覺得相當值得討論，他們當時已經認為色情刊物是嚴重的社會問題。禱文成於1995年，題為《力抗歪風，黃潮下的禱文》，內容如下：

<blockquote>
創造萬物的父，我們感謝你！

因你所造的一切都是好的，

而性同樣是你聖善的安排，

你讓夫妻享受性生活，

讓他們建立最親密而又神聖的關係，

使性在人的尊嚴中確立。
</blockquote>

---

1. 五處章節分別來自《利未記》、《羅馬書》、《哥林多前書》、《提摩太前書》：「不可與男人苟合，像與女人一樣，這本是可憎惡的。」（《利未記》18:22）、「人若與男人苟合，像與女人一樣，他們二人行了可憎的事，總要把他們治死，罪要歸到他們身上。」（《利未記》20:13）、「因此，神任憑他們放縱可羞恥的情欲。他們的女人，把順性的用處，變為逆性的用處。男人也是如此，棄了女人順性的用處，慾火攻心，彼此貪戀，男和男行可羞恥的事，就在自己身上受這妄為當得的報應。」（《羅馬書》1:26-27）、「你們豈不知，不義的人不能承受神的國麼？不要自欺。無論是淫亂的、拜偶像的、姦淫的、作變童的、親男色的、偷竊的、貪婪的、醉酒的、辱罵的、勒索的，都不能承受神的國。」（《哥林多前書》6:9-10）、「因為律法不是為義人設立的，乃是為不法和不服的、不虔誠和犯罪的、不聖潔和戀世俗的、弒父母和殺人的、行淫和親男色的、搶人口和說謊話的、並起假誓的、或是為別樣敵正道的事設立的。」（《提摩太前書》1:9-10）

然而聖潔的主啊！

這一代人卻迷失於情欲之中，

甘願為性的奴隸，

把性當作遊戲、交易和商品，

標榜建立純肉體的關係，

使人的尊嚴在性裏虧損。

為此，我們求你寬恕！

寬恕這在罪中墮落，

陷於色慾迷情的一代。

與人同在的聖靈啊！

在這黃潮肆虐的世代中，

我們額外需要你的恩典，

因為我們是與惡魔爭戰。

為此，我們懇求你！

懇求你不單賜我們聖潔生活，

更求有道德勇氣！

好使我們勇於持守純正，

亦敢力抗歪風！阿們！

為什麼談及婚前性愛，要有「道德勇氣」抵抗呢？性愛會帶來什麼樣的災難，令人類社會文明受害呢？暫且把問題聚焦到「同性戀」。事實上，只有希伯來文明是排斥同性戀的。排斥同性戀以致成為罪行，其他文化並無提及。例如中國對於同性戀的行為並無排斥。我們試讀《肉蒲團》，未央生帶書僮上京考試，中途色欲難耐，也會找書僮來過癮一下，而書僮正是男兒身。《紅樓夢》也有同性相愛，沒有什麼特別。在馮夢龍的《情史類略》中，他將「情」分為24類，其中「情外類」就是談及同性戀愛的故事，

並且表明是歌頌他們的。同性戀在中國古已有之，而且不是嚴重的道德問題，香港人認為同性戀有問題，是受到了基督宗教的道德觀影響。

8.3 女人在《聖經》中的地位

《聖經》之中，有些講法是很有趣的。例如不可觸碰女人。《啟示錄》記載：「我又觀看，見羔羊站在錫安山，同他又有十四萬四千人，都有他的名，和他父的名，寫在額上。」（啟示錄，14:1）這14萬4千人都是很特別的人，他們是什麼人呢？後來書中就說：

> 這些人未曾沾染婦女，他們原是童身。羔羊無論往那裏去，他們都跟隨他。他們是從人間買來的，作初熟的果子歸與神和羔羊。在他們口中察不出謊言來，他們是沒有瑕疵的。（啟示錄，14：4-5）

原來特別之處就是他們的童子身，沒有碰過女人。而沒有碰過女人的人就是最好的、最純潔的、不會說謊的。有趣的地方在於，《聖經》是一本徹頭徹尾地以男性為中心的書。所以上帝是「父」，我們是「子」，女人的地位在《聖經》是男人的從屬，從來不是以主體的形象出現。

如果是基督徒，最好就像使徒保羅，專心事奉上帝，不會迷於女色；如果不能像保羅那樣獨身，他建議信徒結婚：「倘若自己禁止不住，就可以嫁娶。與其欲火攻心，倒不如嫁娶為妙。」（哥林多前書7：9）至於女人本身是否需要獨身，從來不在討論之列。這種「厭女」（Misogyny）現象，在《聖經》是不爭的事實。在整個希伯來文化裡，尤其是舊約《聖經》所記述的，女性的地位很低，往往只是男人的從屬，更甚者會扮演誘惑男人犯罪的角色。在這個意義下，能夠拒絕女人的誘惑是道德高尚的表現，《啟示錄》故意標舉那14萬4千人的高尚，是以其童子身來表示的。獨身與禁欲，在基督宗教傳統中是道德的象徵。

8.4 上帝創生的兩個故事 —— 以《創世記》爲本

現在我們說到「基督宗教」（Christianity），包括了天主教與基督教。兩者盛於歐洲，惟其源頭不在歐洲，而在中東地區。基督宗教跟猶太教與伊斯蘭教是同源的，現在《聖經》的舊約部份，爲三個宗教共同分享。三者對於女人的敵視，同樣明顯。細讀《創世記》，我們發現上帝創造人類原來有兩個版本，第一個故事是男女同造的，第二個故事中是先造男後造女的。第二個故事，後來成爲了基督宗教創造人類的欽定版本，從此女人的地位在基督宗教的文化裡是從屬於男人的。以下我們逐一說明這兩個版本。

上帝創生的第一個故事 —— 神以自己的形象造男造女

第一個故事是《創世記》的第一章。上帝創造天地，明顯有一個序列：從混沌到光明，從天空到海洋，從陸地到樹木，從太陽到月亮，從飛鳥到游魚，從野獸到昆蟲，總共用了六天時間，完成了創造天地萬物的工作。就在第六天的中段，《創世記》有如下的記載：

> 神說：我們要照著我們的形象，按著我們的樣式造人，使他們
> 管理海裏的魚空中的鳥，地上的牲畜，和全地、並地上所爬的
> 一切昆蟲。神就照著自己的形象造人，乃是照著他的形象造男
> 造女。神就賜福給他們，又對他們說：要生養眾多，遍滿地
> 面，治理這地。（創世記 1：26-28）

在這一段話裡，上帝是根據自己的形象造男造女，而不是先造男後造女。第一章的內容，跟第二、三章的內容 —— 第二個人類誕生的故事 —— 明顯有出入，後世因此出現了無數的爭論。後來到了使徒保羅的時候，整個《哥林多前書》和《羅馬書》已經刻意忽略第一個故事，完全以第二個故事爲根據。這種忽略是選擇性的，例如新約的〈四福音書〉，

耶穌就從來沒有提過亞當與夏娃。以第二個故事為據，是使徒保羅的影響，而他的影響是根源性的，直至現在，女人在基督宗教之中仍然扮演著依附的角色，未能成為教會的權力核心。迄今為止，所有天主教的教廷從無女人擔任過主教，天主教不能接受由女人主持彌撒，因為女人的地位是次等的。這是有根據的，這個根據就在《聖經》的第二、三章，即是亞當與夏娃的創生故事。

在討論第二個故事之前，我想先說《創世記》之中「上帝」的位置。《創世記》記述的創生故事，已經初步展示了希伯來文化的上帝與宇宙萬物有何關係。《創世記》記載：

> 天地萬物都造齊了。到第七日，神造物的工已經完畢，就在第
> 七日歇了他一切的工，安息了。神賜福給第七日，定為聖日，
> 因為在這日神歇了他一切創造的工，就安息了。（《創世記》2：
> 1-3）

我們可以比較對照希臘的創世神話。根據赫西俄德記載的希臘神話，第一個神祇是混沌之神（Chaos），祂是生天生地的時候出來的。換言之，宇宙萬物與神祇是同一時間從同樣的東西出來的，彼此不存在先後與主從的關係。希臘如此，中國亦然。盤古開天闢地的故事，最後盤古的下場是其身體化成了天地山河、日月星辰。從混沌與盤古的故事，希臘與中國的創世觀兩者同樣認為宇宙萬物是從內部變化而來，因此是「內在的」（immanent）。《創世記》的上帝卻是外於世界而存在，因此上帝是「超越的」（transcendent）。在希臘與中國傳統的宇宙觀裡，神和人無大分別，人可以成為神，神也具備人的特質，兩者並無完全的隔閡。人類與自然的關係也是和諧的，或者可以說是具備相生相剋的關係。中國所講的陰陽五行，背後預設的是整個自然本身有其內部的秩序，所以是「內在的」，而不是有個超越的上帝主宰整個自然的運作。而基督宗教從一開始就強調上帝的「超越性」。上帝在上，上帝與人類的關係，就是造物主

與被造物的關係。

米開蘭基羅的《創造亞當》(*The Creation of Adam*)(圖 8-2)最能體現這種超越的思想。在梵帝岡的西斯廷教堂(Sistine Chapel),向上仰望,就會見到他用形象的方式將《創世記》的故事表現出來。我個人親身看過好幾次了,每一次都為米開蘭基羅的偉大而感動。他的偉大之處,在於形象地樹立了上帝創生的姿態。就在那個指尖的觸碰裡,上帝貫注了祂的力量,人類就此誕生了。

這是基督宗教所獨有的,伊斯蘭教就沒有這種上帝的形象。因為伊斯蘭教是反對任何形式的偶像。到清真寺走一趟,內裡全無任何偶像,甚至全無任何形象表達的東西。或者為神定性是危險的,正如色諾芬尼(Xenophanes)所講:如果獅子有神的話,這個神一定是獅子的樣子;老虎有神的話,一定是老虎的樣子,所以人有神的話就是人的樣子。後來費爾巴哈(Feuerbach)講得更加肯定:不是神根據自己的形象造人,而是人根據自己的形象造神。

上帝創生的第二個故事 —— 亞當與夏娃的誕生

米開蘭基羅的畫像沒有表達上帝吹氣的一刻。這是缺憾。《創世記》載:「神用地上的塵土造人,將生氣吹在他鼻孔,他就成了有靈的活人,名叫亞當。」(創世記 2:7)「生氣」是很重要的概念。「氣」的希臘文是 *pneuma*,拉丁文是 *spiritus*,後來演變成英文的 spirit。*pneuma* 與 *spiritus* 都有呼氣的意思,平日我們說到一個人死的時候亦以「斷氣」名之,即是說沒有了呼吸,人就會死亡。倒過來說,人有「氣」息是生命力的表現。上帝以塵土造人,以氣息賜予人類生命。所謂「塵歸塵,土歸土」,人類死亡的時候,就是上帝收回他們的氣息。這是整部舊約《聖經》的死亡觀。我們可以仔細查閱,舊約《聖經》並沒有提過「靈魂不朽」,也沒有「復活」的概念。這些概念與講法,有些是新約時代才出現的,有些

是中古時期教會融合柏拉圖哲學才創立的。

第二個創造人類的故事以此為開端。人類的始祖亞當呼吸到上帝的氣息，因而成為了「有靈的活人」。創造人類之後，上帝在東方建立了伊甸園，把人安置在裡面，裡面有很多重要的東西，包括生命樹和分別善惡樹：

> 耶和華神使各樣的樹從地裏長出來，可以悅人的眼目，其上的果子好作食物，園子當中又有生命樹和分別善惡的樹。（創世記2：9）

上帝吩咐亞當管理伊甸園，又叮囑說：

> 園中各樣樹上的果子，你可以隨意喫。只是分別善惡樹上的果子，你不可喫，因為你喫的日子必定死。（創世記2：16-17）

有一點是重要的，就是那兩株樹：生命樹與分別善惡樹。上帝說所有樹的果子都可以吃，除了分別善惡樹；而生命之樹是人類本來可以進食的。這裡包含很多先民流傳的故事所擁有的元素。大多數創世的神話都要解說兩個問題：1.世界與人類從何而來？因何而生？2.人類為何會死？大部份的民族都相信人是不應該死亡的。死亡錯誤的，是因為人類犯了某些過錯而招致的。這兩株樹，成為了希伯來人回答第二個問題的鑰匙。

1890年，劍橋著名的人類學家詹姆斯・弗雷澤（James Frazer）出版《金枝：巫術與宗教之研究》（*The Golden Bough: A Study in Magic and Religion*）。他指出創生故事不是《聖經》獨有，其他文化同樣具備類似元素。例如不同文化裡頭，都有「人類為何死亡」的解釋。死亡的意識，一直貫注在人類的腦海之中。那麼《聖經》如何解釋人類的死亡呢？直接閱讀《聖經》是無法獲得答案的，因為上帝沒有解釋。他所謂的「解釋」，往往是用後果來展現的。這就是說，用的不是理由，而是事實。例如錯吃了果子會受懲罰，至於錯之為錯的理由，上帝從來不予說明。這

是《聖經》的獨特之處。

上帝創造亞當，再讓亞當管理伊甸園後，「耶和華神說：那人獨居不好，我要為他造一個配偶幫助他。」（創世記2：18）亞當獨自一人在世，上帝認為不好，於是用地上的塵土造了各種動物和各類飛鳥，把牠們帶到亞當面前讓他命名；他給牲畜、飛鳥都起了名，當中卻沒有適合作他伴侶的。請注意亞當「命名」這種行為。根據李維－史陀（Levi-Strauss）的結構人類學（Structural Anthropology），「命名」是人類文化的起源。當人能夠命名的時候，指出這是猴子、那是大象，就意味著人類可以區分不同的東西。在此之前，世界是混沌的，因此也是無序的，打破這個悶局的就是「命名」。

終於到了創造女人夏娃的時候。在上帝的計劃裡，女人的誕生純屬偶然。（圖8-3）

> 耶和華神使他沉睡，他就睡了。於是取下他的一條肋骨，又把
> 肉合起來。耶和華神就用那人身上所取的肋骨造成一個女人，
> 領他到那人跟前。那人說：這是我骨中的骨，肉中的肉，可以
> 稱她為女人，因為他是從男人身上取出來的。（創世記2：21-
> 23）

女人是從男人身上取出來的，這句是很重要的話。後來保羅提到男女之間的份位，也說出了同樣的話：

> 起初，男人不是由女人而出，女人乃是由男人而出。並且男人
> 不是為女人造的，女人乃是為男人造的。（哥林多前書11：8-9）

所有人類都從母體所生，男人亦然，但是保羅從存在論（ontology）的層面重新界定男女的位置，他認為人類的始祖是亞當，夏娃只是從男人的肋骨演變出來，因此先有男人而後有女人。女人之所以可能出現，完全因為先有男人。後來人類繁衍的方式雖然是以母體生育，但是無改源頭是男先於女的「事實」。保羅藉此確立男尊女卑的論述。

8.5 人類的墮落──性欲的神聖與罪惡

上帝創造男女之後，才會產生性欲問題。人類的墮落由此產生。

在夏娃誕生之後，《創世記》故意有個小小的補充：「當時夫妻二人，赤身露體，並不羞恥。」（創世記2：25）到底赤身露體有何羞恥呢？例如在公眾場合，如果發現自己沒有拉好褲鏈，我們也會感到尷尬。這種尷尬的感覺從何而來？原來這跟我們如何看待自己的身子有關。赤身露體象徵罪惡，因而是羞恥的，這種想法就是從《聖經》而來的。

上帝命令人類禁吃分別善惡樹的果子。在這個命令之下，蛇充當了誘惑的角色：「耶和華神所造的，惟有蛇比田野一切的活物更狡猾。」（創世記3：1）蛇對女人說，上帝禁止人類進食分別善惡樹的果子，原因在於害怕人類吃後眼睛開了，能夠分別善惡，繼而取代上帝的位置。蛇更指出，人類吃了善惡樹的果子不一定死，上帝的說法是恐嚇多於事實。

> 於是女人見那棵樹的果子好作食物，也悅人的眼目，且是可喜愛的，能使人有智慧，就摘下果子來喫了。又給他丈夫，他丈夫也喫了。他們二人的眼睛就明亮了，纔知道自己是赤身露體，便拿無花果樹的葉子，為自己編作裙子。（創世記3：6-7）

我們細心思考蛇說的話，會發現牠的狡猾或可說是聰明。牠的話是正確的：第一，亞當與夏娃吃到分別善惡樹的果子之後沒有即日死亡，根據《聖經》記載，亞當更活了930歲；第二，日後上帝驅逐二人離開伊甸園時，上帝喃喃自語說不可讓人類再吃生命樹的果子，免得他們在眼睛明亮之後再有永生，能夠跟祂一樣。

在蛇的引誘之下，人類終究吃了分別善惡樹的果子。某日上帝到訪伊甸園，亞當與夏娃卻避見上帝。

> 耶和華神呼喚那人，對他說：你在那裡。他說：我在園中聽見你的聲音，我就害怕，因為我赤身露體，我便藏了。耶和華

說：誰告訴你赤身露體呢？莫非你喫了我吩咐你不可喫的那樹

上的果子麼？那人說：你所賜給我、與我同居的女人，他把那

樹上的果子給我，我就喫了。耶和華 神對女人說：你作的是什

麼事呢？女人說：那蛇引誘我，我就喫了。（創世記3：9-13）

人類犯了原罪，第一樣學會的是「推卸」。上帝斥責男人，男人說是上帝
所賜的女人教唆他的，而女人說是蛇的引誘令她犯罪，總而言之就是一
層一層推卸責任。最終上帝判罪。

耶和華 神對蛇說：你既作了這事，就必受咒詛，比一切的牲畜

野獸更甚。你必用肚子行走，終身喫土。我又要叫你和女人彼

此為仇，你的後裔和女人的後裔，也彼此為仇。女人的後裔要

傷你的頭，你要傷他的腳跟。又對女人說：我必多多加增你懷

胎的苦楚，你生產兒女必多受苦楚。你必戀慕你丈夫，你丈夫

必管轄你。又對亞當說：你既聽從妻子的話，喫了我所吩咐你

不可喫的那樹上的果子，地必為你的緣故受咒詛。你必終身勞

苦，纔能從地裡得喫的。地必給你長出荊棘和蒺藜來，你也要

喫田間的菜蔬。你必汗流滿面纔得糊口，直到你歸了土，因為

你是從土而出的。你本是塵土，仍要歸於塵土。（創世記3：14-

19）

這就是整個人類墮落的故事。上帝驅逐人類離開伊甸園，喃喃自語說道：

耶和華 神說：那人已經與我們相似，能知道善惡。現在恐怕

他伸手又摘生命樹的果子喫、就永遠活著。耶和華 神便打發

他出伊甸園去，耕種他所自出之土。於是把他趕出去了。又在

伊甸園的東邊安設基路伯，和四面轉動發火焰的劍，要把守生

命樹的道路。（創世記3：22-24）

根據這段話，人類在吃到生命樹的果子之前，已被上帝逐出伊甸園。本
來可以吃的生命樹果子，人類沒有吃到；本來不應該吃的分別善惡樹果

子，人類反而吃了。最後上帝趕走人類，並以轉動的火劍守護著伊甸園，以防人類再度進入園中。（圖8-4）

之後是第四章的內容。第一句話有各種不同的理解。中文和合本是「有一日，那人和他妻子夏娃同房，就懷孕，生了該隱。」（創世記4：1）這是意譯，英文欽定版聖經（King James Version of the Bible，簡稱（KJV）則是直譯的："And Adam knew Eve his wife; and she conceived, and bare Cain"關鍵字是"knew"。為什麼亞當「認識」他的太太然後產子？他們不是早該互相認識了嗎？這種「認識」是特殊的，跟分別善惡樹（The Tree of Knowledge）的知識相關。這不是現代知識論（epistemology）意義下的知識，而是跟「性」有關。《聖經》說"Adam knew Eve his wife"，即是說"Adam has sex with his wife." 這就是說，禁果與性欲有關。亞當和夏娃吃了禁果之後，有了性的自覺，才有羞恥的感覺。有了性的自覺，為什麼要受罰呢？答案馬上出現：因為亞當「認識」他的太太然後產子，即是說亞當和夏娃獲取了上帝最神聖的能力：創生。當基督徒談及上帝的愛，當中涉及到祂的恩澤，祂給予了人類最大的禮物，這份禮物就是「生命」。問題卻是，人在吃了分別善惡樹的果子之後，就會與神相似，具備創生能力。「創生」是基督宗教之中最重要的能力，也是最神聖的能力。神之所以偉大，在其創造天地萬物，賦予人類生命，現在人類有了性的自覺，同樣可以創造生命。在這個意義下，人類的命運有了改變。作為個體的人是會死的，因為亞當沒有吃到生命樹的果子而獲得永生；作為族群的人類是不會死的，因為亞當吃了分別善惡樹的果子而懂得創生。

基督宗教對於性欲的雙重態度，藉著這個故事完全表現出來：性既是神聖的，也是罪惡的。性是神聖的，因為性行為分享了神的創生能力，藉此可以創造生命；性是罪惡的，因為人是透過背棄上帝來獲取這種能力的。迄今為止，基督宗教對於性的態度仍然是曖昧的。例如天主

教至今為何仍然反對墮胎？他們認為，掌管創生的是上帝而不是母親，不要以為肚子裡有個孩子，那個孩子就是你的。創生的能力源出上帝，掌管生命的權力在於上帝，不是人類。因此墮胎是僭越上帝權力的行為。在這個意義下，生育孩子的那兩個人—即是父母 —— 其實並不重要。一男一女做愛生育孩子，不過是履行上帝的工作而已，父母是幫助上帝生育孩子。孩子並不屬於父母二人，他是屬於上帝的。

這個講法看似很極端，卻真是《聖經》的說法。聖母瑪利亞在基督新教毫無地位，原因就是如此。上帝只是借瑪利亞的肚子生育耶穌，耶穌是聖靈感孕的，沒有沾染人類的罪惡。所以瑪利亞在基督新教沒有地位，她只是生育的工具。後來耶穌說道：「**人到我這裡來，若不愛我勝過愛自己的父母、妻子、兒女、弟兄、姐妹和自己的性命，就不能作我的門徒。**」（路加福音14：26）耶穌根本不當親生的父母兄弟是一回事，瑪利亞只是帶領耶穌到人間的工具而已。[2]這個說法或許礙耳，但是並非我詆毀基督宗教，《聖經》確確實實如此記載。

從基督宗教的角度看，「性」只有一個意義，就是男女交配並生育子女，除此以外的一切行為都不是嚴格意義下的「性」。記得很久以前，美國前總統克林頓（Clinton）跟白宮實習生萊溫斯基（Lewinsky）鬼混。克林頓矢口否認自己跟萊溫斯基有性行為。後來，萊溫斯基拿出染有克林頓精液的裙子作證物，克林頓才改口說自己跟她有不正當的肉體關係（improper physical relation），但是始終否認兩者有性行為，他說兩人只是口交，並無性交，「**口交不是性交**」（"*Oral sex is not sex.*"）當年的《時代週刊》（*TIME*）做過調查，原來很多美國人都認為口交不是性交，理由在於口交不能生育孩子，性行為一定與生殖器官有關。離開生育這

---

2. 我所談論的主要是新教（Protestantism）的觀點，天主教（Catholicism）對於瑪利亞的觀點則較為曲折，在此不贅。

個功能，就算牽涉生殖器官（例如愛撫），都只能說是不正常的肉體關係。基督宗教仍然堅定地抱持著這個立場，未有改變。基督宗教仍然譴責同性戀，就是因為性的目的只有一個，就是生育。在這個意義下，性中尋樂都是不該。「性欲作為享樂」（sex as pleasure）與「性欲作為生殖」（sex as reproduction）完全是兩回事。以性為樂，即是重視肉體，這會令人忘記性愛的神聖。明光社所宣稱的正是傳統以來基督宗教的立場：性愛是神聖而莊嚴的。夫妻兩人做愛，不應為了互相尋歡作樂，而應為了生育孩子。誇張點說，兩人還要一起祈禱，讓上帝作見證，才可上床做愛。做愛的過程更不應該有一分歡悅感受，否則就是墮落。

從亞當與夏娃的創生故事，我們可以知道基督宗教的情欲觀。性欲既為神聖，亦是罪惡。人類吃了禁果，獲取了神的創生能力，從此可以繁殖後代。不過獲取創生能力的後果，就是作為個體的人會死。人類的任務是延續後代，使整個人類族群得以成就不朽。

8.6 馬達加斯加神話 —— 月亮與蛇作為不死象徵

伊甸園的故事跟馬達加斯加（Madagascar）神話恰好有著相同的看法。這個神話是這樣的：某日，上帝問到地上的第一對人類情侶，他們想要怎樣的不朽。是香蕉式的不朽？還是月亮式的不朽？情侶就問兩者有何不同。上帝回答說：香蕉式的不朽延綿不斷，一條香蕉從出生到枯朽，中間會播下種子，再長出新的香蕉，新的香蕉日後也會枯朽，但是也會長出新一代的香蕉。月亮式的不朽，即是月亮自身從月圓到月缺的過程，縱有陰晴圓缺，卻不消亡。人類明白兩者的差異後，考慮良久，終於決定選擇香蕉式的不朽。他們認為，一旦選擇月亮式的不朽，自身雖可免於死亡，但亦不免孤獨寂寞，而且所有的工作也要他們二人承擔。香蕉式的不朽就不一樣，可以生育子女，子女可供分擔工作，而且人類

藉此也可一代一代綿延下去。從此以後，人類只有短暫的時間可以留在人間。

在這個神話故事裡，月亮有其獨特的象徵意義。在香蕉與月亮之間，人類選擇了香蕉。香蕉自身會朽壞，但可以不斷孕育生長，一條香蕉沒了，還有千千萬萬條的香蕉；月亮不會生育，但是具備了永恆的不死之身。為什麼月亮象徵不死呢？或者源於月圓月缺的自然現象。每一個月，月亮都是滿而後缺，缺而後圓。先民民族大都不相信人類會死亡，人會死亡肯定是錯誤。

這個神話可跟中國的嫦娥奔月互相對照。《淮南子・覽冥訓》記載：「……羿請不死之藥於西王母，姮娥竊以奔月，悵然有喪，無以續之。」后羿從西王母處請得不死之藥，妻子嫦娥因好奇誤服靈藥而奔月，結果剩下后羿孤清一人，悵然若失。後來李商隱〈嫦娥〉詩云：「雲母屏風燭影深，長河漸落曉星沉，嫦娥應悔偷靈藥，碧海青天夜夜心」。李商隱說嫦娥應為偷吃靈藥而後悔，雖然有了永生，卻同時有了排遣不去的孤清寂寞。在這個故事裡，月亮也象徵著不死，只是李商隱的詩歌為月亮更添淒美而已。

「蛇」也是不死的象徵。《聖經》以前的文字作品已有蛇的出現，例如《吉爾伽美什史詩》的故事。本來吉爾伽美什找到不死之藥的果子，但是就在他洗澡的時候，不慎被蛇所吞噬。蛇成為了偷取人類不死生命的罪魁禍首。詹姆斯・弗雷澤就說過伊甸園故事的另一個版本。這個版本，伊甸園裡同樣有兩棵樹，也是生命之樹與分別善惡樹。上帝吩咐蛇告訴亞當與夏娃，說兩人若然吃了生命之樹的果子，就能長生不死。那蛇行過樹下，心想吃了果子既有不死之身，為什麼要讓給亞當與夏娃？

所以蛇自己就立即吃了果子。吃了之後，牠不知道如何是好，剛巧瞥見旁邊的樹也有果子，就叫亞當去吃。結果，蛇吃了生命之樹的果子，有了不死之身。而蛇象徵不死也或者源於「蛇會脫皮」這個自然現

象。蛇會脫皮，有一種重生的意味，好像蛇可以換個軀殼成就新的生命。有關蛇的神話故事其實不少，詹姆斯・弗雷澤說這些神話故事作為《聖經》的雛型，完全可以理解，因為古代神話之間常有互相抄襲的情況。

有關《創世記》的故事（及其相關補充），我說到這裡為止。

8.8 關於性愛的律法 ——《利未記》

《利未記》記載了基督宗教之於性愛的各式律法。這些律法大都是禁令，在那個時代都是猶太人的禁忌。

《利未記》第十八章記載耶和華對摩西的囑咐，指出以色列人要遵守他的律法：

> 你們要遵我的典章，守我的律例，按此而行。我是耶和華你們
> 的　神。所以你們要守我的律例、典章。人若遵行，就必因此
> 活著。我是耶和華。（利未記18：4-5）

耶和華首先頒佈的是關於骨肉之親的律法：

> 你們都不可露骨肉之親的下體，親近他們。我是耶和華。不可
> 露你母親的下體，羞辱了你父親。他是你的母親，不可露他的
> 下體。（利未記18：6-7》）

所謂「不可露骨肉之親的下體」是什麼意思？這是中文版本的委婉語，這裡的露其下體並非為了展示，而是說跟親人有性行為。請留意書中不厭其煩由母親說起，再說到繼母、姐妹、孫女、姑母、兒婦⋯⋯等女性。說得這麼詳細，我們可以設想當時亂倫的情況應該相當普遍，否則只需要簡單說句：「不可與妻子之外的女性行淫」即可。律法說得仔細，反映觸犯者眾，所以才要界定清楚。觸犯行淫之罪，結果就是行淫的二人同死。除了妻子之外，任何形式的性關係都要以死罪治理：

> 與鄰舍之妻行淫的，姦夫淫婦，都必治死。與繼母行淫的，就

是羞辱了他父親，總要把他們二人治死，罪要歸到他們身上。

與兒婦同房的，總要把他們二人治死，他們行了逆倫的事，罪

要歸到他們身上。……人若娶妻、並娶其母、便是大惡、要把

這三人用火焚燒、使你們中間免去大惡。（利未記20：10-14）

同性戀也在律法的管制內。「不可與男人苟合，像與女人一樣，這本是可憎惡的。」（利18：22）跟觸犯行淫之罪一樣，同性戀者的結果就是死亡：「無論什麼人，行了其中可憎的一件事，必從民中剪除。」（利未記18：29）

還有一些記載，今天讀來是很奇怪的：

婦人有月經，若與他同房，露了他的下體，就是露了婦人的血

源，婦人也露了自己的血源，二人必從民中剪除。（利未記20：

18）

原來跟經期中的女士行房也是罪過，懲罰跟同性戀一樣，都是從民中剪除。《聖經》還有提及，一旦觸碰了經期中的女子，自己也是不潔淨的，需要隔離數天才能回復清白之身。為什麼經期中的女子這樣恐怖？上帝沒有解釋，也不需要解釋。上帝就是上帝，這是祂的命令。每次頒佈之後祂都說「我是耶和華」作結尾，意指自己就是上帝，祂說的話世人一定要服從。基督宗教的上帝是不用講理性的，祂是全能的。

《利未記》不是神話故事，它記述的而且確是當時猶太人的律法。換句話說，它透視了基督宗教原始的性愛觀點：夫妻兩人之外的性行為都在禁制之列。以今天的標準來說，這些律法相當嚴格，一旦觸犯往往以死刑處之。我相信今天的基督徒已經不會嚴守《利未記》的律法，當中有所謂「因時制宜」的問題。問題就在這裡。有些基督徒真心相信並斷言《聖經》一字一句都是神的話語，世人都要遵守上帝的律法。若是這樣，有經期的婦女接觸過的東西都要隔離消毒，我們今天的衛生標準恐怕也應付不了。如果《聖經》不是一字一句都是神的話語，誰有詮釋權力決定某章

某節如何解釋？為什麼有些經文要嚴格恪守？有些經文可以彈性處理？這些問題，我也不懂回答，惟有交給基督宗教的信仰者自己思考了。

8.9 童貞的神聖——聖母瑪利亞與耶誕降生

「童貞」（virginity）在基督宗教的情欲觀裡有著極其重要的位置。聖母瑪利亞本為童貞之身，因著聖靈感孕而生了耶穌。根據《馬太福音》記載：

> 耶穌基督降生的事，記在下面。他母親馬利亞已經許配了約瑟，還沒有迎娶，馬利亞就從聖靈懷了孕。他丈夫約瑟是個義人，不願意明明的羞辱他，想要暗暗的把他休了。正思念這事的時候，有主的使者向他夢中顯現，說：大衛的子孫約瑟，不要怕，只管娶過你的妻子馬利亞來。因他所懷的孕，是從聖靈來的。他將要生一個兒子，你要給他起名叫耶穌。因他要將自己的百姓從罪惡裡救出來。 這一切的事成就，是要應驗主藉先知所說的話，說：「必有童女、懷孕生子、人要稱他的名為以馬內利。（以馬內利翻出來、就是 神與我們同在。）約瑟醒了，起來，就遵著主使者的吩咐，把妻子娶過來。只是沒有和他同房，等他生了兒子，〔有古卷作等他生了頭胎的兒子〕就給他起名叫耶穌。（馬太福音 1：18-25）

為什麼要強調耶穌降生，出於童貞之身？首先我們要明白耶穌的身份。祂是上帝的兒子，《聖經》宣稱祂是「道成肉身」的。在這個意義下，祂的身體必須是潔淨的，不容一分污染。童貞之身，象徵了純粹的潔淨。由始至終，基督宗教認為男女性交本身是污穢的（性交所帶來的創生則是神聖的），女人若與男人有了性關係，就是不潔淨的。如果耶穌從人的陰道出來，這個必須純淨無染。（圖8-5）

　　引文提到瑪利亞有位叫約瑟的丈夫，但不曾碰過她的身體。基督宗

教會是否視約瑟為聖父？答案當然是否定的。耶穌是上帝的兒子，他的出生跟約瑟毫無關係。耶穌只有一個父親，就是天主。那麼聖靈如何令瑪利亞感孕？教廷曾經開設大會認真討論這個問題。

公元4世紀，當時的大主教說過以下一段話，解釋瑪利亞如何受孕：

> 瑪利亞不僅是童貞女，而且是超級的童貞女。就算是她的誕生，也是（上帝）愛的無染分泌所成……童貞女應該是接受了從天上而來的精蟲穿入耳內（而受孕），這似乎是自然的。[3]

原來上帝的精蟲是從瑪利亞的耳朵進去的。我們要問：為什麼要這樣解釋？如果上帝是全能的話，說有光就有光，那麼他說要有耶穌不就有耶穌了嗎？為什麼耶穌出生之後不立即是30歲（可以傳道）的樣子？

理由在於，基督宗教強調耶穌「道成肉身」的一面。耶穌經歷了人類的一切，所以才成為人與上帝溝通的唯一橋樑。所以耶穌不是純粹的道、抽象的理，他是真真實實、有血有肉的神人。雖云有血有肉，但是耶穌既為神子，又不能沾染人類的罪惡性質。因此，他絕不可被性愛污染。性愛是危險的，人類因為祖先亞當受不了誘惑而帶來死亡的惡果。在基督宗教的觀點下，性愛與死亡是相連的，沒有性愛就沒有死亡，性愛是原罪，罪的代價乃是死。既然性是最大的罪惡，則耶穌絕對不可受污染。

問題來了。如果耶穌不可觸及性愛，他30年來有沒有性生活呢？1988年，馬丁·史可西斯（Martin Scorsese）根據小說拍了一部電影，叫作《耶穌基督的最後誘惑》（*The Last Temptation of Christ*）。當年電影在香港上映的時候，有很多基督徒示威抗議，要求禁播這套電影。他們對於這部電影很反感，因為電影之中耶穌跟抹大拉的馬利亞（Mary

---

3. "Mary not only a virgin but a super-virgin, one untainted even at her own birth by the contaminating secretions of love...That the Virgin should have received the fructifying celestial spermatazoa through her ear seemed only natural."

Magdalene）有很曖昧的關係。基督徒認為這是冒犯耶穌基督的神聖，耶穌不應該是這樣的。面對這個情況，我想提問：究竟耶穌是以人還是神的形象出現呢？耶穌會不會放屁？耶穌會不會大便？假如耶穌是神聖的，祂當然不會放屁，也不會有大便。所有污穢的東西都與耶穌沾不上邊。既然性是污穢的，耶穌當然是沒有性生活的。若是這樣，耶穌沒有性欲衝動，沒有那種天人交戰的經驗，祂還算不算是人呢？

　　我相信很難找到真的答案，《聖經》並無相關論述。不過並不影響我的論點：「性」在基督宗教之中一直是最大的迷思，不應該隨便觸碰。基督宗教如此強調「獨身」與「童貞」，因為性是不可觸碰的。可以的話，最好不要有性；有性的話，夫妻二人結合是唯一合法的形式。有關這點，在保羅的書信中有更詳細的論述。

8.10「厭女」與「父權」——保羅書信的性欲觀

在基督宗教的傳統中，真正把性欲教條化的是使徒保羅。事實上，保羅在整部新約《聖經》佔據了極重要的位置，幾乎可與耶穌比肩。保羅卻不是純粹的信徒，他更像一個有理論根基的神學家，他的詮釋主導了我們如何理解《聖經》。

　　《哥林多前書》提到：

> 凡事我都可行，但不都有益處。凡事我都可行，但無論那一件，我總不受他的轄制。食物是為肚腹，肚腹是為食物。但　神要叫這兩樣都廢壞。身子不是為淫亂，乃是為主。主也是為身子。並且　神已經叫主復活，也要用自己的能力叫我們復活。豈不知你們的身子是基督的肢體麼？我可以將基督的肢體作為娼妓的肢體麼？斷乎不可！豈不知與娼妓聯合的，便是與他成為一體麼？因為主說：「二人要成為一體。」但與主聯合

的，便是與主成為一靈。(哥林多前書6：12-17)

保羅是否定妓女的，若與妓女行淫即是侵犯上帝。因為信徒與上帝一體，如果又與妓女一體，即是令妓女與上帝同處一地，保羅認為是侮辱上帝。這裡見到他對性的初步看法，後來他說到婚姻中的問題，當中的文字堪稱經典：

> 論到你們信上所提的事，我說男不近女倒好。但要免淫亂的事，男子當各有自己的妻子，女子也當各有自己的丈夫。丈夫當用合宜之分待妻子，妻子待丈夫也要如此。妻子沒有權柄主張自己的身子，乃在丈夫。丈夫也沒有權柄主張自己的身子，乃在妻子。夫妻不可彼此虧負，除非兩廂情願，暫時分房，為要專心禱告方可，以後仍要同房，免得撒但趁著你們情不自禁，引誘你們。我說這話，原是准你們的，不是命你們的。我願意眾人像我一樣，只是各人領受　神的恩賜，一個是這樣，一個是那樣。我對著沒有嫁娶的和寡婦說，若他們常像我就好。倘若自己禁止不住，就可以嫁娶。與其慾火攻心，倒不如嫁娶為妙。(哥林多前書7：1-9)

保羅認為「性」是次要的，獨身是最好的。獨身就不會受到撒旦的引誘。請注意蛇象徵的是撒旦，而性是撒旦的引誘。「性」為何是撒旦呢？因為欲望令人忘掉自己的靈性，而被肉體所驅使，這就是撒旦的工作。所以人要離開欲望，最好學他一樣獨身。如果不行，不如嫁娶為妙。

基督新教至今仍然持守這個立場。新教的創辦人馬丁・路德是對整個羅馬天主教的反叛，羅馬天主教慢慢變成一個離開人群的團體。他認為所有牧師都可以結婚，牧師是可以生兒育女的。這點跟羅馬天主教是完全不同的。在梵帝岡，羅馬天主教的神父是獨身的。他們認為，你若是是衷心歸依上帝，就要跟你的性欲劃清界線。你要完全委身於上帝，才能讓生命變得純粹，離開種種淫念，這樣才能遵從上主的意旨。因

此，「性」始終是第二選擇，基督宗教真正的立場仍是獨身。嫁娶純屬權宜之計，所以嫁娶也要講求合法。因為身體就是聖殿，不可隨便染污你的身體。譬如娼妓就會染污你自己的身體。基督宗教至今仍然反對娼妓，就是這個原因。

第十一章談到女人蒙頭的問題。這是個大問題。我們先看保羅的說法：

> 我願意你們知道，基督是各人的頭。男人是女人的頭，神是基督的頭。凡男人禱告或是講道，〔講道或作說預言下同〕若蒙著頭，就羞辱自己的頭。凡女人禱告或是講道，若不蒙著頭，就羞辱自己的頭。因為這就如同剃了頭髮一樣。女人若不蒙著頭，該剪了頭髮。女人若以剪髮剃髮為羞愧，就該蒙著頭。男人本不該蒙著頭，因為他是神的形象和榮耀，但女人是男人的榮耀。起初，男人不是由女人而出，女人乃是由男人而出。並且男人不是為女人造的，女人乃是為男人造的。因此，女人為天使的緣故，應當在頭上有服權柄的記號。然而照主的安排，女也不是無男，男也不是無女。因為女人原是由男人而出，男人也是由女人而出，但萬有都是出乎神。（哥林多前書11：3-12）

在這段經文中，保羅的「父權」態度表露無遺，從此訂立了女人次等的地位。男人是由女人生的，但女人是由男人出的。「生」和「出」的不同之處，在於一個從源頭（original）來說，一個從存在論（ontology）來說。在生物層次來說，當然是女人生育男人，我們男人是由女人所生的。但這並不重要。在存在論的層次來說，男人是上帝所創造的，而女人是為男人而造的，所以女人是次要的，男人是首要的。直到20世紀，西蒙・波娃（Simone de Beauvoir）撰寫《第二性》（*The Second Sex*），所欲揭示的就是這種性別不平衡的結構：男人是第一性，女人是

第二性。在這個結構下，女人必然受男人所統治。為這個結構一錘定音的就是保羅，他的說法成為基督宗教的定準，日後基督宗教成為歐洲的宗教主流之後，「厭女」與「父權」即成為西方社會的核心。整個教會，以至任何團體或家庭，居於中心位置的必定是男人，女人只是輔助。

關於「存在論」的層次，我們可以借用亞里士多德的概念更清楚說明基督宗教的立場。亞里士多德曾經區分事物為二：形式（form）與質料（matter）。譬如一個雕像，其質料是石頭，但決定其為雕像的是各種線條、比例，這些線條、比例就是形式，也就是雕像之為雕像的本質所在。運用這對概念，我們就會明白基督宗教之於男女地位有何看法。基督宗教認為男人才是提供嬰兒以「形式」的一方，而女人只是提供「質料」而已。那個時候沒有現今解剖學的知識，所以不知道女人有卵子，只知道生育必須靠男人的精子。古人有行房的經驗，都知道必須透過性交才能生兒育女。他們認為是男人的精液帶來了生命，女人只是媒介，讓男人的精液可以點石成金而已。就像上帝以泥土創造人類，關鍵不在泥土那些質料，而在於上帝賦予靈氣，才創造了人類。在這種觀點下，女人只是工具，有待男人賦予精液，才能創造新生命。男尊女卑的性別結構，也就有了存在論的論據。

8.11 奧古斯丁 —— 性欲即原罪

在基督宗教裡，奧古斯丁是個奠基性的人物。他是偉大的神學家，將個人學說融入基督宗教的信念之中，影響至今不滅。最關鍵的就是「原罪」（original sin）概念。《聖經》從沒提過「原罪」，「原罪」是奧古斯丁發揚光大的。他更點明這種罪是隨著情欲而來。情欲作為原罪，就是回到人類的原初處境來說的。在七宗罪中，情欲就是令人類墮落的主因，人類背離上帝，正是因為情欲作動。如果情欲控制了肉體，就是人類重演祖

先的墮落，只有當我們的靈魂奪回控制權，我們才能真正自主。

在《上帝之城》中，奧古斯丁追溯人類罪惡的源頭，認為性欲（sexual lust）是原罪的起源。他分析肉體的「痛苦」與「快樂」有何不同：

> ……肉體痛苦之先並無我們所謂的肉體的擔憂，能在痛苦到來
> 之前就在肉體感受到。另一方面，快樂之先有某種嗜好在肉身
> 中作為它自己的欲望被感受到，比如飢與渴，當這類感覺發生
> 在性器官時被稱作情欲（lust），儘管欲望是一個可以指稱各種
> 願望的一般性名稱。[4]

痛苦是即時的感覺，痛苦之前沒有相應的器官預示痛苦來臨。快樂則不一樣，快樂之前早有某種感覺預示快樂來臨，例如飢渴，一旦有飯可吃有水可飲，滿足了吃喝之欲，就會有快樂的感覺。性快感的功能與此相類，性器官會有特殊反應欲求得到滿足。奧古斯丁還提到，雖然「欲望」（desire）可以指稱各種願望，但是他認為最大的欲望其實就是情欲（lust）：

> 所以對許多事物會有許多欲望；然而，當「欲望」這個詞被使用
> 而又不附加任何詞來表示欲望的對象時，它在心中所指的惟一
> 事情就是激起身體不潔部份的情欲。這種情欲不僅對整個身體
> 取得勝利，不僅對外在的身體，而且也對內在的身體。當心靈
> 的情感與肉體的渴望聯繫在一起時，整個人都會強烈地騷動，
> 由此帶來的快樂勝過其他快樂；這種身體的快樂如此巨大，以
> 至於達到高潮時，心靈的警覺，或者說心靈的戒備，幾乎完全
> 放棄。任何智慧的和神聖歡樂的朋友知道在婚姻生活中應當

---

4. in Augustine, Saint, Bishop of Hippo. *The City of God against the Pagans*, ed. & trans. R.W. Dyson (Cambridge; New York: Cambridge University Press, 1998), p. 613. 中譯本見奧古斯丁著；王曉朝譯：《上帝之城》（香港：道風書社，2003 年），頁 248。以下簡稱英譯本為 *The City of God*，中譯本為《上帝之城》。

如何「用聖潔、尊貴持守著自己的身體」，如使徒所告誡的那
樣 —— 這樣的人肯定可以生兒育女，但寧可沒有這種情欲，如
果這種事可能的話。[5]

奧古斯丁強調情欲帶來的快樂無與倫比，身體內外根本無從抵抗，甚至
心靈面對情欲挑戰時也幾近全面失守。對於情欲，他的態度明顯是負面
的，所以說到婚姻生活之中的情侶，有些可以聖潔地持守身體而生兒育
女，不願情欲介入其中。奧古斯丁對於情欲的戒懼，可謂溢於辭表。

這種情欲是否本身就是罪惡呢？若是罪惡，問題又出在什麼地方？
奧古斯丁回答說：

因此，說這種情欲極為可恥是對的，人的這些肢體的運動或不
運動與我們的意志不符，因此可以把它們稱作可恥的，而在人
犯罪之前，這些東西並不稱作可恥的，而在人犯罪之前，這些
東西並不稱作可恥的。[6]

情欲是可恥的，因為它的發動與我們善的意志不符。換句話說，情欲本
身就是罪惡。然而，奧古斯丁補充說，人類在犯罪之前並不注視到自己
的身體，因此也就注視不到自己的情欲。那時人類還是順從上帝的意
旨，並無什麼可恥之事。直到亞當與夏娃嘗了禁果，有了性的自覺，他
們知道了自己赤身露體，才有所謂的情欲問題。就在這裡，情欲與罪惡
掛勾，人類之有情欲，是因背離上帝而有的：

因此，如果沒有罪，稱得上是樂園中的幸福的婚姻會生出許多
可愛的兒童來，但不會有情欲的羞恥。[7]

他續說：

---

5. 同前注。in *The City of God*, p. 614；《上帝之城》，頁 249。

6. 同前注。in *The City of God*, p. 615；《上帝之城》，頁 250。

7. 同前注。in *The City of God*, p. 623；《上帝之城》，頁 258。

在本性的序列中，靈魂肯定高於身體，然而同一靈魂統治身體要比統治它自己更加容易。我們在此討論的情欲確實是令人臉紅的，之所以如此，更多的是因為當情欲產生時，靈魂既不能有效地命令自己完全擺脫情欲，又不能徹底統治身體，使這可恥的器官由意志來推動，而非由情欲來推動。確實，若有這樣的統治，它們就不是可恥的了。[8]

箇中關鍵，就是人類要在靈魂控制之下，這樣就無羞恥可言。否則任由情欲作祟，就肯定是罪惡了。這種罪惡不是個別的人類罪惡，普天之下所有人類都共同承擔這種罪惡，這是人類的共業。理由在於這是人類祖先亞當與夏娃的遺害。人類有性交的自覺與能力，源於背叛上帝吃了禁果，因此「性」本身即是罪惡的表現。人類藉著性交一代傳一代，其性交的意識與能力也就代代相傳，罪惡不斷延續下去。簡言之，原罪成立在於每個人都由父母性交所出。性交本身是罪，所以每個人都有原罪。原罪是父母所「遺傳」給我們的。

奧古斯丁更提出，男人的陽具會不自控地勃起是罪惡的象徵。陽具不自控地勃起，就如亞當在伊甸園違反上帝意旨一樣。勃起（及其相關現象）正是人類背離上帝的罪證與烙印。在人類前墮落時期（man's pre-lapsarian），即亞當未嘗禁果之前，人類根本未有性的自覺，勃起無從可能。現在人類可以勃起，原因就是人類犯罪了，有了情欲，背離上帝。因此情欲即原罪，情欲是人類背離上帝的原因。如果你是男人，會在情不自禁的情況下勃起，那已經是犯罪。

既然陽具勃起是罪惡的象徵，奧古斯丁進而禁止裸露身軀。勃起是人類意志之外的事，也就是有違人類意志的現象，人類對此應該感到羞恥。既然是羞恥的，就不應該坦露於人前，裸露就是呈現自己的罪惡於

---

8. 同前注。In *The City of God*, p.624；《上帝之城》，頁 258-259。

人前，也就是無恥的表現。這是革命性的轉變。古希臘崇尚男性的線條美，裸露是展現身體的美感，當時的奧林匹克運動會都是裸體進行的。但在奧古斯丁的學說影響下，裸體在西方世界成為了罪惡。公元400年之後，幾乎所有的裸體雕像都消失得無影無蹤。直至文藝復興時期，米開蘭基羅的大衛像雕塑重新將男性性器官坦呈於世，那已經是1501至1504年的事了，裸體被禁的日子足有千年之數。在中間的一千年裡，西方藝術沒有任何裸體雕像或畫像，因為裸體是羞恥的，絕不可公開展覽。就算有公開展覽，幾乎沒有男性的裸體雕像是勃起的，這也是基督宗教遺留下來的影響。（圖8-6）

8.12 托馬斯・阿奎那 —— 性愛的目的論

托馬斯・阿奎那（Thomas Aquinas, 1225-1274）也是一位很重要的神學家，他的理論主要以亞里士多德的目的論為依歸。所謂「目的論」（teleology），意思是說所有存在物都是有其緣由的，他們的存在都有其目的。例如水樽，是人類造來用以盛水的；又如鉛筆，是人類造來書寫的。將這套目的論應用於基督宗教，我們就會明白「性」的位置。譬如問道：為什麼上帝為人類創造了眼睛？就是要讓人看見東西。眼睛的正確用途是觀看，而不是吃喝；又如人類的口是用來進食，而不是用來觀看的；人類的耳朵是用來收聽的，而不是用來觀看的。那麼，人類的性器官有何正確用途？當然是生兒育女。如果不為這個目的而運用生殖器官，那是有違事物的本來目的，也違反了上帝創造事物的意義，情況就如用眼進食、用耳觀看一樣荒謬。就是這樣，阿奎那創立了他的「性愛的目的論」（sexual teleology）。他說：

> 天主照顧每物，惟求其本身的美善與福利。每物各有自己生存
> 的目的，達到目的，是其福利；離失正當目的，是其凶惡。每

物的整體如此；部份亦然。故此人的每一部份（每個器官），及其每個行為，都應有正當的目的。然而，人父母的精血，也有正當的目的。不是為保存個體，而是為繁殖本種。對於個體來說，精血是排泄物。但和其他排泄物不同。例如大小便的排泄，汗的湧現滴流，及其他類似的排泄物，全無用處，只是排泄出去，才算人的好處。精血的排泄，卻另有其他用途，為依照交媾的自然規律，達到生育的目的：謀有利於本種生命的傳播。但如無適當的養育，則人之生育等於徒然；生而不養，則生者不久存。足證精血輸出的目的，依自然的秩序，是為用適當生育的目的，完成生育和教養的目的。從此可見，凡是精血的輸出，如果用的方式，本體不適合生育的目的，便是違反人的福利：明知故犯，必有罪惡。[9]

有違人的自然本性（生育）即是有違上帝此旨，這就是罪。他說：

所以，為成親而結婚，是人本性自然的；沒有成親的目的，而交媾，謂之淫行，是相反人本性自然的：故此必定是罪惡。非為生育和教育之正當目的，而引起精血的排泄，不可算是小罪。用手行路，用腳作手的工作，或用任何肢體，作出它本性自然所不作的某某動作，能是小罪，或甚至完全不是罪：因為這樣顛倒肢體之用途，不大妨害人的福利，故不可和精血的排泄相提並論。不合自然理則的排泄精血，違反人本性自然的福利，即是不合於人種保存（和繁殖）的目的。因此，這一類的罪行，妨害人性的傳生，罪案嚴重，應佔第二位；殺人犯，摧毀

9. in St. Thomas Aquinas. *Summa Contra Gentiles: Book Three: Providence, Part II*, trans. by Vernon J. Bourke, (Notre Dame, Notre Dame Press, 1975), 143. 中譯本見聖多瑪斯著；呂穆迪譯：《論萬事（下冊）》（臺北：臺灣商務印書館，1971 年），頁 594-595。以下簡稱英譯本為 SCG，中譯本為《論萬事（下）》。

現實生存著的人性，站第一位。[10]

這段文字主要談及性罪行（sexual crime） 與性倒錯（sexual perversion）。對阿奎那來說，任何性交若不是為了生育，就是用錯了上帝所賦予我們的工具。這是罪行。他認為這是謀殺之外的最大罪行。為什麼？謀殺奪人生命，屬於首惡不難理解；性交不為生育又有何問題？當然是有問題的。性交可以創造生命，如果人類為了悅樂而做愛，顯然是以身體支配自己，而不是以上帝意旨為依歸。更重要的，是不為性交的生育會運用各式的避孕方法，直接干預生命的誕生。本來一條小生命可以藉著性交誕生，避孕即是變相的殺人。因此，不為生育的性交是第二大罪，其罪僅次於謀殺。而阿奎那可以如此論斷，其理論根據就在於那套「性愛的目的論」。

8.13 總結：《聖經》的真與實

我是以理性的態度討論基督宗教的情欲觀。這種取態是否合乎正統教會的詮釋，向來不是我關心的問題。以《聖經》為本，我們知道舊約著重表現上帝的權能，新約著重表現耶穌的愛，兩者都要求門徒的「信」。「信」是門徒最大的特質，也是最重要的特質。若是不信，是不可能成為真正的基督徒的。在這個意義下，理性與信仰是對立的。因為理性會追問事情的合理性何在，信仰則講求門徒的順服，不能存有半分質疑。

《約翰福音》記載了一個故事，可以說明我的觀點：

> 那十二個門徒中，有稱為低土馬的多馬。耶穌來的時候，他沒
> 有和他們同在。那些門徒就對他說：我們已經看見主了。多馬
> 卻說：我非看見他手上的釘痕，用指頭探入那釘痕，又用手探

---

10. 同前注。In SCG，英譯本，p.146；中譯本，《論萬事（下）》，頁 596-597。

入他的肋旁，我總不信。過了八日，門徒又在屋裡，多馬也和他們同在，門都關了。耶穌來站在當中說：願你們平安。就對多馬說：伸過你的指頭來，摸（摸原文作看）我的手。伸出你的手來，探入我的肋旁。不要疑惑，總要信。多馬說：我的主、我的　神。耶穌對他說：你因看見了我纔信，那沒有看見就信的，有福了。（約翰福音20：24-29）

那是耶穌死後復活的時候，門徒多馬抱持懷疑的態度，在不是親眼目睹親手觸摸的條件下，就不相信耶穌復活。從現今時代的觀點看，這是具備實證精神的態度：懂得合理地懷念，找到證據之後又會修正自己的假設，實在值得嘉許。這可說是哲學人的應有態度。但是，這不是信徒應有的態度。耶穌說多馬的福氣不及直接相信祂復活的人，因為多馬的信心不夠，還要依憑事實支持，其他的人信心大得可以未經證實就肯定耶穌復活了。這就是差異所在，多馬的信心及不上其他門徒。對於耶穌來說，這是缺點。信心是門徒的最大德性，無信心的不配作耶穌的門徒。

我不是從信徒的立場詮釋《聖經》，而是以理性為標準討論《聖經》之於人類的意義。有人認為《聖經》每字每句都是既真且實的（true and real），這樣顯然有大問題。所謂「既真且實」，就是《聖經》說上帝創造天地萬物用了七天時間，就真的是我們現在所謂的「七天」。上帝因後悔創造人類而以洪水滅世，就真的是上帝後悔，這樣上帝若不是創造了次貨，就是錯殺好人，兩者都意味著上帝不是全能與全善。以此觀點閱讀《聖經》，就很難妥善處理當中的矛盾，也容易令《聖經》變成一部荒謬的書。

我的觀點是認為《聖經》是真而不實的（true but not real）。這就是說，我不關注《聖經》記述的是否為事實，我關注的是《聖經》的道理有何意義。上帝是否用了七天時間創造天地，於我而言是無關痛癢的。創造天地用了七天或是七百天，對於現今世代其實無現實的意義；重點應是

上帝創世的象徵意義：上帝創造人類，是以人類為萬物的中心嗎？上帝先造男後造女，真的是肯定男尊女卑的立場嗎？這些說法才有討論的意義，因為這些問題涉及的是價值觀的問題，也是我們作為人類不可避免的大課題。至於耶穌本身是否可在水上行走，祂是否真的可憑五餅二魚令五千人吃飽，如此等等，都不重要。在基督宗教仍然盛行的今天，我們討論《聖經》的道理是否合宜，我相信仍然是重要的。以理為尊，重探《聖經》，就是我的態度。

第9章
死亡 —— 基督宗教的回答 I：《舊約》

9.1. 舊約《聖經》的死亡觀

舊約《聖經》與新約《聖經》的死亡觀完全不同。舊約裡的死亡，沒有涉及新約所提及的東西，例如地獄、天堂、永生等觀念。那麼，舊約裡的猶太人如何理解死亡呢？

塵歸塵，土歸土

如《創世記》所述，上帝用泥土創造亞當，然後用氣吹入泥土賦予亞當生命。「亞當」（Adam）在希伯來原文意指泥土（*adamah*），人類死亡的狀態就是塵歸塵、土歸土。上帝判罪的時候說：

> 你必汗流滿面纔得糊口，直到你歸了土。因為你是從土而出
>
> 的。你本是塵土，仍要歸於塵土。（創世記3：19）

生命從泥土而來，到死的時候就回到泥土裡。又如：「你掩面，他們便驚惶。你收回他們的氣，他們就死亡歸於塵土。」（詩篇104：29）在舊約裡，生命是由塵土組成的身體，再加上「氣」（*pneuma*）；死亡就是上帝奪走人的氣息。生與死，並不涉及靈魂。

　　舊約沒有詳細描述人死後的情況。上帝收回人類的氣息之後，人會是怎樣的情況呢？舊約沒有詳述，只有模模糊糊的表述：「耶和華使人死，也使人活；使人下陰間，也使人往上升。」（撒母耳記上2：6）所謂「往上升」，是否就是與上帝同在呢？舊約沒有明確說明；所謂「下陰間」，跟新約的「地獄」是不同的，這裡的陰間相類於希臘神話的冥界，都

是鬼影幢幢的地方。

由始至終，舊約的死亡觀都是「塵歸塵，土歸土」。「你使人歸於塵土，說：你們世人要歸回。」（詩篇90：3）所謂「歸回」就是回歸塵土，回到最原初的狀態。生命原本由泥土和氣息組成，上帝收回人類的氣息，人的身體就變回泥土，重歸大地。打個譬喻，就像播音機的電波一樣，電波可以傳送到每一部播音機，直到播音機壞了的時候，無法接收電波，僅餘的外殼就成為了廢物。又如《約伯記》記述：

> 你的手創造我，造就我的四肢百體。你還要毀滅我。求你記
> 念，製造我如摶泥一般。你還要使我歸於塵土麼？（約伯記10：
> 8-9）

上帝收回人的靈氣之後，生命就沒有了。但是，舊約沒有獨立處理「靈」的問題，即是外在於身體的「靈」從未出現。

整部舊約重點是此生，而非彼岸。在舊約中，猶太人求降福於人間，而不是渴求永生或者登上天堂。《約伯記》的上帝，最後降福約伯，是給予他更多的牛羊與子女，讓他活得長壽，並非現在的基督宗教所說那樣，認為真正的救贖在於上天堂、得永生。

死後的存在狀態 —— 虛無

「凡有血氣的就必一同死亡、世人必仍歸塵土。」（約伯記34：15）有血氣的人，氣絕後必歸塵土。歸於塵土後，生命就完結了，不會再去另一個地方。這是一種物質論（materialistic）的立場。塵歸塵，土歸土，人死後變成無有。生命是上帝所決定的，祂說有就是有，說無就是無。

> 你豈要行奇事給死人看麼？難道陰魂還能起來稱讚你麼？……
> 豈能在墳墓裡述說你的慈愛麼？豈能在滅亡中述說你的信實
> 麼？你的奇事，豈能在幽暗裡被知道麼？你的公義豈能在忘記
> 之地被知道麼？（詩篇88：10-12）

生命不再存在，就無所謂死後世界。在死後說慈愛信實是無意義的，因為已經死了。因此，上帝的奇蹟與公義，必在地上彰顯，在幽暗的墓穴裡是無法表現上帝的偉大的。

新舊約《聖經》的最大分別，在於舊約強調此世，新約肯定彼岸。新約最重要的信息，就是上帝派遣耶穌來為我們贖罪，令我們戰勝死亡的權柄。在舊約裡，死亡是不需要被克服的。死亡是自然現象：人死了，自然沒有生命，生命變成無有。《以賽亞書》說：

> 他們死了，必不能再活。他們去世，必不能再起。因為你刑罰
>
> 他們，毀滅他們，他們的名號就全然消滅。（以賽亞書26：14）

這是完完全全的空無，死後不能再活、不能再起。也是這樣：「**我們都是必死的、如同水潑在地上、不能收回。**」（撒母耳記下14：14）生命完結，猶如覆水不能收回，所有死後的討論都是了無意義的。死了就是死了。

這樣的話，死亡是否值得懼怕呢？既然生命必歸於無有，無論是善人或者惡人，死後都歸於虛無，死亡又有何懼？問題關鍵在於舊約的「死亡」不涉及賞善罰惡的觀念。《約伯記》說明了賞罰不在死後進行，而在此生；死後的審判是新約《聖經》的說法。我們知道舊約是猶太教徒的信仰根基，他們不承認新約的內容。他們關心的不是死後的世界，而是當前這個世界。所以猶太人在過去數十年間，真的相信以色列是上帝給他們的「應許之地」（promised land），爭奪以色列是他們的真確目標。

上帝主宰生死

我們說過《聖經》中的上帝是超越的，卻主宰著世界的運作與人類的生命。世界之創造、人類的誕生，都有賴於上帝的大能。

> （約伯）說：我赤身出於母胎，也必赤身歸回。賞賜的是耶和
>
> 華，收取的也是耶和華。耶和華的名是應當稱頌的。（約伯記

1：21）

生命是上帝所給予的，也是上帝所收回的。上帝是統領生命最後的主，決定我們是生是死。人類對此沒有討價還價的餘地。因此，死亡不是非理性的，也不是人類的敵人。死亡是自然的，屬於上帝權力的表現。生命屬於上帝，死亡亦屬上帝，一切都是創造者的設計。

《創世記》記載的人物，都是說他在什麼年紀逝世。例如亞當到930歲死亡[1]，亞伯拉罕死時是175歲。[2]他們死了之後就完了，沒有後續討論。舊約的記述就是如此，沒有任何「靈魂不朽」或「肉身復活」的說法。可以說，舊約沒有什麼哲學，它只有簡單而絕對的信念，肯定上帝是宇宙的法則與生命的來源。這個信念不需要被證成，只需要被信奉。這是我們理解舊約 —— 包括往後會討論的《約伯記》和《傳道書》 —— 的鑰匙：**關於神的存在，人類不能過問。**舊約不曾出現過「如何證明上帝存在」的問題，證明上帝存在是中世紀神學家的問題，而神學是基督宗教被希臘哲學慢慢滲入之後才出現的。希伯來人從來不會問上帝是否存在的，上帝存在是定然的事實。

最重要的是要全心全意地接受。神是獨一真神，祂是萬物主宰，人類只需信靠，不應過問。舊約所要求的，是完完全全的信靠，不容一絲質疑。對於基督徒來說，接受上帝的旨意是根源的信念，就好像《彌迦書》所說：

> 世人哪！耶和華已指示你何為善。他向你所要的是什麼呢？只要你行公義、好憐憫、存謙卑的心，與你的　神同行。（彌迦書6：8）

不要問，只要信，上帝必賜福給我們。這就是舊約的道。

---

1. 「亞當共活了九百三十歲就死了。」（創世記5：5）

2. 「亞伯拉罕一生的年日、是一百七十五歲。」（創世記25：7）

簡單總結舊約的死亡觀，可以分為三點。第一，死亡是回歸本來的地方，即是「塵歸塵、土歸土」；第二，舊約沒有死後世界的描述，因為死後的事都不重要；第三，上帝是人類的主宰，生死皆因上帝，人類只要聽從不必發問。

9.2《約伯記》—— 神的公義問題

討論舊約的死亡問題，我以《約伯記》為中心。因為它談論了人的苦難問題。

　　《約伯記》的意義，在其帶出了我們人類共同面對的問題：為什麼人類會有苦難？這不僅是神學問題，「苦難問題」（The Problem of Suffering）是一個永恆的哲學問題。為什麼無辜的人要受罰？好人不得好死？根據《聖經》記載，約伯是個義人，一生沒有犯錯，卻受到巨大的懲罰。面對如斯不公義的對待，約伯追問公義何在？悲哀的是，約伯有此遭遇跟他的行為無關，這是他的命運而已，並非因為他做錯了什麼事情。舊約裡的上帝要求人類無限量的信靠，因為祂掌握了生死的權柄。時至今日，很多基督徒也是這樣說：我們不要質疑上帝，渺小的人類不會真正懂得神的旨意。但是，懂不懂是一回事，應該如何面對上帝的無故）懲罰則是另一回事。

約伯的苦難

埃利·維瑟爾（Elie Wiesel）寫過一本有名的書《夜》（*Night*）[3]，講述他在納粹時代的個人經歷。二次大戰期間，他和家人都被納粹送到集中營，最後父母都死於營中，只有他和兩位姊姊僥倖生還。書中說到，他

---

3. Elie Wiesel. *Night*. (trans Stella Rodway, New York: Bantham Books, 1982)

望著囚車載著很多女人和小孩，將他們送到毒氣室。他質疑上帝：為什麼這些女人和小孩都要受苦？他大聲問了三聲為什麼神不回答他。望著他的那群人說：「世間沒有上帝。」如果上帝存在，怎會容許無辜的人受罰？現在婦孺都要受罰，證明上帝並不存在。

《約伯記》否定了上述講法。即使上帝存在，人類同樣都會面對苦難。

故事是這樣開始的：

> 烏斯地，有一個人名叫約伯。那人完全正直、敬畏　神、遠離惡事。他生了七個兒子，三個女兒。他的家產有七千羊、三千駱駝、五百對牛、五百母驢，並有許多僕婢。這人在東方人中就為至大。他的兒子，按著日子，各在自己家裡設擺筵宴，就打發人去，請了他們的三個姐妹來，與他們一同喫喝。筵宴的日子過了，約伯打發人去叫他們自潔。他清早起來，按著他們眾人的數目獻燔祭。因為他說：恐怕我兒子犯了罪，心中棄掉　神。約伯常常這樣行。（約伯記1：1-5）

這就是整個故事的開始。從一開始，約伯就以義人的形象出現。他謹言慎行，更顧及兒子會否觸怒上帝。對他來說，上帝就是絕對的標準。接著的段落，耶和華與撒旦出場了：

> 有一天，　神的眾子來侍立在耶和華面前，撒旦也來在其中。耶和華問撒旦說：你從那裡來？撒旦回答說：我從地上走來走去，往返而來。耶和華問撒旦說：你曾用心察看我的僕人約伯沒有？地上再沒有人像他完全正直、敬畏　神、遠離惡事。撒旦回答耶和華說：約伯敬畏　神，豈是無故呢？你豈不是四面圈上籬笆圍護他和他的家，並他一切所有的麼？他手所作的，都蒙你賜福。他的家產也在地上增多。你且伸手，毀他一切所有的，他必當面棄掉你。耶和華對撒旦說：凡他所有的，都在你手中。只是不可伸手加害於他。於是撒旦從耶和華面前退

去。（約伯記1：6-12）

連上帝也稱讚約伯是義人。撒旦卻說約伯之所以為義，只是因為上帝關照。他叫上帝不妨測試約伯，看看約伯在上帝不關照的情況下又會如何。結果，約伯的牲畜死光，又有狂風吹倒約伯子女的房屋，他的子女無一生還。面對如斯場面，約伯悲慟不已，卻沒有質疑上帝：

> 約伯便起來，撕裂外袍，剃了頭，伏在地上下拜，說：我赤身
> 出於母胎，也必赤身歸回。賞賜的是耶和華，收取的也是耶和
> 華。耶和華的名是應當稱頌的。在這一切的事上，約伯並不犯
> 罪，也不以　神為愚妄。〔或作也不妄評　神〕（約伯記1：20-
> 22）

講述舊約的死亡觀時，我已說到上帝主宰人類的生死。生死不在於我，而在上帝，因此約伯沒有怨恨，賞賜收取都屬於耶和華。

第2章以耶和華與撒旦的對話開始。耶和華說約伯沒有因為損失了牛羊與子女就離棄祂，約伯仍然是個義人，敬畏上帝如故。

> 撒旦回答耶和華說：人以皮代皮，情願捨去一切所有的，保全
> 性命。你且伸手，傷他的骨頭，和他的肉。他必當面棄掉你。
> （約伯記2：4-5）

即是說，約伯的身體未有受到損害，死的只是約伯的牛羊與子女而已，都屬身外之物。若然損及身體，約伯必然反抗。上帝就准許撒旦再次測試約伯。

> 於是撒但從耶和華面前退去，擊打約伯，使他從腳掌到頭頂，
> 長毒瘡。約伯就坐在爐灰中，拿瓦片刮身體。（約伯記2：7-8）

這是相當殘酷的刑罰，約伯從頭到腳無一處是完好的。這個時候，

> 他的妻子對他說：你仍然持守你的純正麼？你棄掉　神，死了
> 罷。約伯卻對他說：你說話像愚頑的婦人一樣。噯！難道我們
> 從　神手裡得福，不也受禍麼？在這一切的事上，約伯並不以

口犯罪。（約伯記2：9-10）

設想一下，一個曾經擁有天下、有神庇佑的人，一下子失去所有，會是什麼樣的感覺？最大的問題是約伯沒有犯錯。如果他冒犯上帝，倒也心甘情願。現在只是耶和華與撒旦之間的口舌之爭，目的只為測試約伯承受的底線。就連約伯的妻子也看不過去，教他放棄上帝。約伯卻堅持信靠上帝，不說上帝壞話。

約伯沒有詛咒上帝，他詛咒的是自己：

> 我為何不出母胎而死？為何不出母腹絕氣？為何有膝接收我？為何有奶哺養我？不然，我就早已躺臥安睡。和地上為自己重造荒邱的君王、謀士，或與有金子、將銀子裝滿了房屋的王子，一同安息。或像隱而未現、不到期而落的胎，歸於無有，如同未見光的嬰孩。在那裡惡人止息攪擾，困乏人得享安息。被囚的人同得安逸。不聽見督工的聲音。大小都在那裡，奴僕脫離主人的轄制。受患難的人，為何有光賜給他呢？心中愁苦的人，為何有生命賜給他呢？他們切望死，卻不得死，求死勝於求隱藏的珍寶。他們尋見墳墓就快樂，極其歡喜。人的道路既然遮隱，神又把他四面圍困，為何有光賜給他呢？（約伯記3：11-23）

從約伯詛咒自己的內容，我們看到了舊約的死亡觀。約伯詛咒自己，因為他覺得了無生趣。一生敬畏上帝，但卻蒙受苦難，生活在這種狀態其實不是什麼好事。他寧願選擇死亡，甚至從未出生。有此想法，歸根究柢都是因為遭遇苦難：

> 受患難的人，為何有光賜給他呢？心中愁苦的人，為何有生命賜給他呢？他們切望死，卻不得死，求死勝於求隱藏的珍寶。

這種觀點跟古希臘傳統相當接近，生存不是什麼好事，反而死亡是樂事。希臘悲劇作家索福克勒斯就說最好的就是不要出生，次好的就是早

死。對於他們來說，生命本身就是痛苦。

約伯三個朋友的言辭

> 約伯的三個朋友、提幔人以利法、書亞人比勒達、拿瑪人瑣
> 法、聽說有這一切的災禍臨到他身上、各人就從本處約會同
> 來、為他悲傷、安慰他。（約伯記2：11）

這段文字相當有趣。約伯的三個朋友以利法（Eliphaz）、比勒達（Bildad）、
瑣法（Zophar）本來是來安慰他的，後來卻演變為懷疑與質詢。因為他們
三人有共同的預設：上帝是絕對正確的，不可能犯錯；祂不會懲罰無辜
的人。在這個預設下，約伯滿身毒瘡，原因顯然只有一個，就是約伯犯
了錯誤。三個朋友以不同的語氣，著約伯認罪、投降，祈求上帝寬恕，
而不要追問上帝為何要他受苦。時至今日，這仍是很多基督徒的信念：
上帝是公義的神，一切的價值皆由上帝而來。如果上帝是全知、全能、
全善的，祂不可能會出錯。法官可能犯錯，但是上帝絕對不會犯錯，人
類不需上訴，只需坦承自己的罪孽。

這三個朋友跟約伯展開了冗長的辯論，共分三輪。三場辯論並非從
三個不同角度切入討論，他們三人只是一再重申自己的論點，之後約伯
一一駁斥。因此我不打算細論三場辯論的內容，只會簡述他們的論點。

以利法質疑約伯的忠誠，認為上帝必然是賞善罰惡的。若是真的約
伯行事正直，根本不需在此無病呻吟。既然他在呻吟，顯然是不信靠上
帝。他說：

> 你素來教導許多的人，又堅固軟弱的手。你的言語曾扶助那將
> 要跌倒的人，你又使軟弱的膝穩固。但現在禍患臨到你，你就
> 昏迷；挨近你，你便驚惶。你的倚靠，不是在你敬畏　神麼？
> 你的盼望，不是在你行事純正麼？請你追想，無辜的人，有誰
> 滅亡？正直的人，在何處剪除？（約伯記4：3-7）

後來以利法不僅質疑約伯的忠誠，甚至認為約伯不是義人，遭受懲罰是行惡的結果：

> 你的罪惡豈不是大麼？你的罪孽也沒有窮盡。因你無故強取弟
> 兄的物為當頭，剝去貧寒人的衣服。困乏的人你沒有給他水
> 喝。飢餓的人，你沒有給他食物。有能力的人，就得地土。
> 尊貴的人，也住在其中。你打發寡婦空手回去，折斷孤兒的膀
> 臂。因此，有網羅環繞你，有恐懼忽然使你驚惶。或有黑暗蒙
> 蔽你，並有洪水淹沒你。（約伯記 22：5-11）

另一位朋友瑣法則指出，上帝的智慧不是渺小的人類可以明白。他勸約伯與其呻吟，要求上帝結予合理解釋，不如承認自己的罪孽，專心一致相信上帝的作為：

> 你考察，就能測透　神麼？你豈能盡情測透全能者麼？他的智
> 慧高於天，你還能作什麼？深於陰間，你還能知道什麼？其
> 量，比地長、比海寬。他若經過，將人拘禁，招人受審，誰能
> 阻擋他呢？他本知道虛妄的人。人的罪孽，他雖不留意，還是
> 無所不見。空虛的人，卻毫無知識，人生在世好像野驢的駒
> 子。你若將心安正，又向主舉手。你手裡若有罪孽，就當遠遠
> 的除掉，也不容非義住在你帳棚之中。那時，你必仰起臉來，
> 毫無斑點。你也必堅固，無所懼怕。（約伯記 11：7-15）

總結約伯三個朋友的觀點，不過是反覆申說上帝的大能與美善，不可能干犯任何錯誤。現在約伯有此遭遇，顯然是約伯行惡的結果。約伯做的不應是質疑，而應該忠誠地向上帝承認自己的罪孽，這樣必得赦免。

約伯的申辯

對於三位朋友的「安慰」，約伯顯然心裡有刺。在回應他們的時候不免帶

著諷刺的口吻：

> 約伯回答說：你們真是子民哪！你們死亡，智慧也就滅沒了。
> 但我也有聰明，與你們一樣，並非不及你們。你們所說的，誰
> 不知道呢？我這求告　神，蒙他應允的人，竟成了朋友所譏笑
> 的。公義完全人，竟受了人的譏笑。安逸的人心裡藐視災禍，
> 這災禍常常等待滑腳的人。強盜的帳棚興旺，惹　神的人穩固。
> 神多將財物送到他們手中。（約伯記12：1-6）

約伯諷刺他的朋友幸災樂禍，看到他受此遭遇，不但不加安慰，反
而以嘲弄的語氣勸說約伯認錯。他說三個朋友的話都是老生常談：誰不
知道上帝是大能而美善？問題的重點是他為何受此懲罰。約伯強調自己
是無辜的：

> 我的嘴決不說非義之言，我的舌也不說詭詐之語。我斷不以
> 你們為是，我至死必不以自己為不正。我持定我的義，必不放
> 鬆。在世的日子我心必不責備我。願我的仇敵如惡人一樣，願
> 那起來攻擊我的，如不義之人一般。（約伯記27：4-7）

約伯沒有怨恨上帝，他只想從上帝那裡得到一個理由。他不是說上帝不
公，他真心渴求上帝的解答，因為他想知道自己做錯了什麼事。這才是
問題的重點。

「我真要對全能者說話，我願與　神理論。你們是編造謊言的，都
是無用的醫生。」（約伯記13：4）約伯說朋友是「醫生」，因為他們本是來
安慰約伯的，以救治他的病痛。朋友的話不但未能治療約伯的傷痛，反
而帶來更大的痛苦。約伯不想再跟他們理論，他要求上帝跟他對話。對
話的方式，是公堂式的對辯：由上帝作原告，約伯作答辯：

> 我已陳明我的案，知道自己有義。有誰與我爭論，我就情願緘
> 默不言，氣絕而亡。惟有兩件，不要向我施行，我就不躲開你
> 的面。就是把你的手縮回，遠離我身，又不使你的驚惶威嚇

我。這樣，你呼叫，我就回答；或是讓我說話，你回答我。我的罪孽和罪過有多少呢？求你叫我知道我的過犯與罪愆。（約伯記13：18-23）

從這段文字可見約伯是不服氣的。是不服氣，卻非怨恨。由始至終，約伯渴求的是上帝懲罰他的理由。只要祂說明自己的罪孽，他就心甘情願。約伯是動了氣，但是並非要打倒上帝，他要求的是對話而已。對話有兩項請求：

1. 保證平等的訴訟地位，不使用武力脅迫
2. 確定論辯程序為互相對答，要求上帝遵從

兩項要求著重「平等」，都符合我們現時的普世價值。然而，這種平等觀在當時的歷史環境有另一個名字：大逆不道。所謂「平等地與上帝對話」，不過是僭越上帝的代稱而已。因此，約伯的話激怒了一位聽眾：以利戶（Elihu）。

以利戶的言辭

那時有布西人，蘭族巴拉迦的兒子以利戶，向約伯發怒，因約伯自以為義，不以　神為義。他又向約伯的三個朋友發怒，因為他們想不出回答的話來，仍以約伯為有罪。（約伯記32：2-3）

這是以利戶出場的描述。表面上，他站在第三者的立場，既不認同約伯，也不認同約伯的三位朋友；事實上，以利戶跟之前三人的原則沒有分別，分別只在於智力的高下。即是說，以利戶也認同約伯理虧，只是前面三人智慧不足，無力反駁約伯的話，卻又死硬堅持。這是愚昧。他認為自己可以說明約伯是錯誤的，令約伯心悅誠服。

的確，他說出了新的觀點：約伯的錯誤不在行了惡事，而是他挑戰上帝的權威。以利戶重申上帝即是公義，因此上帝不會無緣無故施行懲罰。約伯公然要求上帝跟他對辯，這明顯是不信任上帝的公義，而以個

人為義。這就是問題所在。《約伯記》載：

> 我要回答你說：你這話無理。因　神比世人更大。你為何與他
> 爭論呢？因他的事都不對人解說。　神說：一次、兩次，世人卻
> 不理會。（約伯記33：12-14）

> 以利戶又說：你以為有理，或以為你的公義勝於　神的公義，
> 纔說：這與我有什麼益處？我不犯罪比犯罪有什麼好處呢？（約
> 伯記35：1-3）

不論約伯本身是否行惡，單憑他質疑上帝的舉動，已經構成嚴重罪行。
這是傲慢。有了傲慢的心，就不會完完全全信靠上帝。誰是原告誰是答
辯不是重點，要求平等本身已經表現了約伯的傲慢。以利戶就指出，約
伯不是「以神為義」，而是「以我為義」。這種傲慢足以抵銷他的一切義行。

上帝的回應

《約伯記》第38章，上帝終於出現。祂會如何回應約伯的提問呢？

　上帝不作任何解釋。對於約伯的問題，上帝一條也沒有直接回答。
上帝不屑回答，因為兩者是不同次元的。上帝從旋風中出現，並說：「誰
用無知的言語，使我的旨意暗昧不明？」（約伯記38：2）這就是說，約
伯是愚昧的，卻在祂面前大呼小叫。夏蟲不可語冰，愚昧的人跟有智慧
的上帝不可同日而語，約伯是沒有資格向上帝提出任何質疑的。

　上帝反問約伯以下的問題：

> 我立大地根基的時候，你在哪裡呢？你若有聰明只管說罷。你
> 若曉得就說，是誰定地的尺度？是誰把準繩拉在其上？地的根
> 基安置在何處？地的角石是誰安放的？那時晨星一同歌唱，　神
> 的眾子也都歡呼。海水衝出，如出胎胞。那時誰將他關閉呢？
> 是我用雲彩當海的衣服，用幽暗當包裹他的布，為他定界限，
> 又安門和閂，說：你只可到這裡，不可越過，你狂傲的浪要到

此止住。你自生以來，曾命定晨光，使清晨的日光知道本位。叫這光普照地的四極，將惡人從其中驅逐出來麼？因這光地面改變如泥上印記，萬物出現如衣服一樣。亮光不照惡人，強橫的膀臂也必折斷。你曾進到海源，或在深淵的隱密處行走麼？死亡的門，曾向你顯露麼？死蔭的門，你曾見過麼？地的廣大，你能明透麼？你若全知道，只管說罷。光明的居所從何而至？黑暗的本位在於何處？你能帶到本境、能看明其室之路麼？你總知道，因為你早已生在世上，你日子的數目也多。（約伯記38：4-21）

上帝說到宇宙的起源、生死的玄秘，突顯自己創造天地萬物的大能。上帝不斷運用反問的方式「回答」約伯：我就是大能的主，你沒有資格跟我平等對話。上帝說了很多話，《約伯記》從38章4節到41章都是上帝駁斥約伯的話。仔細閱讀，這些話與其說是回答，不如說是恐嚇。上帝不作任何解釋，而是重申祂的威權。而質疑祂威權的，就是不該。上帝還諷刺說：「你總知道，因為你早已生在世上，你日子的數目也多。」指約伯妄稱自己為善，顯然以為自己可以跟上帝平起平坐，於是上帝說約伯的年歲該與日月平肩，得以窺見天地之創生，萬物之變化。上帝語帶諷刺，溢於言表。

約伯完全降服

約伯無法回答上帝的提問。若要談論能力的話，約伯自然無力對抗。在上帝創造天地萬物的時候，約伯還未出生，哪有資格回答上帝的問題呢？上帝就是清楚這一點，並以此反擊約伯的詰難：「**強辯的，豈可與全能者爭論麼？與　神辯駁的，可以回答這些罷。**」（約伯記40：2）這句話可謂一錘定音，注定約伯沒有資格向上帝提出任何質疑。因此約伯全面投降，不再提問：

於是約伯回答耶和華說、我是卑賤的，我用什麼回答你呢，只好用手摀口。我說了一次、再不回答，說了兩次、就不再說。（約伯記40：3-5）

約伯回答耶和華說：我知道你萬事都能作，你的旨意不能攔阻。誰用無知的言語，使你的旨意隱藏呢？我所說的，是我不明白的。這些事太奇妙，是我不知道的。求你聽我，我要說話。我問你，求你指示我。我從前風聞有你，現在親眼看見你。因此我厭惡自己，〔自己或作我的言語〕在塵土和爐灰中懊悔。（約伯記42：1-6）

兩段文字清楚表明約伯已經完全投降，再問下去也是多餘的，他根本沒有資格問那些問題的。

上帝滿意約伯的表現，既然他已經完全降服，就赦免他的罪孽，降福給他：

這樣，耶和華後來賜福給約伯，比先前更多。他有一萬四千羊、六千駱駝、一千對牛、一千母驢。他也有七個兒子、三個女兒。他給長女起名叫耶米瑪，次女叫基洗亞，三女叫基連哈樸。在那全地的婦女中，找不著像約伯的女兒那樣美貌。他們的父親使他們在弟兄中得產業。此後，約伯又活了一百四十年，得見他的兒孫，直到四代。這樣，約伯年紀老邁，日子滿足而死。（約伯記42：12-17）

《約伯記》的記述至此完結。

惡的問題 —— 耶和華抑或撒旦？

故事是完結了，但是我們的疑惑才剛開始。在《約伯記》，到底耶和華與撒旦扮演著什麼角色？根據教會的正統解讀，耶和華是上帝，撒旦是魔鬼，上帝是正義的，魔鬼是邪惡的，因此《約伯記》是撒旦施行惡

事、上帝彰顯公義的書。我們很難接受這種解讀。因為第一章寫出兩者的對談，上帝並不以撒旦的計劃為惡，反而允許他任意懲罰約伯。

我們暫且避免某種先入為主的想法，例如認為撒旦是魔鬼，因此他在《約伯記》的作為就是邪惡。有些解釋說到，書中的撒旦只是與上帝唱反調的人，就像中國的諫官，向上帝進言而已。畢竟魔鬼也是墮落天使，曾經為善，而且也是上帝所做的。這樣閱讀，可以避免某些先入為主的想法，讓我們直接以文本為根據，否則我們只是接受了某套解讀的方式，而非真正理解《約伯記》的意涵。事實上，撒旦只在首兩章出現，上帝卻在起初與結尾的部份出現。而且，上帝的地位明顯高於撒旦，撒旦行事之前也要詢問上帝意願。

耶和華與撒旦在第一次對話之後，災禍開始降臨到約伯身上。其中一段文字是這樣的：「神從天上降下火來，將群羊，和僕人，都燒滅了。」（約伯記1：16）到底降火的是上帝，還是撒旦？

有一段文字說得更加清楚：

> 耶和華問撒但說：你曾用心察看我的僕人約伯沒有？地上再沒有人像他完全正直、敬畏　神、遠離惡事。你雖激動我攻擊他，無故的毀滅他，他仍然持守他的純正。（約伯記2：3）

這段文字可以分為兩個部份：第一部份突顯約伯的正義，就許上帝也要承認；第二部份明確說明攻擊、毀滅約伯的是上帝，不是撒旦，撒旦只是激動祂下殺手而已。換句話說，約伯蒙受災難不是他做了什麼錯事，他是真正的義人，只是上帝跟撒旦有口舌之爭，上帝為了測試自己的僕人是否忠心，因此施行各式懲罰。後來也有同樣的講法，是上帝而非撒旦降罪於約伯：

> 約伯的弟兄、姐妹，和以先所認識的人都來見他，在他家裡一同喫飯。又論到耶和華所降與他的一切災禍，都為他悲傷安慰他。（約伯記42：11）

由始至終，上帝顯然知道約伯是無辜的，因為是祂故意加害於他。第38至41章，上帝出現時說了一大堆言辭，其實都是掩飾，我們根本不會讀到上帝認錯的話：

> 對不起，你受的苦難是我開的玩笑。有此玩笑，是我跟撒旦無聊打賭，他認為你會背叛我，我認為你會堅持行義。在他的刺激下，我殺了你的牲畜與子女。真是對不起呢。不用怕，我會賜福給你，讓你得到更多的牛羊與子女。希望你能原諒，謝謝。

以上帝的權威性格，祂是不會這樣說的。

問題來了。如果上帝是全知的，為什麼要撒旦的測試才知道約伯是個義人？如果上帝是全善的，為什麼要行使權力懲罰無辜的人？這不獨是《約伯記》的問題，整部舊約《聖經》都面對著同樣的難題：如果上帝是全知、全能、全善的神，為什麼祂會容許苦難降臨於義人身上呢？例如上帝為什麼要亞伯拉罕奉獻他的獨生子以撒呢？原因就是試探，他要確定亞伯拉罕的信心。亞伯拉罕二話不說就把以撒帶上山去，他問亞伯拉罕獻祭用的牛羊在哪，亞伯拉罕支吾以對，說上山之後自然就會知道。後來，

> 亞伯拉罕就伸手拿刀，要殺他的兒子。耶和華的使者從天上呼叫他說：亞伯拉罕、亞伯拉罕。他說：我在這裡。天使說：你不可在這童子身上下手，一點不可害他。現在我知道你是敬畏　神的了，因為你沒有將你的兒子，就是你獨生的兒子，留下不給我。（創世記22：10-12）

原來上帝早已準備獻祭用的羊，祂叫亞伯拉罕殺掉以撒作為祭品，純屬試探而已。

這個故事有很多不同的解釋。我選擇以祈克果（Kierkegaard）的觀點解釋這個故事。他在《恐懼與怖慄》（*The Fear and Trembling*）解讀這個故事，藉此闡釋「信仰」的意義。書中提到信徒履行上帝意旨的

時候，就算是殺死自己的兒子，也不可以提問法律問題與倫理問題。在信仰之前，信徒得擱下一切疑慮，不能問這樣做是否合法的，是否道德的。只要信，不要問，上帝就是依靠。換言之，向上帝講法律、談道德都是不相應的，上帝只需要被信靠。這是最安全的（對於信徒而然），也是最危險的（對於非信徒而然）。這二千年來，多少人以上帝之名行惡？這不是個別的人曲解上帝，《聖經》白紙黑字清楚寫明上帝會以試探方式降禍於義人。如何以理性的方式證立上帝的作為是公義的？

或者有人會說：人間的苦難是「惡」，那是以人的觀點看；在上帝的標準下，這可以不是「惡」。我們不應該以人的標準測度上帝，因為兩者之間的標準存在巨大的落差。

對於這個說法，我是難以苟同的。《約伯記》的意義正在於以人類的層面思索問題，而不是在上帝的層面。對於人類而言，苦難是真現象，確有無辜的人受苦。海嘯來臨，可以舉家喪命；日本福島地震，禍延至今未絕。凡此種種，豈能輕輕以神人的標準不同就輕輕帶過？如果神與人的善惡標準不同，那不是更加鼓勵人類泯滅自己的道德標準嗎？

我想到一個類比：在我孩童的時候，我會玩弄螞蟻，一隻又一隻將牠們折磨至死。在我來說，這不是什麼大問題，只是弄死幾隻螞蟻而已？以人的標準來說，螞蟻的死活根本不是問題；但是以螞蟻的標準，那是牠們活生生的性命。所謂標準不同，說到底其實是力量的不平等。有權力的一方，可以恣意凌辱無力的一方。從約伯的觀點看，失去牲畜與子女肯定是不幸的事件；從上帝的觀點，測試的重要顯然高於那些牛羊與子女的價值，反正祂可以創造這些東西。上帝認為牛羊與子女的價值沒有兩樣，都是約伯的財產而已。所以約伯死了子女，後來上帝賜予他更多的子女，在「量」上作更大的回報。試問一下，我們人類的生命真的如此簡單了事？我殺了你的兒子，之後賠償多個兒子給你，你就會心滿意足？

至少故事中的約伯感到滿足。舊約沒有「天堂」概念，因此上帝給予約伯的不是永生，而是更多的財產牲畜與子女，還讓他可以得享高壽而亡。在舊約中，這是福報來了。他能有此福報，因為他通過了測試。只要不去質疑上帝，全然接受上帝加諸自己的一切，就可以通過測試。這是舊約的信息：我們要完全信靠上帝，不容許一絲懷疑。神是主宰，祂命令你殺人、祂降禍於你身，你也要完完全全的接受。人類不需要問理由，只需要完全的接受。在宗教領域上，講求理性是不相應的。

悲劇英雄 —— 性格抑或命運？

在西方文化史上，約伯的故事扮演了重要的角色，他帶出了「悲劇英雄」的問題。

所謂「悲劇英雄」的問題，就是說某些英雄人物蒙受到的災難，到底是出於自己的問題還是外在的因素？就如《約伯記》中，約伯遭殃是出於自身的不義，還是上帝的玩弄呢？約伯的朋友認為是前者，我認為是後者。

莎士比亞筆下的悲劇人物，其遭遇都是由性格所造成。哈姆雷特的懦弱、奧賽羅的妒忌、李爾王的傲慢、馬克白的貪婪，一一為自己帶來了不幸的遭遇。莎士比亞的信息很清楚：我們遭逢禍患都是源於自己的性格，跟外在的條件無關。希臘悲劇的觀點與此相反，例如我們說過的奧狄浦斯王，他盡了一切的努力避免悲劇的發生，結果反而步步趨向了命運的安排。命中注定他會弒父戀母，故事就在此神諭下展開，最後一如神諭所說，他也成為了悲劇人物。索福克勒斯的觀點，就是人的苦難都源於自身的命運，即使奮力擺脫亦是無濟於事。雖然無濟於事，但是這些人物之為悲劇英雄，正在於其反抗。最後奧狄浦斯自挖雙目，既懲罰自己的有眼無珠，也在反抗命運的撥弄：命運沒有決定我會自挖雙目，這是我的個人選擇。

在基督宗教之中，人的地位是渺小的。這不像柏拉圖，他肯定人的理性可以步步提昇，超越自身的有限。但是基督宗教反對這個立場，認為人不可以依靠自己而得到永生，因為冥冥之中的各種安排遠非人的智慧可以企及，惟有全能的上帝可作保證。在這個意義下，人只可以接受各種不同的遭遇，而沒有資格問「為什麼」。《約伯記》是悲劇，因為約伯問上帝他為什麼要受苦。如果他坦然接受一切，不去追問緣由，書中的衝突意味立即歸於無有。如果他不接受無緣無故的懲罰，戲劇張力就出現了。可惜約伯沒有堅持下去，他沒有悲壯地否定上帝的所作所為，全面接受上帝的安排。《約伯記》是悲劇，但約伯不是英雄。他最後沒有當英雄的勇氣，承擔不了自己的命運。

這是我從大學本科時期就開始閱讀的書。時至今日，讀了多遍，愈來愈感受得到書中背後的悲涼：人類因為渺小，就要全面降服，放棄對自身的執著。面對苦難，解決方法不是快樂，而是希望（hope）。面對人生逆境，以迷幻藥獲取快感是無濟於事的做法，有效的是以堅強的信念捱過逆境。堅強信念之所以可能，在於希望。絕望地受苦是最難熬的，因為那樣毫無意義。所以約伯的情況並非最差，他仍然有希望。上帝就是他的希望，祂可以消除他的痛苦。有了希望，不再問為什麼，有時並非壞事。如果人知道了自己是赤裸裸地被投擲於世，我是宇宙孤兒，無依無靠，沒有什麼保證自身的存活，那種感覺是挺恐怖的。古時的人相信每顆星都有人性，宇宙規律跟人事規律相合，觀察天地萬物即可知人事之機，故有天人合一的想法。一旦剔除所有神明的庇佑，硬生生面對各式人生苦難，那不是人人可以做到的事。做到的人，就是自己人生悲劇之中的英雄了。

9.3《傳道書》

《傳道書》很薄，在《聖經》之中卻別樹一幟。整本書都是負面的，說的都是生命的空虛無聊、了無意義。更有趣的，是它的解決方法竟與快樂主義者有相類之處。

虛空的虛空

「傳道者說：虛空的虛空，虛空的虛空。凡事都是虛空。」（傳道書1：2）所謂「虛空」，是指沒有實質的東西。整部《傳道書》反覆申明，人生之中的所有事情都是毫無意義的，終歸於無有。只有具備智慧的人，才能洞明世事本屬虛無。

　　這種觀點為新約《聖經》所無。基督宗教強調信（Faith）、望（Hope）、愛（Charity），三者都是新約的觀念，舊約中沒有相關的說法。舊約之中的上帝挺殘暴的，可以蠻不講理，殺戮自己不喜歡的人與民族。祂要興盛的，必得興盛；祂要消滅的，必得消滅。所謂「公義」，其實是任意的，一切以上帝的好惡為準。《傳道書》說到虛空，這個「空」所指的是什麼？就是了無意義（meaninglessness），就是毫無希望（hopelessness）。直至耶穌出現保證永生，保羅提倡信望愛的觀念，基督宗教才有新的希望。在此之前的《傳道書》，一再重複的就是生活了無意義，因為人生根本沒有希望可言。以哲學的術語表達，《傳道書》所說的「空」是存在的無聊（the pointlessness of existence）。

　　《傳道書》的作者是虛無主義者。閱讀他的文字，不難感到他的痛心：

> 人一切的勞碌，就是他在日光之下的勞碌，有什麼益處呢？一
> 代過去，一代又來，地卻永遠長存。日頭出來，日頭落下，急
> 歸所出之地。風往南颳，又向北轉，不住的旋轉，而且返回轉
> 行原道。江河都往海裡流，海卻不滿。江河從何處流，仍歸

還何處？萬事令人厭煩（或作萬物滿有困乏），人不能說盡；

眼看，看不飽；耳聽，聽不足。已有的事，後必再有；已行的

事，後必再行。日光之下並無新事。豈有一件事人能指著說：

這是新的。那知，在我們以前的世代，早已有了。已過的世

代，無人記念；將來的世代，後來的人也不記念。（傳道書1：

3-11）

日光之下無新事，所謂世事紛紜都是假的，來來去去都是重重複複。日
出日落，我們人類起床、工作、吃飯、睡眠，還有什麼？人生的作為、
名譽，最後必定歸於無有，因此全都沒有意義。我們現在所謂的新奇事
物，在我出生之前已經存在，在我死後仍會繼續存在。生活日日如是，
事物世世如是，說到有什麼改變都是假的，只有愚昧的人才會相信，有
智慧的人就能洞察世事的無聊：

我便看出智慧勝過愚昧、如同光明勝過黑暗。智慧人的眼目光

明（光明原文作「在他頭上」）、愚昧人在黑暗裡行．我卻看明有

一件事、這兩等人都必遇見。（傳道書2：13-14）

可是他再細想，明白世事無那本身也是虛空，智者與愚人再有分別也是
全無意義：

我就心裡說：愚昧人所遇見的，我也必遇見。我為何更有智慧

呢？我心裡說：這也是虛空。智慧人，和愚昧人一樣，永遠無

人記念。因為日後都被忘記。可歎智慧人死亡，與愚昧人無

異。（傳道書2：15-16）

這種虛空的說法，跟舊約的死亡觀有關。在舊約中，死亡就是重歸
土地，沒有什麼死後世界，因此死亡抹除了人生的一切意義。賢、愚、
美、醜，在死亡之下都變得沒有意思。人類與野獸，或許賢愚有別，但
是同樣歸於死亡：

因為世人遭遇的，獸也遭遇。所遭遇的都是一樣。這個怎樣

死，那個也怎樣死，氣息都是一樣。人不能強於獸，都是虛
空。都歸一處，都是出於塵土，也都歸於塵土。誰知道人的靈
是往上升，獸的魂是下入地呢？（傳道書3：19-21）

一切終歸死亡，生命原屬無聊，就產生了虛無主義（Nihilism）的想法。

漆木朵的《幻日手記》

20世紀中後期，歐洲興起了存在主義（Existentialism）。虛無主義與存
在主義有相契之處，但非完全相同。在時代的思潮帶動下，1960年代臺
灣出現了一本有趣的書──《幻日手記》。作者「漆木朵」，顯然是筆名。
[4] 這本書已經絕版，不再發行印刷。書的基本觀點與《傳道書》一致，就
是生命本來無聊，死亡倒是蒙福：

> 心智清晰的死不如渾渾噩噩的死，渾渾噩噩的死不如無知無覺
> 的死，無知無覺的死不如未有生命。驟然的死是被祝福的死，
> 年老失去生之意志是被祝福的死，初生的嬰兒吸了一口母奶即
> 被窒息，是被祝福的死，死在母親溫暖的子宮中是被祝福的
> 死，死在陰道之中的精蟲是被祝福的死，未成精蟲最被祝福。
> 而每天有數億精蟲死在男人體內。[5]

> 就整個人類，其歷史（包括過去與未來）與它的幅度若構成一個
> 範圍，而這個範圍在宇宙中有一天會破裂化歸無有，則現今我
> 們在這世界的一切努力有何意義？了解宇宙之偉大並不即是了
> 解自身之偉大，不即是自身在此宇宙中有不可磨滅的地位，了
> 解宇宙之無限並非即是自身之無限。[6]

---

4. 後經查證，漆木朵的真人是孟祥森（1937-2009）。孟氏於臺灣大學哲學系畢業，輔仁大學
   碩士，早年以翻譯存在主義者（如祈克果、卡繆等）的作品為主，晚年則關注生態哲學。

5. 漆木朵著：《幻日手記》（臺北：水牛出版社，1971年），頁12-13。

6. 同前注，《幻日手記》，頁48。

這本書以「虛無者」為第一身，書寫生命之中各種無聊與空虛，甚至把看透「無聊與空虛」都歸為虛無。因此，活著沒有意思，到頭來所有東西都是多餘的。《幻日手記》以文學的筆觸行文，定力不好很容易感染到書中的虛無氣氛。細讀之下，反省我們的生活，問問自己的作為有何意義，你很容易認同虛無者的觀點：取得學位有何重要？賺錢繼續生活又有何意義？愛情會有背叛，金錢終會散盡，一切都是沒有絕對保證的，都是虛無。

虛無至此，人生又有何意義？不如自殺算了。恐怖的是，虛無主義的極致是「自殺」亦同遭否定。一切都是無意義的，唯有自殺可以終結這種無意義的狀態。那麼，「自殺」不就成為了有意義的事情了嗎？終極的虛無主義者認為自殺都是虛無的，了無意義。生無意義，死亦不見得有意義，你以為死亡可以反抗生命的無聊嗎？不，是生是死並無關係，自殺不會改變宇宙無聊的本質。

傳道者的上帝

《幻日手記》與《傳道書》的最大分別，在於前者否定上帝，而後者仍然以上帝為尊。《傳道書》描述世界萬事萬物的無聊虛空，卻肯定上帝的作為與智慧非人所能企及。人類只要接受上帝的作為，毋須參透箇中玄機。書中提到萬物都有定時，這裡的「定時」多樣出於上帝：

> 凡事都有定期，天下萬務都有定時。生有時，死有時；栽種有時，拔出所栽種的，也有時；殺戮有時，醫治有時；拆毀有時，建造有時；哭有時，笑有時；哀慟有時，跳舞有時；拋擲石頭有時，堆聚石頭有時；懷抱有時，不懷抱有時；尋找有時，失落有時；保守有時，捨棄有時；撕裂有時，縫補有時；靜默有時，言語有時；喜愛有時，恨惡有時；爭戰有時，和好有時。這樣看來，作事的人在他的勞碌上有什麼益處呢？我見

神叫世人勞苦，使他們在其中受經練。　神造萬物，各按其時

成為美好。又將永生安置在世人心裡。（永生原文作永遠）然而

神從始至終的作為，人不能參透。（傳道書3：1-11）

有別於虛無者，《傳道書》的傳道者最終投向了上帝的懷抱。他認為上帝會在適當時候賜福給世人。這段文字勸說世人不必擔心事物變化，人有勞苦是神的歷練，萬物各因其時而展現自身的美好。人類只管相信上帝，無須多作猜疑上帝的作為，因為兩者的智慧差別太大，無謂猜測。

於是筆鋒一轉，傳道者說出了近乎快樂主義者的論調，提倡及時行樂：

我知道世人，莫強如終身喜樂行善。並且人人喫喝，在他一切

勞碌中享福。這也是　神的恩賜。（傳3：12-13）

我就稱讚快樂，原來人在日光之下，莫強如喫喝快樂。因為他

在日光之下，　神賜他一生的年日，要從勞碌中，時常享受所得

的。（傳道書8：15）

你只管去歡歡喜喜喫你的飯，心中快樂喝你的酒。因為　神已

經悅納你的作為。（傳道書9：7）

這裡的論點十分清楚：辛勞工作，盡情吃喝。注意《傳道書》沒有提倡玩樂，它強調工作的勞苦，只是這種勞苦不是白白的，飲食之樂可以抵銷當中的不快。為什麼提倡吃喝之樂呢？很簡單，吃喝之樂是最直接的感受，無需思索太多。思索太多不是幸事，因為「**著書多，沒有窮盡；讀書多，身體疲倦。**」（傳道書12：12）世人只要辛勞工作，盡情吃喝，在虛空的時日中仍然紀念上帝的作為。如是而已。《傳道書》最後以此作結：

這些事都已聽見了。總意就是敬畏　神，謹守他的誡命，這是

人所當盡的本分。（或作這是眾人的本分）因為人所作的事，連

一切隱藏的事，無論是善是惡，　神都必審問。（傳道書12：13-

14）

這裡再次肯定上帝的地位。跟《約伯記》一樣，我們行事不應以人間的善惡為標準，而應以上帝為標準，「**無論是善是惡，　神都必審問。**」善未必有善報，惡亦未必有惡報。舊約沒有「報應」觀念，沒有死後世界，沒有大審判來賞善罰惡。生命就在此世，死亡即歸無有，而上帝是最後的依靠，必須絕對地服從祂。

9.4 舊約與報應問題

稍有理性的人，很難接受舊約的觀點。難道上帝憑著自己的權柄就可以隨意殺害我的牲畜與子女？之後賠償更多就可以了事嗎？如果賞罰沒有客觀的標準，而只有上帝主觀的好惡，人世間哪有什麼公義可言？

新約《聖經》提出了「救恩」（salvation），成為了轉捩點。舊約以死亡為生命的終站，至此人生中所擁有的一一歸於無有。無論生前為善或者行惡，在死亡的面前都是一樣的。既然上帝可以隨意玩弄我的生命，而死後也沒有什麼世界存在，人類的生存還有什麼希望可言？

今日的基督徒可以有盼望有信心，其根據不在舊約，而在新約。新約保證了死後世界的存在，也保證了永生的可能。我們在耶穌的懷抱裡，生命就有了價值和意義。現在的基督徒常說「神愛世人」，到底上帝如何愛人？簡單的說法是：上帝派遣耶穌來拯救世人，清洗世人的罪孽，令一切信祂的不致滅亡反得永生。這就是愛。《約伯記》與《傳道書》都沒有這個信息，有的只是對上帝完全的信靠。可以說句，直至新約出現神愛（*Agape*）觀念，基督徒的「希望」問題才得到真正的解答。

第10章
死亡——基督宗教的回答 II：《新約》

楔子——耶穌降世的隱密計劃

耶穌作為神子，降臨人間有何目的？漆木朵在《幻日手記》以「虛無者的夢」為題，藉人物阿祥向上帝的質疑，表達他的看法：

> 而耶穌是你最可怕的陷阱，因為他裝飾得最美，卻使人陷得更深。通過耶穌，你將罪惡完全推在人類身上，因為他們「自甘墮落」而不肯被拯救。他們不但不肯被拯救，並且殺了拯救他們的人。於是罪惡就成為一個首尾相貫的圓滿的圈子，而人類在這圈子中永不得逃脫。你創造人類，又創造耶穌，並使人類不能接受耶穌，然後歸罪人類說：「這是我給你們的拯救，但你們不接受，我對你們已盡了愛，但你們不接受我的愛。」在耶穌之先，人類互相殘殺、死亡，在耶穌之後，人類仍舊殘殺、死亡，這就是耶穌的價值。耶穌的價值尚不止此，因為在他之後，人類的罪惡有了更深的意義，這乃是你欲借耶穌之名加在我們身上的。然而耶穌的痛苦是可忍受的，而我們的痛苦卻極其可怕，因為他死亡只三天，我們卻死亡永恆。他以三天的死換取我們永恆的罪惡。但他的死只是作戲，正如傀儡一般，他倒在戲臺上，迅即為其中的手拉入後臺，而當我們死亡卻塵土歸於塵土。[1]

---

1. 漆木朵：《幻日手記》，頁 104-105。

漆木朵以一貫虛無主義的立場批評基督宗教：耶穌不但沒有清洗人類的罪孽，反而為人類帶來永恆的罪惡。耶穌降臨人間，根本是預先計劃了的戲劇。所謂耶穌死了，只是某個角色在戲臺上死了，演員本身沒有死亡。但是這一場戲卻令人類蒙受了永恆的罪名，上帝藉此可以斥責人類。顯然，這是上帝自編自導的劇目，背後都是陰謀詭計。

這種論調若在300多年前在歐洲講說，講者肯定會公然被火燒死。因為這是褻瀆上帝的話。不過20世紀以來（尤其經過存在主義思潮的影響），質疑上帝的聲音此起彼落，關於耶穌基督的身份也有各種不同的說法，不再由教會作一錘定音的詮釋。《猶大福音》（*The Gospel of Judas*）的出現，側證了《幻日手記》說法的合理性。

在基督宗教的正統論述中，猶大是出賣耶穌的罪人。《馬太福音》記載他自縊身亡。[2]在但丁的《神曲》中，猶大更被投擲到地獄的最底層，受到最嚴酷的懲罰——被撒旦咬著頭部，從頭開始吞下去。2006年，美國國家地理學會（National Geographic Society）在復活節前公開發表《猶大福音》的專題，講述《猶大福音》的成書過程、收藏地點、買賣情況、真偽確認等等有趣資料。一般正統教會都不承認這本書的合法地位，甚至拒絕討論這本書的內容。因為《猶大福音》的觀點太刺激了：猶大是耶穌揀選的間碟，他忍辱負重「出賣」耶穌，實踐耶穌的隱密計劃。在這個意義下，猶大不是罪人，他是英雄。《猶大福音》完整記錄耶穌與猶大的講話，將耶穌整套計劃清楚明白地寫下來。正統教會以典型的方式回應：這是偽經，內容不足為憑。

我的觀點比較特殊：既不以《幻日手記》或《猶大福音》來評論基督宗教，亦非以正統教會的觀點全面肯定《聖經》的一字一句。我是以哲學的

---

2. 「這時候，賣耶穌的猶大，看見耶穌已經定了罪，就後悔，把那三十塊錢，拿回來給祭司長和長老說。我賣了無辜之人的血，是有罪了。他們說：那與我們有什麼相干？你自己承當罷。猶大就把那銀錢丟在殿裡，出去吊死了。」（馬太福音 27：3-5）

態度，窺探《聖經》如何展現人類的共同處境，即我所說的「生死愛欲」問題。例如《約伯記》帶出「（正義的）人類為什麼遭受苦難？」《傳道書》帶出「人生的意義與冀盼何在？」這些問題不僅屬於一時一地某個民族的，而且具有普遍的意義。從這種問題意識入手，我們才能說到《聖經》之於我們人生的意義。這次的論題是新約的死亡觀。我會貫徹這種問題意識，處理新約的文本。

10.1 福音書的成書問題

在討論新約的死亡觀前，我首先處理福音書的成書問題。所謂「福音書」（Gospels），是說新約之中記述耶穌事蹟的四本書：《馬太福音》（Matthew）、《馬可福音》（Mark）、《路加福音》（Luke）、《約翰福音》（John）。四本書雖置於新約之首，但以成書時間來說，保羅的書信如《羅馬書》、《哥林多前書》等都比福音書來得早。

　　福音書不是耶穌在生時就開始撰寫的，四本著作都是門徒在耶穌死後才動筆。除了《約翰福音》，其餘三本書都強調「天國」的信息：「**天國近了，你們應當悔改！**」（馬太福音 4：17）因為耶穌來了，祂在死後復活不久就會有第二次的來臨作大審判，那個時候天國正式降臨。信徒都等待著耶穌的出現，結果年復一年，數十年後耶穌還是未曾重臨人間。門徒於是急忙撰寫耶穌的事蹟成書，以免世人對此一無所知。事實上，福音書不止四本，門徒撰寫了各種不同版本的福音書，直到公元五世紀時，由羅馬天主教廷欽定目前的四福音為標準。

　　現行的四福音，首三本可以合稱為「對觀福音書」（Synoptic Gospels）。稱之為「對觀」，因為三本福音書內容相若，記述類似，在閱讀的時候可以互相參照、對觀。三本書的重點一致，強調耶穌的神蹟：例如描寫祂令跛子可以行路，盲眼的得看見，以五餅二魚讓數千人吃

飽，如此等等。耶穌的神蹟故事，大都出於這三本書。而三本書同時強調「上帝之國」，肯定耶穌會再臨人間行大審判。從這三本福音書看，耶穌作為神子的角色可謂相當鮮明。

《約翰福音》明顯出於知識分子之手。書中劈頭就說：

> 太初有道，道與 神同在，道就是 神。這道太初與神同在。萬物是藉著他的；凡被造的，沒有一樣不是藉著他造的。生命在他裏頭，這生命就是人的光。光照在黑暗裏，黑暗卻不接受光。（約翰福音翰福音 1：1-5）

「太初有道」是典型的哲學論述，涉及萬物的根源與存在的根據。這部書的哲理性亦較強，不像前三本書側重記述耶穌的事蹟。《約翰福音》的重心觀念是「永生」（eternal life），關於「天國」的話倒很少見。以下講到新約《聖經》的死亡觀，耶穌是核心人物，而四福音書就是我們最重要的文本。我會扣緊「天國」與「永生」兩大元素，闡釋新約死亡觀的豐富意涵。

10.2 新約的死亡觀

舊約認為死亡是「塵歸塵，土歸土」，人死後即歸於虛無，而主宰生死大權的是上帝；新約的死亡觀與此不同，保羅在《哥林多前書》的一段話可謂一語道破箇中精神：

> 我如今把一件奧祕的事告訴你們：我們不是都要睡覺，乃是都要改變。就在一霎時，眨眼之間，號筒末次吹響的時候。因號筒要響，死人要復活成為不朽壞的，我們也要改變。這必朽壞的，既變成不朽壞的；這必死的，既變成不死的。那時經上所記「死被得勝吞滅」的話就應驗了。死啊，你得勝的權勢在那裏？死啊，你的毒鉤在那裏？死的毒鉤就是罪，罪的權勢就是律法。感謝神，使我們藉著我們的主耶穌基督得勝。（哥林多前

書15：51-57）

這段話有四個重點，我簡單歸納如下：

- 戰勝最後且最大的敵人：死亡
- 審判口從死裡復活
- 肉身復活，而非靈魂不朽
- 耶穌基督是得救的唯一道路

新約敵視死亡，認為死亡是最後也是最大的敵人（Death as the last and greatest enemy）。既是敵人，當然要加以斥責：「**死啊，你得勝的權勢在那裏？死啊，你的毒鉤在那裏？**」這裡沒有舊約人物接受死亡的坦然，反而充滿激昂的感情，因為死亡已經變成敵人，有待人類克敵制勝。

在耶穌重臨人間之前，所有的基督徒都未在天國，因為號角聲還沒響起，天使尚未到來，人類無論善惡都埋於土地之下，未曾登上天國。根據保羅的解讀，死亡不是歸於空無，死亡是人生的轉捩點 —— 通往永生或永死的一個過渡階段。死亡不再是重歸土地的長眠，我們可以永垂不朽：

> 我們不是都要睡覺，乃是都要改變。就在一霎時，眨眼之間，
>
> 號筒末次吹響的時候。因號筒要響，死人要復活成為不朽壞
>
> 的，我們也要改變。

在審判日到來的時候，號角響起，死去的人都要起來接受耶穌的審判。是永生還是永死，由耶穌來決定。

復活的方式是整個身體的復活（resurrection of the body），而非靈魂不朽。《路加福音》記載門徒懷疑耶穌是否從死裡復活，以為自己見到的是鬼魂。「耶穌說：你們為什麼愁煩？為什麼心裡起疑念呢？你們看我的手、我的腳，就知道實在是我了。摸我看看，魂無骨無肉，你們看我是有的。說了這話，就把手和腳給他們看。」（（路加福音24：38-40）之後耶穌還跟門徒吃魚，讓他們看祂的手、摸祂被十字架釘穿的洞。我研

究過西方的墳墓，發現許多著名的大教堂如聖保祿大教堂、聖彼德大教堂都是墳墓，很多人葬在地下面。因為靠近上帝，耶穌到來時有望快一點上天堂。19世紀以前，所有墳場都在教堂附近，因教堂是神的殿。他們同樣相信復活是肉身的重生，而非靈魂不朽。

最後一點，也是最重要的一點：耶穌是唯一的拯救。人類永生之所以可能，關鍵在於耶穌基督。因為耶穌基督從死裡復活，證明人是可以死裡重生的。如果耶穌沒有復活，基督徒亦無可信實的憑證了。在基督宗教裡，有兩個節日是最重要的：聖誕節（Christmas）和復活節（Easter）。聖誕節代表耶穌出生，祂的出現為人類帶來救贖的可能；復活節代表耶穌從死裡面復活，克服了死亡的威脅。這是很弔詭的講法：藉著耶穌的死，人類的死也死掉了。這就是「死亡之死」（the death of death）。基督宗教至此有了新的氣象，耶和華這個不解答公義、苦難問題的惡神不再出現，代之以受苦受難的耶穌。祂以神子的身份蒙受各式苦難，也因著這些苦難而提昇，展現出堅毅不拔的神聖性。

基督的末世論

新約的信息很清楚：人類藉著耶穌的死裡重生，可以克服死亡的威脅。目前的死亡是暫時的，相信這點在於我們有復活的盼望。復活的時間，就是世界末日來臨的時候。因此，基督宗教是相信「末世論」（Eschatology）的。

所謂「末世論」，就是各種關於世界終了的論述。這種論述見諸世界各個不同宗教，例如印度教、佛教都有相關講法，都會說到世界終了的情況，人類最後會如何。末世論所以可能，往往建基於線性的時間觀。我們說公元2016年，之後是2017年，都是循序漸進以直線的方式運行的。所謂「末世」，就是這條時間線的末端，那就是世界的最後一刻。而中國的時間觀並不相同，例如我們說到「六十年一個甲子」，是說中國人

相信循環的時間觀，由天干與地支組成不同的年份，周而復始。中國文化之中絕少末世的論述，跟這種時間觀有關。

基督的末世論（Christian Eschatology）有其具體意思，在舊約的《但以理書》已經有此講法：

> 我在夜間的異象中觀看，見有一位像人子的，駕著天雲而來，
> 被領到亙古常在者面前，得了權柄、榮耀、國度，使各方各國
> 各族的人都事奉他。他的權柄是永遠的，不能廢去，他的國必
> 不敗壞。（但以理書7：13-14）

我們說過，舊約帶出的問題是人類最後可以希望什麼。根據《約伯記》與《傳道書》，賞罰的標準是上帝，都在此生裡面進行。如果生前無法如願得報，一切也就完了。在這個觀點下，人生還有什麼盼望可言？即使有末世論，也不必然能解答這個問題。如果世界最後毀於一旦，善人與惡人同歸於滅，公正、報應的問題還是無法回應。所以基督的末世論有個重點，就是「審判」。舊約的《但以理書》隱隱然有這個傾向，藉但以理的觀察預測末世到來的景象，他說有人子到來，並且有不能廢去的權柄。舊約沒有明言這個人子是誰，而新約將之詮釋為耶穌。

請注意，舊約雖然沒有死後世界的論述，但是已經說到了「永生」。《但以理書》提到：

> 你本國的民中，凡名錄在冊上的，必得拯救。睡在塵埃中的，
> 必有多人復醒。其中有得永生的，有受羞辱永遠被憎惡的。（但
> 以理書12:1-2）

這段話已經有審判的意味：已死的人會從塵埃中甦醒，或者得到永生，或者受辱被憎。可是《但以理書》以描述意象為主，所描述的亦見粗略，因此未能詳細交代基督末世論的情況與意義。

新約的《啟示錄》回應了這個問題，詳細描述了末世的情況。那就是大審判：

> 我又看見死了的人，無論大小，都站在寶座前。案卷展開了，
> 並且另有一卷展開，就是生命冊。死了的人都憑著這些案卷所
> 記載的，照他們所行的受審判。於是海交出其中的死人，死亡
> 和陰間也交出其中的死人。他們都照各人所行的受審判。死亡
> 和陰間也被扔在火湖裏，這火湖就是第二次的死。若有人名字
> 沒記在生命冊上，他就被扔在火湖裏。（啟示錄20：12-15）

文字清楚明確得多：死了的人會經歷大審判，根據案卷所記錄而判刑，
沒有記在生命冊上的人就被投進火湖，接受第二次的死，也就是永死。
《啟示錄》所說的末世論，其實是預言世界的末了就是上帝之國的到來。
而這個信息，恰恰是耶穌反覆申明的：「天國近了，你們應當悔改！」
（馬太福音4：17）

上帝之國／天國

為什麼進入天國（kingdom of God）就要悔改？

最簡單的說法，就是天國是一個新的物理空間，進入這個空間需要
憑證，而給予憑證的是耶穌。「悔改」就是改變以往的心態，而以耶穌基
督的教導為準。這樣，信徒在死後即可以憑耶穌的保佑而得上天堂，免
於被投火湖接受永死。

學者托馬斯・謝漢（Thomas Sheehan）[3]否定這個說法，提出了
一個很有趣的理論。他詮釋「天國近了，你們應當悔改！」這句話，賦予
「天國」與「悔改」以新的意義。

> 耶穌所謂的「國」，是說上帝作為慈愛的父（God as a loving
> Father）的即時到來。上帝之國概念（或如《馬太福音》所說的

---

3. 謝漢在史丹福大學宗教研究學系任教，專研歐陸哲學及其與宗教的關係，對海德格與羅馬
   天主教尤有興趣。在偶然的情況下，我發現他寫了《首次到來》（ *The First Coming* ）。關
   於天國的說法，我主要的參考就是這一本書。

「天」）簡單說明了耶穌感到父愛臨在的經驗，這種父愛臨在可藉一個「父」（Abba）字把握得到。就如耶穌講道所說，上帝之國不是天啟論者或救世主論者那種富於想像的地緣政治——在上或向前的國度——或者是法制的、層級制的教會如羅馬天主教所慣說的。這個用語亦非首先暗示領土、精神或其他種種東西。相反，它指上帝統治的行動，這就是說——從中可見耶穌信息的革命力量——上帝作為上帝，已經完全與其子民同一。上帝的統治即上帝的道成肉身。[4]

他針對傳統的理解，提出新的看法。就字面意義來說，「上帝之國」令人以為是個新的物理空間，到了末世的時候就有新世界的出現。時至今日，傳統的詮釋仍然是主流，二十世紀九〇年代左右的中東有戰事發生，有些虔誠的基督徒就說天國即將來臨，因為戰事的地方應驗了《啟示錄》的記載。謝漢一反傳統，認為上帝之國不是外在世界的到來，而是我們內在世界的改變。在舊約中，上帝是「絕對的超越者」（absolute transcendence），是由上而下的，信徒只有完全的信靠與敬畏，而無爭論的餘地，這點我們讀《約伯記》時已經清楚說明。直至耶穌出現，情況就改變了：他要求世人「悔改」，正是人的「悔改」使得上帝再次臨在。悔改的意思就是改變以往的行事方式，而代之以耶穌的教誨：愛上帝，愛人如己。上帝的統治不是賦予世人一個新的國度，而是上帝的道進入祂的子民，每一個子民都活出祂的道理。讓上帝的道臨在，改變你的個人行為；這樣世界就會改變，天國即人間。

《路加福音》記載耶穌說：

你們貧窮的人有福了。因為神的國是你們的。你們饑餓的人有

---

4. In Sheehan, Thomas. *The First Coming: How the Kingdom of God Became Christianity* （New York: Vintage Books, 1988）.

福了，因為你們將要飽足。你們哀哭的人有福了，因為你們將

要喜笑。（路加福音6：20-21）

細心想想，這些說法實際上為窮苦病人解決了什麼問題呢？物質世界沒
有改變，改變的是人的心靈。因此，天國不在彼岸，而就在我們的心
裡。關於這點，耶穌說得十分清楚：

法利賽人問：　神的國幾時來到？耶穌回答說：　神的國來到，

不是眼所能見的。人也不得說，看哪，在這裡，看哪，在那

裡。因為　神的國就在你們心裡。（路加福音17：20-21）

透過信徒之間的互愛，他們活出了上帝的道，實現了上帝的意旨。在這
個意義下，上帝可謂臨在我們中間。這個說法與舊約不同之處，正在
其由下而上的特質：不是上帝以絕義的權力下達他的命令，而是人類以
互愛彰顯上帝的道。上帝不再是絕對的超越者，現在的祂超越而內在
（transcendent and immanent），臨在我們中間。

　　這個詮釋方法，甚至可以抹去《啟示錄》的神秘主義色彩。《啟示錄》
中關於末世的種種意象，可以視為比喻，目的在於說明神的重臨與人同
在的情況：

我聽見有大聲音從寶座出來說：看哪，神的帳幕在人間。他要

與人同住，他們要作他的子民，神要親自與他們同在，作他們

的神。神要擦去他們一切的眼淚。不再有死亡，也不再有悲

哀、哭號、疼痛，因為以前的事都過去了。（啟示錄21：3-4）

神要與人同在，並且抹去世人的眼淚，因為在祂的權能下，一切痛苦與
悲哀都可以消於無形。

　　現在我們可以釐清「悔改」的真正意義。所謂「悔改」，就是要在當下
跟過去劃清界線，放棄過去一切的東西，包括自己的財產與家庭，轉移
接受耶穌，讓耶穌作為你生命的主宰。當一個人領洗過後，舊事已過，
就是個新造的人。這是一種完全的改變。但要注意，這種改變不能單靠

個人的內在力量。跟希臘哲學的傳統有別，基督宗教強調耶穌的地位，祂是神與人之間的橋樑。耶穌說自己就是道路、真理、生命，意思是說世人必須透過祂才可以到達天父那裡。人的覺醒，不是靠個人的良知與理性，而是耶穌降臨到我們的生命，讓我們當下立即懺悔，轉化自己的生命。

基督徒經常念誦的主禱文也有這個意思。主禱文說：

我們在天上的父，願人都尊你的名為聖。願你的國降臨。願你的旨意行在地上，如同行在天上。我們日用的飲食，今日賜給我們。免我們的債，如同我們免了人的債。不叫我們遇見試探，救我們脫離兇惡。（或作脫離惡者）因為國度、權柄、榮耀，全是你的直到永遠，阿們。（馬太福音6：9-13）

請注意，禱文沒有說到讓信徒早登天國，而是說「願你的國降臨。願你的旨意行在地上，如同行在天上。」重要的是天國的旨意可以下行人間，而不是信徒都上天國。信徒仍舊需要面對日常生活中的各樣事情，包括飲食、債務等等，主禱文絕非求登極樂的誓言。

永生

「對觀福音書」都強調「上帝之國」，而後出的《約翰福音》不說天國的事，只講一個問題：永生。

《約翰福音》談到「永生」，說的不是當下肉身的永生，故與長生不老無關。我們現在這個身體是罪惡的身體，因此是有死的。不過死了身體只是整個過程之中的一個階段。復活後的身體與此不同，因為上帝賦予我們以新的「靈」。基督宗教的「人」是三分為靈（spirit）、魂（soul）、體（body）的，永生不是單純有物質的身體，也絕非柏拉圖式的靈魂不朽，最重要的是有氣息，也就是「靈」。根據《路加福音》記載，耶穌死前最後的話就與「靈」有關：

耶穌大聲喊著：「父啊！我將我的靈魂交在你手裏。」說完這話，氣就斷了。（路加福音23：46）

文中的「靈魂」是中文和合本的翻譯，英文版原文用字是"spirit"，而不是"soul"。基督宗教所說的生命不是以理性／心靈為宗的，從舊約到新約都強調氣息／「靈」。這個「靈」是生命的中心。在我們死後復活的情況下，「靈」會更新我們的身體與靈魂。復活固然是肉身的復活，但是帶肉身復活的是「靈」。

以謝漢的觀點詮釋，「永生」的意思（跟「上帝之國」一樣）也有別於正統教會。「認識你獨一的真神，並且認識你所差來的耶穌基督，這就是永生。」（約翰福音17：3）留意這段文字，不是說認識上帝與耶穌之後就可以得永生，而是認識上述兩者就是永生。透過耶穌，人向神開放了，上帝的道臨在我身，這樣的狀態即是「永生」。換句話說，當下即有永生，而不需等待大審判的到來。

再看以下一段文字，同樣出於《約翰福音》：

我實實在在的告訴你們，那聽我話，又信差我來者的，就有永生，不至於定罪，是已經出死入生了。（約翰福音5：24）

關鍵是「出死入生」（hath passed out of death into life）。我們現在未信主的生命不是真生命，信主之後，舊的生命死了，新的生命來臨，此之謂「出死入生」。不信主的生命，只有「永死」（eternal death）。得到永生或是永死，取決於信與不信。去過佈道會的人都有這個經驗：當佈道會去到尾聲，牧者會引領大家決志信主，群眾之中慢慢會有人走出來，表示自己決志信主。牧者會問：「你真的相信耶穌作為你的救主嗎？」只要那人表示肯定，牧者就會說句：「讚美上帝！Praise the Lord！」禮成，那人已是新造的人，重新得著生命。這樣，永生就在當下出現了。

關於「永生」，《約翰福音》最經典的話肯定是這一句：

神愛世人，甚至將他的獨生子賜給他們，叫一切信他的，不至

滅亡，反得永生。（約翰福音3：16）

「叫一切信他的，不至滅亡，反得永生。」根據KJV譯本，這句的英文是"that whosoever believeth in him should not perish, but have everlasting life"。如果以直譯的方式，文字所指的就不僅是「相信耶穌」（believeth him），而是「在耶穌裡面相信」（believeth in him）。只有在耶穌基督裡面，接受耶穌所說所作的一切，這個時候永生就出現了。在舊約裡，人的罪惡就是拋棄上帝，不理會他的道。所以舊約之中，神人之間是有隔閡的，兩者沒有溝通的媒介。新約出現了耶穌，祂就是神人之間的橋樑。人只要悔改，信靠耶穌，就可以重新跟上帝建立關係。耶穌扮演的中介角色絕對不能抹去，就如祂說：

人若喝我所賜的水就永遠不渴。我所賜的水，要在他裏頭成為泉源，直湧到永生。（約翰福音4：14）

在《約翰福音》中反覆出現的信息，就是我們人類本身是沒有能力得到永生的，沒有人可以憑自力成為上帝之國的成員的。只有信靠耶穌，以他的道為源泉，我們即可「直湧到永生」。事實上，人是無權要求上帝或耶穌賜予祂們的愛，只是祂們的愛是無條件的，那是恩澤，問題只在於我們是否願意接受。

在這種詮釋下，永生與上帝之國是並生的。「對觀福音書」強調的「上帝之國」，是說上帝臨在我們中間，而上帝所以臨在源於我們彼此相愛。當我們愛上帝、愛人如己的時候，上帝之國就出現了。這是一個新世界（a new world）。《約翰福音》則強調永生，說的是我們憑藉耶穌為中介，悔改並接受上主的道，我們就是新造的人。這是一個新生命（a new life）。因此，新世界的出現跟我們的新生命有關，是新生命帶動新世界的誕生。謝漢提出「現在-未來」（Present-Future）觀念，概括這個說法。他認為耶穌帶來了新生命，門徒之間互愛形成了新世界，所以「上帝之國」不能顧名思義，以為真的有個新的國度降臨。他說：

對他來說，過去（人類離棄上帝的惡）已經終了，未來（神恩與民同一）已經開始。對於耶穌，「過去」與「未來」並非順時序的或天啟式的時間線上的某一點：過去了的「不再」與即將到來的「未曾」。相反，它們是末世論的範疇（eschatological categories），要從耶穌唯一關注的事物來閱讀：神 - 與 - 人的臨在（the presence of God-with-man）。[5]

這段話從時間觀著手，說耶穌所講的「過去」與「未來」不是線性時間觀所指的「已成過去」與「未曾到來」。過去與未來都在當下一刻的決志之中改變了，因為上帝與人同在，帶來了生命的改變。謝漢說 "God-with-man"，強調了耶穌所說的上帝是與人同在的神。「未來」不是我們死了之後等待的那個世界，在上帝來臨的時刻，未來就在當下呈現，即 "future in the present"。

這種「自由主義神學」（liberal Christianity）的觀點，自19世紀開始盛行。很多閱讀《聖經》的西方知識分子懷疑以往閱讀的角度：將耶穌當成一個施行神蹟的傳奇人物，而《聖經》的記述一字一句都是真確的。他們發現這種神話式的閱讀帶來不少理論困難，故轉而發掘《聖經》中的人文價值，嘗試消減《聖經》的神秘主義色彩。謝漢是這個傳統出身的學者，他在《首次到來》就說「復活節」是神話，並詳細說明這個節日的建構過程。他更指出，耶穌的復活是願望多於是事實。

此書講述耶穌如何成為基督，中心論旨是耶穌與基督宗教是矛盾的。後來的基督宗教違反了耶穌的教導，因為耶穌從來沒有說過要成立教會。眾所周知，羅馬天主教廷在歷史上如何成為重要的政治體系，今日勢力雖不及當年，但是對於世界仍然有舉足輕重的影響。在這個體系下，教宗 —— 而非耶穌 —— 成為了上帝與人溝通的橋樑，這樣顯然與

---

5. 同前注。p.66.

福音書的說法大相逕庭。

最後審判

謝漢的閱讀方式固然標舉了《聖經》的人文價值，但是有些段落的解釋難免顯得牽強。理論效力很強，卻不必然與文本相符。例如「最後審判」（Final Judgment）。如果耶穌宣稱未來的上帝之國即在當下呈現，那麼我們應該如何理解「最後審判」？

坦白說，我承認自己未能提供妥善的解釋。畢竟箇中的前後不一致是很明顯的。根據《馬太福音》記載，耶穌再次到來的時候是這樣的：

> 當人子在他榮耀裡，同著眾天使降臨的時候，要坐在他榮耀的寶座上。萬民都要聚集在他面前。他要把他們分別出來，好像牧羊的分別綿羊山羊一般。把綿羊安置在右邊，山羊在左邊。於是王要向那右邊的說：你們這蒙我父賜福的，可來承受那創世以來為你們所預備的國。（馬太福音25：31-34）

到過西斯廷教堂（Sistine Chapel），你會看到米開蘭基羅的偉大作品：《最後審判》（*The Last Judgment*）。作品的形象十分鮮明，耶穌居中，將人類區分為善與惡，有層次的排開，其中一些是下地獄的，一些是上天堂的。一切有若《聖經》所記述的。

> 耶穌會賜福予身在右邊的人，因為他們都是義人。身在左邊的，則會受到懲罰：王又要向那左邊的說：你們這被咒詛的人，離開我，進入那為魔鬼和他的使者所預備的永火裡去。……這些人要往永刑裡去，那些義人要往永生裡去。（馬太福音25：41, 46）

這是耶穌第一次提及最後審判。祂區分義人與惡人之後，再根據情況判刑，義人可得永生而惡人就要接受永刑。這種理解方式跟謝漢的閱讀不能並存，兩者是直接矛盾的。如果說耶穌的話不是按順時劃的方式理

解，我們又應如何解讀以下的話？

> 那時，他們要看見人子，有能力、有大榮耀，駕雲降臨。……
> 這樣，你們看見這些事漸漸的成就，也該曉得神的國近了。我
> 實在告訴你們，這世代還沒有過去，這些事都要成就。天地要
> 廢去，我的話卻不能廢去。你們要謹慎，恐怕因貪食醉酒並今
> 生的思慮，累住你們的心，那日子就如同網羅忽然臨到你們。
> 因為那日子要這樣臨到全地上一切居住的人。（路加福音21：
> 27,31-35）

根據這段文字，上帝之國尚未到來，到來的時日無人知曉，總之「那日子
就如同網羅忽然臨到你們」。按照常理，上帝的道並非在當下即可呈現，
真的是等到最後耶穌重臨方有所謂的「上帝之國」：

> 我實實在在的告訴你們，時候將到，現在就是了，死人要聽
> 見　神兒子的聲音。聽見的人就要活了。因為父怎樣在自己
> 有生命，就賜給他兒子也照樣在自己有生命。並且因為他是人
> 子，就賜給他行審判的權柄。你們不要把這事看作希奇。時候
> 要到，凡在墳墓裡的，都要聽見他的聲音，就出來。（約翰福音
> 5：25-28）

但請注意，迄今耶穌尚未重臨，最後審判還未出現，所以沒有人現已身
處天國。耶穌在福音書裡施行奇蹟令死人復活，不是真正的復活。他們
仍然是可死的生命，死亡並未取消，因此他們終會再死一次。事實上我
們現在一切的人 —— 包括基督徒 —— 死後都不在天國。《聖經》寫得
清清楚楚，耶穌來臨之前、審判未有之前，我們每一個人都不知歸宿何
在。死後會上天國的日子，尚未到來。

　　謝漢的閱讀方式解決不了與文本不符的問題，正統教會所說的死後
會上天堂亦同樣與文本不符。當中的關鍵就是「最後審判」。謝漢的詮釋
不能說明它的意義，正統教會則往往抹去其意義而直說死去的人已在天

國，如果不承認死去即上天國，那就是說從來無人（除了耶穌）曾經死後復活，基督宗教的永生保證尚是懸而未決的謎團。在這個意義下，「最後審判」可謂兩套理論的盲點，最少我亦未能提供一個前後一致、首尾相貫的理論解釋箇中困難。

耶穌作為道路、真理、生命

> 耶穌說：我就是道路、真理、生命，若不藉著我，沒有人能到父那裡去。你們若認識我，也就認識我的父。從今以後，你們認識他，並且已經看見他。（約翰福音 14：6-7）

這又是什麼意思呢？

在上述的篇幅，我多次申論耶穌基督的重要性：耶穌基督是人類通往上帝的唯一的通道。沒有耶穌基督，就沒有人可以成為基督徒。整個基督宗教是以耶穌為中心，人類必須透過祂來領受上主的道。從舊約到新約，《聖經》的重心從上帝耶和華轉到神子耶穌。人類不能直接與上帝溝通，也不必與之直接溝通，因為耶穌說道「你們若認識我，也就認識我的父」。換言之，耶穌即是上帝的代言人，我們只需領受耶穌的道也就夠了。

但請注意，耶穌的道並非正統教會所說是慈愛與和平。祂的道是顛覆性的：

> 你們不要想我來，是叫地上太平。我來，並不是叫地上太平，乃是叫地上動刀兵。因為我來，是叫人與父親生疏，女兒與母親生疏，媳婦與婆婆生疏。人的仇敵，就是自己家裡的人。愛父母過於愛我的，不配作我的門徒；愛兒女過於愛我的、不配作我的門徒。不背著他的十字架跟從我的，也不配作我的門徒。得著生命的，將要失喪生命；為我失喪生命的，將要得著生命。（馬太福音 10：34-39）

從字面意思來說，這段話十分恐怖。耶穌清楚明白地說，祂帶來的不是和平，而是兵刃相見的戰事。人倫道德不在祂的考慮範圍，甚至可能是祂的敵人。祂考慮的只有一點，就是門徒是否願意背負自己的十字架來跟從祂。如果不願意撇下家人與財富的束縛，就不能成為基督徒。這不是心裡位置的高低問題，門徒是要必須放棄兄弟父母、田地財產來跟隨耶穌生活的，相關的講法出現不止一次：

> 凡為我的名撇下房屋，或是弟兄、姐妹、父親、母親、兒女、
>
> 田地的，必要得著百倍，並且承受永生。（馬太福音19：29）

耶穌的意思很清楚，所有世俗的東西 —— 包括兄弟姊妹、父親母親、兒女田地 —— 都與永生沾不上邊，就算你是孝順父母、愛護子女、家財萬貫，都不代表可以得著永生。永生的內容只有一點，就是開放自己接受耶穌，這樣上帝的愛自然臨在，永生就會即時變得可能。

舊約的「十誡」如「當孝敬你的父母」等說法不再重要，重要的是遵守耶穌的誡命。這樣才能得著真生命。所謂「**得著生命的，將要失喪生命；為我失喪生命的，將要得著生命**」，說的是為了耶穌的道而喪失生命的，可以得到真正的新生命。這是早期基督徒的格言。公元313年，基督宗教成為羅馬帝國的國教，在此之前的基督徒飽受異見者的迫害，遭到各式各樣的懲罰，例如會被送到鬥獸場跟獅子搏鬥。然而，很多基督徒其實願意接受這類懲罰，甚至故意被人出賣，那麼他們就真的為基督而失喪生命，日後在天國的席位自然得保。就像911事件，那些施行襲擊的人不認為這是喪失生命，反而認為是為他們信奉的神而做的工作，死後自會得到神的賞賜。

保羅的詮釋：關於耶穌的死亡與復活

新約之中，有一個人的分量幾與耶穌平分秋色。這個人就是聖徒保羅（St. Paul）。保羅的書信主要是詮釋，甚至可以說是神學，因為他是以學術的

方式表述出來的。經過他的詮釋，耶穌的死亡與復活有了定論，他的說法也成為了正典《聖經》的一部份。

保羅緊扣「罪」來論述「死亡」。這是保羅的論述重點，耶穌不曾如此強調。根據福音書的記載，耶穌沒有詳細說明亞當與夏娃之於我們的意義。在基督宗教的傳統裡，保羅是詮釋人類創生故事的第一人。他說：

> 這就如罪是從一人入了世界，死又是從罪來的，於是死就臨到
> 眾人，因為眾人都犯了罪。（羅馬書5：12）

所謂「罪是從一人入了世界」，說的是我們的祖先亞當偷嚐禁果，因此上帝判罪，人類自此有了罪性；「從一人入了世界」指人類離開了伊甸園之後進入的世界。伊甸園是人類未墮落的地方，既然未曾墮落，即是天堂來的。進入世界之後，人類才活在一個有死的人生裡。這就是說，死亡是人類犯罪的結果。

> 這樣，怎麼說呢。我們可以仍在罪中，叫恩典顯多麼？斷乎不
> 可！我們在罪上死了的人，豈可仍在罪中活著呢？豈不知我們
> 這受洗歸入基督耶穌的人，是受洗歸入他的死麼？所以我們藉
> 著洗禮歸入死，和他一同埋葬。原是叫我們一舉一動有新生的
> 樣式，像基督藉著父的榮耀，從死裡復活一樣。（羅馬書6：
> 1-4）

保羅順應耶穌的觀點，認為沒有人可以不跟從耶穌而可以到天父那裡。不信耶穌的人仍然活在罪中，他們的終站就是死亡；相信耶穌的人受洗歸入祂的死，而耶穌的死不是永死，祂是會復活的。說得玄妙一點，是耶穌的死亡埋葬了人類的死亡，自此我們的死亡就死亡了。因為我們可以像耶穌一樣，從死裡面復活：「因為已死的人，是脫離了罪。我們若是與基督同死，就信必與他同活。」（羅馬書6：7-8）這裡所謂「同死」，是說耶穌為了我們的罪而死，我們同樣為了自己的罪而死。我們的罪要透過我們接受耶穌基督之後，才能夠消除的。藉著耶穌的死，我們的罪

被赦免了；而我們的罪被赦免，即是與祂「同活」了。

「因為知道基督既從死裏復活，就不再死，死也不再作他的主了。」（羅馬書6：9）這就是說，耶穌死後復活之後再無死亡這一回事，死後復活等於永生。「永生」據其定義是與死亡沾不上邊的；正如柏拉圖所說，「靈魂」據其定義就不是「肉體」，也不是物質性的存在。這個說法是有趣的。當耶穌的死後復活保證了我們同樣可以復活並且得到永生，我們會是怎樣的存在呢？永生即是「永遠存在」，而永遠存在是個怎樣的存在狀態呢？今天我是這樣，明天我也是這樣，之後永遠我也是這樣。這種「永遠存在」的狀態有否終結的一天？當然不會，因為這個概念本身規定了「永遠」，而「永遠」是與「終結」互相矛盾的。在永遠存在的狀態下，時間是沒有意義的。在我們有限的生命裡，我們具備時間的意識，知道自己慢慢衰老步向死亡。但當我們離開死亡之後，時間不再是我們存在的架構。沒有時間這個存在架構，生命又是什麼呢？過去、現在、未來等關於時間的詞彙再無意義，因為每天都是同一，而生命不會衰老，更加不會死亡，在這個意義下的「生命」到底是怎麼樣的一回事？

無論如何，耶穌死而復活的意義在保羅的筆下成為了基督宗教教義的核心。時至今日，「復活節」仍然是基督宗教的重要節日，因為「復活」為人類帶來了新的生命與新的盼望。耶穌的信息之為「福音」（Good News），就是因為祂有一個美好的結局，這個結局就是復活。正是耶穌的復活，為人類帶來了希望。如果耶穌沒有復活，整個基督宗教再無基礎可言：

> 既傳基督是從死裡復活了，怎麼在你們中間，有人說沒有死人
> 復活的事呢？若沒有死人復活的事，基督也就沒有復活了。若
> 基督沒有復活，我們所傳的便是枉然，你們所信的也是枉然。
> 並且明顯我們是為　神妄作見證的。因我們見證　神是叫基督
> 復活了。若死人真不復活，　神也就沒有叫基督復活了。因為死

人若不復活，基督也就沒有復活了。（哥林多前書15：12-16）

如何證明人可以死而復活？根據上述的話，我們知道保羅的論證策略：不是有人曾經復活，所以人類也可以復活；而是耶穌基督曾經死而復活，祂可以保證人類同樣可以復活。由此可見，基督宗教關於「復活」的理論完全不同於柏拉圖的「靈魂不朽」。柏拉圖真的是以理性的方式面對死亡，他嘗試提供論證——說明靈魂如何可以不朽；保羅提供的卻不是論證，他帶給我們的是信仰。靠什麼可以證明人可以死後復活？只有一項，就是耶穌從死裡面復活過來。耶穌可以復活，那麼我們人類同樣可以。至於人類是否真的可以復活，信徒在耶穌再臨之前只有信仰，而沒有確切的證據可言。

保羅還說明了死後的身體是怎樣的。他說：

或有人問：死人怎樣復活？帶著什麼身體來呢？無知的人哪，你所種的，若不死就不能生。並且你所種的，不是那將來的形體，不過是子粒，即如麥子，或是別樣的穀。但　神隨自己的意思，給他一個形體，並叫各等子粒，各有自己的形體。……所種的是血氣的身體，復活的是靈性的身體。若有血氣的身體，也必有靈性的身體。經上也是這樣記著說：「首先的人亞當、成了有靈的活人。」（靈或作血氣）末後的亞當，成了叫人活的靈。但屬靈的不在先，屬血氣的在先。以後纔有屬靈的。頭一個人是出於地，乃屬土；第二個人是出於天。那屬土的怎樣，凡屬土的也就怎樣。屬天的怎樣，凡屬天的也就怎樣。我們既有屬土的形狀，將來也必有屬天的形狀。弟兄們，我告訴你們說：血肉之體，不能承受　神的國。必朽壞的，不能承受不朽壞的。（哥林多前書15：35-38, 44-50）

他區分了兩種「身體」：血氣的身體與靈氣的身體。血氣的屬於土，就像亞當從泥土所出一樣；靈氣的屬於天，就像耶穌的靈從天而來一樣。死

後的身體，與生前的身體並不相同，因為死前的身體會朽壞，死後的卻不會。他還說到：「血肉之體，不能承受　神的國。必朽壞的，不能承受不朽壞的。」這是否意味著，我們死後復活的人是純粹的靈氣，沒有身體的呢？

　　回答之前，我想先說個小故事。很多年前，我走到在香港跑馬地天主教聖彌額爾墳場（St. Michael's Catholic Cemetery〔Happy Valley〕），跟當時的神父討論香港六十年代的火葬問題。事實上，很多天主教徒是反對火葬的。有機會到外國，就會知道歐洲很多大教堂的地下都是墳墓，因為墳墓接近教堂，彷彿升天的機會較大。六十年代，火葬在香港引起很大爭議。火葬用火焚燒身體，最後連骨頭都不能剩下，那麼上帝憑什麼令我復活？神父回答我說：事情很簡單，我一句話就令教會上下的人都安心了，那就是「上帝是全能的」。既然DNA可以複製人類，上帝身為全能的主，自然早有我們的身體檔案，重新創造絕無問題。

　　不要以為故事中的神父觀點很新穎，他的講法跟保羅無大分別。保羅認為死後的人仍有身體，不過身體不再是朽壞的那一個，而是不需要食物與排泄、能夠長生而不衰老的新身體。可以這樣，關鍵在於上帝會為我們注入新的靈氣。所以，保羅認為死後的人類仍有身體，只是身體不再是以往的樣式，而是注入了靈氣的新身體，可以不再腐朽，永生不死。

　　總括而言，保羅為基督宗教的生死觀賦予了明確的說明。人類的死亡源於「罪」，而人類的復活再生源於耶穌基督為我們贖了罪。

> 死既是因一人而來，死人復活也是因一人而來。在亞當裏眾人都死了。照樣，在基督裏眾人也都要復活。（哥林多前書15：21-22）

死是因一個人而來的，這人就是亞當；死而復活也是因一個人而來的，這人就是耶穌。在這個框架下，我們的死亡有了解釋，我們死而復活有

了希望，而這個理論框架至今仍然是基督宗教共同信守的，可見保羅影響之鉅。

但請注意，人類的死亡源於我們的始祖亞當，此中無人可以倖免，所有人都因著亞當所犯的罪而會死亡。耶穌從死裡復活與此不同，雖然祂清洗了人類的罪孽，但是祂只保證信祂的人才可得到救贖，必須「在基督裡」他才是新造的人，只有在耶穌基督裡才有復活的可能。換言之，「永生」是有條件的，我們必須在基督裡，接受耶穌作我們生命的救主，才會得到永生。

10.3 基督宗教的神愛

「愛」是基督宗教的核心，其意義有別於柏拉圖的「欲愛」（*Eros*）與亞里士多德的「德愛」（*Philia*），我稱之為「神愛」（*Agape*）。神愛有兩大重點：天賜（providence）與救贖（redemption）。

神愛：天賜與救贖

神愛是上帝無條件所賜予的禮物。根據《聖經》所說，上帝的愛不因我們的性格、能力、道德不同而有所偏好；上帝的愛是無私的，不因我們做了什麼而給予。在舊約中，上帝的愛表現為「創造」（Creation）。是上帝創造了天地萬物並讓人類生存其中，我們的生命本身就是一大恩賜。我們固然可以說自己的生命出自父母，但是追問下去，父母的生命又源自何處呢？根據基督宗教的解釋，始終都會追溯到上帝的創造裡。無論我們如何從生物學的角度解釋，都只可以說明精子與卵子的結合如何誕生新的生命，卻不能說明為何可以誕生新的生命。基督徒會說，這是上帝的大能，宇宙之中一切生命體都是上帝所創造的。我們之所以存在，都是上帝天賜的恩典。就如《詩篇》所述：

> 人算什麼？你竟顧念他？世人算什麼？你竟眷顧他？你叫他比
> 天使（或作　神）微小一點，並賜他榮耀尊貴為冠冕。（詩篇8：
> 4-5）

人類本來什麼也不是，但在上帝的創造下，我們成為了萬物之靈。那麼我們應該如何報答上帝呢？答案就是服從祂的旨意，完完全全的敬畏祂。這種天賜的恩典是從上而下的愛，人只有接受的份兒，上帝不需要人類給予什麼。就如《約伯記》的記述，上帝只要約伯完全的服從，就可以了。

天賜的神愛主要是舊約的觀點；新約提倡的神愛，重點落於「救贖」。福音書都強調這個信息：透過耶穌基督，我們得以復活。此中有無條件的寬恕。不是我們做對了什麼事情，所以上帝賜下耶穌赦免我們的罪；上帝的愛是無限的寬恕與包容。上帝的寬恕是透過耶穌來彰顯的，就是祂賜予耶穌降生，讓耶穌為世人的罪而死，這樣世人才不致滅亡而反得永生：

> 神愛世人，甚至將他的獨生子賜給他們，叫一切信他的，不至
> 滅亡，反得永生。因為　神差他的兒子降世，不是要定世人的
> 罪，乃是要叫世人因他得救。（約翰福音3：16-17）

耶穌（第一次）降生世上不為審判，而是為了救贖。自從耶穌出現，祂就成為了基督徒的樣式。如果你成為了基督徒，就要遵從耶穌意旨愛你的仇敵，這樣才是寬恕，也只有這樣才證明你真正得到了救贖。

但問題來了。「若有人在基督裡，他就是新造的人。舊事已過，都變成新的了。」（哥林多後書5：17）這樣說來，我們臨死前作最後的告解，也可以成為基督徒，得到上帝的救贖。既然如此，我們在生前做個俗世的人，死前一刻才懺悔成為基督徒，不是更加好嗎？法國哲學家帕斯卡（Blaise Pascal, 1623-1662）有個講法，世稱「帕斯卡的賭注」（Pascal's Wager）。他以賭徒的觀點，認為押注賭上帝存在有利無害。

他的說法很簡單，指出四種可能：第一種是賭上帝存在而上帝真的存在，那麼顯然你獲勝了，死後可以到天國；第二種情況是賭上帝存在而上帝並不存在，那麼你沒有損失，因為你跟其他人一樣，誰都沒有贏，死後同歸虛無；第三種情況是你賭上帝不存在而上帝存在，那麼上帝在你死後會懲罰你，你有落地獄的危險；第四種情況是賭上帝不存在而上帝真的不存在，雖然你猜中了如結果，卻不會得到任何獎賞，因為你與其他人一樣死後出歸於虛無。簡而言之，你賭上帝存在只是有利無害，相反賭上帝不存在卻是有害無利。從利益的觀點看，相信上帝較為有利，又可以在死前一刻才相信上帝，那麼生前可得俗世的利益，死後又有上天堂的保證，這豈不是最好的選擇？

耶穌的教導 —— 愛神與愛人

如果純粹從利益的角度著眼，一切關於神愛的講法都失去了意義，餘下的只有工具價值。這就是說，我們相信上帝不為其內在價值，只是為了可以上升天堂得到永生。若然如此，則永遠不能明白耶穌教導的真義。

耶穌教導我們的是「愛」。他說：

夫子，律法上的誡命，那一條是最大的呢？耶穌對他說：你要盡心、盡性、盡意、愛主你的　神。這是誡命中的第一，且是最大的。其次也相倣，就是要愛人如己。這兩條誡命，是律法和先知一切道理的總綱。（馬太福音22：36-40）

耶穌的教導是革命性的。在此之前，希伯來人信奉的是摩西訂下來的「十誡」。只是泛泛而論，平鋪直述十條誡命，未有突出箇中重點。在耶穌來臨之後，「十誡」的地位都讓位於耶穌的詮釋：愛。最大的誡命就是愛神，而且是用盡心思意念地去愛。這與「十誡」有一脈相承之處，因為耶和華曾從反面說過「除了我以外，你不可有別的神。」（出埃及記20：3）但舊約較重被動的服從，新約較重主動的愛。由此引申出第二條誡命，

就是愛人如己，具體的譯法應該是「愛你的鄰人如同你自己」。兩條誡命之間不是割裂的，兩者有連帶的關係。既然我們得到了上帝的愛，我們應該如何回應上帝呢？第一條誡命回應了，我們應該盡心盡性盡意愛主，但這是不足夠的，我們還應該愛其他人。前文說過，天國顯現不在彼岸，而在人與人之間彼此的互愛。如果我們不愛其他人，天國即不可能，耶穌的愛亦成空話。換言之，如果天國不在彼岸而就在此世，則我們在臨死前相信耶穌是不會得到真正救贖的，因為天國必須在人間以互愛的形式運行。上帝存不存在不是賭注問題，而是實踐問題。一旦你能愛神又愛人，天國即在人間。

但請注意，耶穌所說的「愛」不是一般倫理所謂的相愛。這不是父母、兄弟、朋友之間那種關係的愛，因為這些都建基於特殊的條件，例如血緣、利益、投契程度等等，一旦沒有了這些條件，彼此的關係就會受到損傷。耶穌所說的「愛」卻是無條件的，以所有人為對象。這種神愛與柏拉圖的欲愛恰好互相對照。柏拉圖認為「因為你是美麗的，所以我愛你」，我愛你在於你有某種可愛的特質；耶穌卻以愛為最大的誡命，愛出於責任。在這個意義下，不是因為我喜歡了這個人我才去愛他，而是因為誡命要我去愛。我愛你，是因為耶穌說我要愛你，因為我愛你才能顯出耶穌在我裡面。作為基督徒，人沒有不愛他人的選擇。就像德蕾莎修女在印度所作，不是因為印度人特別值得珍愛，而是因為這種愛是耶穌基督所肯定的：

> 只是我告訴你們，要愛你們的仇敵，為那逼迫你們的禱告。這樣，就可以作你們天父的兒子。因為他叫日頭照好人，也照歹人；降雨給義人，也給不義的人。你們若單愛那愛你們的人，有什麼賞賜呢？就是稅吏不也是這樣行麼？你們若單請你弟兄的安，比人有什麼長處呢？就是外邦人不也是這樣行麼？所以你們要完全，像你們的天父完全一樣。（馬太福音5：44-48）

以中國式的說法，這就是「博愛」或「兼愛」，是一種無等差的愛。我們行事為人應該像上帝一樣，不分好歹同樣對待，這樣才是個完全的人。德蕾莎修女就做到了這一點。[6]

「神愛」作為互愛

「神愛」的希臘原文是*Agape*， 變成拉丁文是*Caritas*， 即是英文的Charity。在香港，天主教香港教區轄下有間慈善機構"Caritas Hong Kong"，翻譯為「香港明愛」。這個翻譯相當不錯，以「明愛」譯*Caritas*，以「明」作動詞，有申明、彰顯的意思，跟「**大學之道，在明明德**」中的第一個「明」字用法一樣。「明愛」兩字合用，傳達了基督宗教的愛要在人與人之間的關懷之中彰顯出來，實在言簡意賅。

神愛是要顯明出來的，因此基督宗教特別重視「團契」。「團契」中「契」字，意指「契合」，說的是團體之中的成員活在上帝的愛中，因而互相契合，就像弟兄姊妹一樣。在這個意義下，我們明白基督宗教為什麼特別重視團體，而不重視特立獨行的修練。因為實踐耶穌教導的方式在於互愛，而互愛必須在團體之中表現出來。在團體之中，成員之間的彼此互愛令我們得到了滿足，我們不再懼怕死亡，生命之中一切負面的東西也在互愛之中一一磨平。這是基督宗教「神愛」的偉大之處。

---

6. 奇怪之處也在這裏。既然耶穌的愛是無等差的，為什麼在最後審判的時候要區分好人與罪人呢？所謂罪人，不是因為他們做了什麼錯事，而是僅僅因為他們拒絕相信耶穌而已。不信耶穌的人，會受到永恆的詛咒。在但丁的《神曲》中，他描述自己遊歷地獄、煉獄與天堂的情況。在地獄的旅程中，他到了地獄的邊境（Limbo），遇上了蘇格拉底、柏拉圖、亞里士多德等哲人，因為他們生於耶穌之前，無緣受耶穌的教導。但丁如此安排，顯示他捨不得將柏拉圖等偉人投放地獄，但又不能將他們帶到天堂之中。於是，他們就在上不入天，下不著地的處境之中，雖無痛苦但亦無樂趣可言。但丁是有意放過這批偉人的，而我們生於現今世代，肯定接觸過《聖經》，因此只有上天堂或下地獄兩項選擇。這就顯出一大問題：既然基督宗教講求無條件的愛，為什麼「不信耶穌」的罪大得可以判處永死？相比起殺人放火、姦淫擄掠的罪行真的較輕嗎？做過其他好事的人，不論功德如何圓滿，只要是不信上帝，同樣要受永死之刑？這樣是否公平呢？時至今日，我仍然未曾聽過一個令人滿意的答案。

親愛的弟兄啊！我們應當彼此相愛，因為愛是從　神來的。凡
有愛心的，都是由　神而生，並且認識　神。沒有愛心的，就
不認識　神。因為　神就是愛。……　親愛的弟兄啊！　神既
是這樣愛我們，我們也當彼此相愛。從來沒有人見過　神，我
們若彼此相愛，　神就住在我們裡面，愛他的心在我們裡面得以
完全了。　神將他的靈賜給我們，從此就知道我們是住在他裡
面，他也住在我們裡面。父差子作世人的救主，這是我們所看
見且作見證的。凡認耶穌為　神兒子的，　神就住在他裡面，他
也住在　神裡面。　神愛我們的心，我們也知道也信。　神就是
愛。住在愛裡面的，就是住在　神裡面，　神也住在他裡面。這
樣，愛在我們裡面得以完全，我們就可以在審判的日子，坦然
無懼。因為他如何，我們在這世上也如何。愛裡沒有懼怕。愛
既完全，就把懼怕除去。因為懼怕裡含著刑罰，懼怕的人在愛
裡未得完全。（約翰壹書4：7-8, 11-18）

這段經文清清楚楚說明了「上帝是愛」的真正意涵。經文指出「從來沒有
人見過　神」，彰顯「神是存在的」，不靠神蹟或者論證，關鍵在於信徒之
間的互愛。這種互愛與舊約所講的不同：舊約的愛是從上而下的，要求
信徒完全的敬畏服從；現在《約翰壹書》所講的恰恰相反，這種愛是從下
而上的，由信徒之間的互愛彰顯上帝的偉大。「神就是愛。住在愛裡面
的，就是住在　神裡面，　神也住在他裡面。」只要信徒彼此相愛，上帝
就住在我們裡面。我們這裡就是神的世界。神就是愛，愛即是神。所謂
「神愛」，其全幅意義在此表露無遺。

在這種完全的愛之中，我們的生命得以改變。首先我們變得謙卑，
明白救贖之道不在個人，而在耶穌基督教導的愛。這種愛要在群體之中
實踐，更要完全放棄個人的好惡，我們就在這種愛中步步洗脫自己的有
限與無知，達到與神同在的境界。其次我們不再懼怕，不但在最後審判

來臨的時候坦然無懼，而且在日常生活之中亦無此感覺。因為在愛之中，人就活得完全，完全的人不會懼怕。就像一句老話：「平生不作虧心事，半夜敲門也不驚」。如果平日都是以愛待人，即使到了審判之日又有何懼？上帝會讓我這樣就死去嗎？何況在人間以愛彰顯神的，當下已是永生，根本無事何怕。

「不再懼怕」是從反面來說，正面說明神愛的偉大，必然是以下的經文：

> 愛是恆久忍耐、又有恩慈。愛是不嫉妒。愛是不自誇，不張狂，不作害羞的事，不求自己的益處。不輕易發怒，不計算人的惡，不喜歡不義，只喜歡真理。凡事包容，凡事相信，凡事盼望，凡事忍耐。愛是永不止息⋯⋯如今常存的有信，有望，有愛，這三樣，其中最大的是愛。（哥林多前書13：4-8, 13）

相信在婚姻的場合，不少人都聽過這段話。這段話來自保羅，他點明了新約的精神：愛。保羅提到了信、望、愛三者之中以愛最大，因為愛是樞紐，既為信仰的基礎，也帶來了希望。請注意這不是男女之愛，而是神愛。一般教會在婚姻場合用到這段經文，是以神愛的偉大勉勵新婚夫婦仿效，並不是說夫婦本身的愛已經如此。神愛的偉大，在其包容、寬恕、忍耐，能夠接受一切的逆境，最終轉化自己的生命與他人的生命。若將這段經文僅用於愛情或婚姻，不免狹窄。耶穌說過我們要愛自己的鄰舍，甚至愛自己的仇敵，都是這種神愛的表現。

耶穌的「神愛」與柏拉圖的「欲愛」

所以耶穌的「神愛」有別於柏拉圖的「欲愛」。欲愛是講求條件的，柏拉圖會愛上某個對象，源於該對象擁有某種「美」的理型，而「美」是他所追求的東西。耶穌不會如此區別，祂愛世人不因世人本身有何值得珍愛之處，這純粹是祂的使命。祂亦頒佈兩大誡命，即盡心盡意盡性愛主，

以及愛人如己，兩大誡命於人而言都是命令，而不是個人感覺的好惡。簡言之，神愛是無條件的，不因對象的美醜、善惡、貧富而有不同的對待。

兩者之於「救贖」也有不同的理解。基督宗教強調「神愛」，既肯定了人有待於耶穌基督的介入才能重新認識上帝，也肯定了人與人之間的互愛才是真正得救之道。這兩點都否定了憑藉個人自力即可得救的可能。這種觀點恰與柏拉圖相反。對柏拉圖來說，得救與否是個人的問題。只要有「欲愛」的帶動及相應的理性能力，我們就有不朽的可能。不獨柏拉圖如此，亞里士多德亦然。在《尼各馬可倫理學》(*Nicomachean Ethics*)第10章中，他也說到最高的幸福就是令自己接近神的狀態，那就是純粹的沉思。這種生命是完全自足的，無所待於其他條件，因此是最高尚的。

以基督宗教的觀點評價柏拉圖（及哲學家），批評的重點會落於柏拉圖突顯了人類的傲慢與無知，以為憑藉一己之力就可以解決生命問題。人類是有限的，惟有上帝無限，在神裡面一切再無問題。人類應該開放自己，接受上帝作為救主，這樣生命才能得到真正的救贖。單憑個人的理性，是不能達致不朽的。

10.4 因為荒謬，所以我相信

公元2、3世紀，神學家特土良（Tertullian, 160-220）有句名言：
神的兒子降生了：這是不羞恥的，因為是羞恥的。而神的兒子
死了：這是可信的，因為是不真確的。而（祂）埋葬後又復生：
這是確定的，因為並不可能。[7]

---

7. 拉丁原文與英文譯文如下："*Natus est Dei Filius, non pudet, quia pudendum est; et mortuus est Dei Filius, prorsus credibile est, quia ineptum est ;et sepultus resurrexit, certum est, quia impossibile.*", "The

讀來好像不知所云，箇中的邏輯關係應該如何理解？事實上，特士良希望他從耶穌的誕生、死亡、復活三件事顯示信仰的特質有別於理性認知：

1. 聖母瑪利亞童貞受孕，如果只用常識思考，一般人都會認為是瑪利亞背夫偷漢，但瑪利亞是受聖靈感孕，俗世認為是羞恥的事反而彰顯了耶穌的誕生毫不羞恥；

2. 耶穌既是神子，如何可能死亡？一般人都會說神子是不會死的，但耶穌真的為了世人的罪孽而釘十字架而亡，俗世認為不真確的事反而是可信的；

3. 耶穌死而復活，稍有理性者都會認為這是不可能的，但耶穌確實在死後向門徒顯現，俗世認為不可能的事倒是確實的。

特士良的本意在於突顯耶穌的神蹟如何偉大，超出人類理性的認知範圍。這三句話濃縮為一句拉丁文："Credo quia absurdum"，意即「正因為荒謬，所以我相信」。對於特士良來說，宗教的本質是荒謬，不合乎理性的規律，而這才是人類相信宗教的緣由。惟其荒謬，才值得我相信。例如我不會說：「我相信水在攝氏一百度會變為水蒸汽。」因為這是知識，可憑經驗檢證、理性推論。知識的領域是可知的，但是宗教的領域不相同，它往往是不可知的，我們對此無所謂認知，只有信仰。

我在此討論基督宗教，目的不在於勸導你相信或不相信它。信與不信，是個人的選擇。我更關心基督宗教所透視的人類處境：**人是有限而無知的，我們如何從有限而無知的處境下掙脫出來呢？**基督宗教提供了答案：只要信奉主耶穌基督，藉著祂的帶領我們可以得到上帝的庇

Son of God was born: there is no shame, because it is shameful. And the Son of God died: it is wholly credible, because it is unsound. And, buried, He rose again: it is certain, because impossible." 維基百科 "Credo quia absurdum" 條有簡單的記述與說明，請參考 http://en.wikipedia.org/wiki/Credo_quia_absurdum。

蔭，克服死亡的威嚇。在我來說，這個答案不比信奉車公、媽祖或黃大仙來得吸引人，大家都是講求相信（而不是講理性）。為什麼相信黃大仙就是迷信？信奉基督就是宗教？如果我是信神的，其實沒有什麼可辯論的，只要安心相信就是了。倒過來說，不信教的人，不相信就是了。

　　宗教講求信仰而不談理性，這樣的說法像是貶低了宗教的價值。其實不然。與其說這是宗教的問題，不如說是人類的生命本來如此。宗教之所以充滿奧秘，源於生命本來就充滿奧秘。若要為生命賦予一個理性的解答，指出我們的生活合乎某些客觀的理則，坦白說並沒有這樣的理則。人類是有限而無知的存在者，我們渴求認識生命的奧秘，但在所知有限而又不得不提問的情況下，宗教成為生命問題的解答。這些解答可以是錯誤的，但請不要忘記，解答背後所指向的仍是關切每一個人類的共同問題。

生死愛欲 I——從希臘神話到基督宗教（2023 年增訂版）

作　　　者	張燦輝	
內頁排版	高巧怡	
校　　　對	林秋芬	
行銷企劃	蕭浩仰、江紫涓	
行銷統籌	駱漢琦	
業務發行	邱紹溢	
營運顧問	郭其彬	
總　編　輯	李亞南	

出　　　版	漫遊者文化事業股份有限公司
地　　　址	台北市松山區復興北路三三一號四樓
電　　　話	(02) 2715-2022
傳　　　真	(02) 2715-2021
讀者服務信箱	service@azothbooks.com
漫遊者臉書	www.facebook.com/azothbooks.read
劃撥帳號	50022001
戶　　　名	漫遊者文化事業股份有限公司

發　　　行	大雁文化事業股份有限公司
地　　　址	台北市松山區復興北路三三三號十一樓之四
初版一刷	2023 年 6 月
定　　　價	台幣 410 元
ＩＳＢＮ	978-986-489-809-1

國家圖書館出版品預行編目 (CIP) 資料

生死愛欲 . I, 從希臘神話到基督宗教 / 張燦輝著 . -- 初版 . -- 臺北市：漫遊者文化事業股份
有限公司出版：大雁文化事業股份有限公司發行 , 2023.06
336 面；15.5×23 公分
ISBN 978-986-489-809-1(平裝)
1.CST: 人生哲學
191.9   112008107